The Spartacus War

斯巴达克斯之战

宋 爽 — 译　　　　　[美] 巴里·施特劳斯 — 著
　　　　　　　　　　Barry Strauss

社会科学文献出版社
SOCIAL SCIENCES ACADEMIC PRESS (CHINA)

作者简介

〔美〕巴里·施特劳斯（Barry Strauss），康奈尔大学古典学系和历史学系教授，研究方向为古代军事史。他撰写了多部著作，包括《萨拉米斯之战》《特洛伊战争：旧史新解》等。

译者简介

宋爽，山东师范大学英语系教师，研究领域为翻译理论与实践，已有多部译作出版，包括《不平等的童年》《世界史的故事》《震撼物理学史的十天》等。

目　录

第四部分　死亡

编年表

公元前 135—前 132 年   第一次西西里奴隶战争

公元前 133 年   提比略·格拉古试图对罗马进行改革，结果遇刺

公元前 123—前 122 年   盖乌斯·格拉古试图对罗马进行改革，结果遇刺

公元前 110—前 104 年   朱古达战争

公元前 105 年   森布里人和条顿人在阿劳西奥（今法国奥朗日）击溃罗马人

公元前 104—前 100 年   第二次西西里奴隶战争

公元前 104 年   维提乌斯在卡普亚起义

公元前 102—前 101 年   马略两次击败森布里人和条顿人

公元前 91—前 88 年   "同盟者战争"，即意大利同盟战争

公元前 88—前 63 年   与米特拉达梯的战争

公元前 88 年   苏拉率军进入罗马，恢复秩序

公元前 87 年   马略和秦那控制了罗马并对反对者进行大屠杀

公元前 85 年   苏拉征讨色雷斯

公元前 82 年   科林门战役；苏拉对反对者进行大屠杀，成为独裁官

公元前 80—前 72 年   塞托里乌斯在西班牙起义

公元前 78 年   苏拉去世

公元前 73 年春夏	角斗士冲出卡普亚，占领维苏威火山，击败格拉伯
公元前 73 年夏秋	塞托里乌斯被对手佩尔佩尔那暗杀
公元前 73 年秋	斯巴达克斯袭击了坎帕尼亚和卢卡尼亚，击败瓦里尼乌斯
公元前 73 年冬—前 72 年	反叛军占领图里
公元前 73 年冬—前 72 年春	庞培俘虏了佩尔佩尔那，结束了西班牙起义
公元前 72 年春	反叛军向穆提那进军，击败了执政官；罗马军打败了克里克苏斯
公元前 72 年夏	反叛军重返意大利南部
公元前 72 年秋	克拉苏接管指挥权，实施十一抽杀律，把斯巴达克斯赶到了南方
约公元前 71 年 1 月	斯巴达克斯与海盗谈判，试图渡过墨西拿海峡
约公元前 71 年 2 月	斯巴达克斯冲破了克拉苏的陷阱
约公元前 71 年 4 月	斯巴达克斯的最后一战
约公元前 71 年 5 月	克拉苏将 6000 名幸存的反叛者钉上了十字架
公元前 70 年	反叛军余部袭击了坦普萨；12 月 29 日，克拉苏举行了小凯旋仪式
公元前 63 年	米特拉达梯去世
公元前 60 年	屋大维消灭了斯巴达克斯的余部

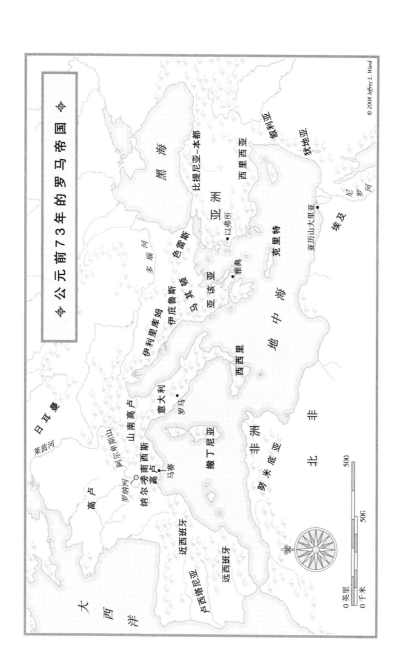

公元前73年的罗马帝国

日耳曼
莱茵河
高卢
阿尔卑斯山
山南高卢
罗纳河
纳尔榜南西斯高卢
马赛
意大利
罗马
撒丁尼亚
西西里
大西洋
近西班牙
远西班牙
卢西塔尼亚
非洲
努米底亚
北非
地中海
克里特
亚历山大里亚
埃及
尼罗河
西里西亚
朱地亚
叙利亚
以弗所
亚该亚
雅典
马其顿
色雷斯
伊庇鲁斯
伊利里库姆
多瑙河
黑海
比提尼亚-本都
西里西亚
亚洲

© 2008 Jeffrey L. Ward

0 英里   500
0 千米   500

斯巴达克斯战争时期的罗马意大利

阿尔卑斯山

山南高卢

巴都斯河(今波河)

穆提那

亚平宁

皮克努姆

伊特鲁里亚

亚得里亚海

罗马

拉丁姆

阿皮亚大道

萨姆尼乌姆

▲加尔加努斯山

卡普亚

坎帕尼亚

维努西亚

阿皮亚大道

阿普利亚

布伦第西乌姆

庞贝

帕埃斯图姆

卢卡尼亚

梅塔蓬图姆

塔伦图姆

安尼亚大道

塔伦图姆湾

第勒尼安海

图里

康孙提亚

爱奥尼亚海

0 英里   50   100

0 千米   100

阿斯普罗蒙特山脉

洛克里

墨萨拿
(今墨西拿)

里贾姆

墨西拿海峡

西西里

锡拉库萨

地中海

© 2008 Jeffrey L. Ward

坎帕尼亚和卢卡尼亚

拉蒂纳大道

阿皮亚大道

卡普亚

阿皮亚大道

阿贝拉

诺拉

维努西亚

普特奥利

那不勒斯

长凯蒂尼山脉

康普萨

▲维苏威火山

庞贝

努凯里亚

萨勒努姆

奥利维托西特拉

埃布鲁姆

沃尔塞伊

塞拉鲁斯河

安尼亚大道

阿蒂纳斯

帕埃斯图姆

阿努斯广场

桥桥河

第勒尼安海

0 英里   20   40

0 千米   40

© 2008 Jeffrey L. Ward

序　言

卢西乌斯·科西尼乌斯（Lucius Cossinius）赤身裸
体。作为元老、指挥官和普布利乌斯·瓦里尼乌斯（Publius
Varinius）将军的副手，他通常身着全套铠甲，将红色的斗篷
用青铜胸针别在右肩。此时此刻，他正在沐浴。战时，沐浴实
属奢侈之举，但在率领2000名士兵行军后，这实在令人难以
抗拒。科西尼乌斯来到了萨利纳（Salinae）的"盐厂"别墅，
庭院中波光粼粼的水池正位于庞贝城附近的海岸潟湖上。远处
矗立的维苏威火山还处于沉睡期，山上有成荫的松树和山毛
榉，果园里结满了苹果和葡萄，优质的葡萄会被制成佳酿端上
元老们的餐桌；地里有很多野兔、睡鼠和鼹鼠，当地人喜欢把
它们做成开胃菜。

科西尼乌斯刚刚放松警惕，敌人已准备发起突袭。这群
武装起来的乌合之众由逃亡的奴隶、角斗士和野蛮人组成，但
他们在那年夏天已经两次打败罗马人。他们的首领既狡猾又强
壮，既有经验又充满活力，他的鼓励能让最怯懦的人变得刚
强。他就是斯巴达克斯（Spartacus）。

也许只有片刻的警告，可能是一名百夫长敲响了警钟或
是人们在呼喊惊叫。我们可以想象，没等奴隶重新为他整理好
斗篷，科西尼乌斯就迅速从水中出来，爬上了自己的战马。即
便如此，斯巴达克斯的军队还是急速冲进了别墅，科西尼乌斯
差点没能逃脱。而他的补给都被敌人缴获，成为反叛军的粮草

供给。

反叛军把科西尼乌斯和他的部下赶回了营地。罗马军队里大部分是新招募的士兵，这些出身意大利富庶家庭的孩子仅接受过仓促的训练，此刻便要与凶残的敌人对阵。有些敌人身形巨大、红发、文身，胜利让他们士气高昂。大批罗马士兵不顾百夫长的咒骂和恐吓，临阵逃亡，留下的人惨遭屠杀。他们所拥有的一切，从营地到铠甲、武器，都成为敌人的战利品。卢西乌斯·科西尼乌斯再次赤身裸体，但这次他死了。

公元前 73 年的秋天，经过几个月的叛乱，元老院和罗马人的命运滑向低谷。这座城邦曾对伊特鲁里亚（Etruria）的雇佣军不屑一顾，经受住了高卢人的入侵，顶住了汉尼拔的进攻，经历了内战，熬过了每年都要暴发的疟疾，一路披荆斩棘，自认为已经处于世界之巅，而现在却对一名逃亡的角斗士产生了恐惧。

一场由 74 人带着劈刀和肉叉进行的越狱逃亡演变成数千人的起义。但这并不是终结：一年后，这支武装发展成一支约有 6 万人的起义军。据估算，当时意大利约有 150 万名奴隶，反叛军约占奴隶总数的 4%。从数字来看，19 世纪的美国约有 400 万名奴隶，仅有 200 名奴隶参加了 1831 年纳特·特纳（Nat Turner）起义。

罗马经历过奴隶反叛，但这次显然不同。先前的叛乱要么规模相对较小，要么即便规模较大，也远在西西里岛，可这支大军一周之内便可能杀进罗马。自从汉尼拔翻越阿尔卑斯山后，意大利乡间从未遭受过外来者此般破坏和蹂躏。早期的奴隶起义队伍往往充斥着神秘主义者和帮派头目，而不是角斗士和先前的罗马士兵。斯巴达克斯引起了罗马人内心的共鸣。没有哪位反叛奴隶的领袖能如此被人铭记于心，令人敬畏。作为角斗士，斯巴达克斯属于拥有杀戮权力的那群人，也就是说，可以彼此残杀：罗马人对竞技场有着强烈的迷恋，但是反叛的角斗士引起了人们的厌恶和恐慌。

斯巴达克斯来自色雷斯（约为现在的保加利亚），罗马人对那里并不陌生。那里的战士以凶猛残暴而闻名，那是一个有着宗教狂热、结盟与背叛更替反复的地方。作为一名曾经在罗马服役的同盟阵营的士兵，斯巴达克斯本应书写罗马的成功故事。然而，他成了罗马的敌人。在罗马人看来，色雷斯人、凯尔特人和日耳曼人都是野蛮人，他们是斯巴达克斯主要的追随者。早期的奴隶叛军来自城市化的希腊东部地区；不管对与不对，罗马人对他们的作战能力不屑一顾，却害怕与野蛮人作战。

时机让事情变得更糟。斯巴达克斯开始起义时，罗马帝国两面受敌，他们需要同时应对多场残酷的战争。小亚细亚（今天的土耳其）的国王米特拉达梯（Mithridates）在公元前88年对罗马发动了一场大规模战争，这场战争蔓延到希腊和色雷斯，在此后的15年里愈加惨烈。与此同时，反叛的罗马将领塞托里乌斯（Sertorius）在西班牙建立了脱离罗马的政府，这位罗马领导者得到了本土抵抗运动的支持。最后，在克里特岛海域，罗马海军此时正与掠夺航道的海盗激烈对战。罗马最终击溃了所有挑战者，但在公元前73年的时候，战况尚不明朗。

斯巴达克斯巧妙地利用宣传，扬言要扩大他的支持基础。他的宣言不仅吸引了奴隶，也吸引了意大利民族主义者和米特拉达梯的支持者。虽然他的说辞可能仅仅吸引了少数自由人来到他的麾下，但这足以使罗马感到恐惧。

斯巴达克斯起义是古代最著名的奴隶起义，可能也是规模最大的奴隶起义。这场起义席卷了意大利南部，几乎让罗马陷入毫无防御能力的状态，导致罗马军队9次战败，并在两年内使这个古代最强大的军事力量陷于困境。这怎么可能呢？为什么反叛军能如此长久地一路奏凯？为什么他们最终又失败了？世界上唯一的超级大国怎能让这个问题在自己的"后院"地区持续存在？

这是一个应该被搬上银幕的故事，而且当然，它已经被拍成了电影。1960 年，由斯坦利·库布里克（Stanley Kubrick）执导、柯克·道格拉斯（Kirk Douglas）主演的好莱坞史诗电影《斯巴达克斯》上映。这部电影在当时大受欢迎，至今仍是经典之作。影片大致改编自霍华德·法斯特（Howard Fast）于 1951 年出版的一本畅销小说。这本小说是他在麦卡锡时代因藐视国会罪入狱后创作的。法斯特是一个最终退党的美国共产党人，而他并不是第一个崇拜斯巴达克斯的共产主义者。列宁、斯大林和马克思本人都把斯巴达克斯看作无产阶级革命者的典范。1919 年的德国马克思主义革命者称自己的组织为"斯巴达克斯同盟"，他们失败的起义成为传奇。苏联作曲家阿拉姆·哈恰图良（Aram Khachaturian）创作的一部关于斯巴达克斯的芭蕾舞剧为他赢得了 1959 年的列宁奖。

非共产主义革命者也很钦佩斯巴达克斯。海地革命的英雄杜桑·卢维杜尔（Toussaint L'Ouverture）领导了历史上唯一成功的大规模奴隶起义，他就仿效了斯巴达克斯。为统一意大利而战的朱塞佩·加里波第（Giuseppe Garibaldi）为一部关于斯巴达克斯的小说写了序言。犹太复国主义革命者弗拉基米尔·贾博廷斯基（Vladimir Jabotinsky）将这部小说翻译成了希伯来语。法国启蒙哲学家伏尔泰认为斯巴达克斯的反叛也许是历史上唯一一场正义战争。即使是反共产主义者也称赞斯巴达克斯，例如，罗纳德·里根（Ronald Reagan）把他看作勇于牺牲和争取自由的榜样。[1]

斯巴达克斯虽然是传说中的人物，但他并不是虚构的人物。然而，对我们来说，他是个未解之谜。斯巴达克斯没有留下文字记录。他的追随者没有留下手稿。现存的古代记述来自古罗马或古希腊的作家，但他们仅从胜利者的角度进行写作。更糟的是，他们的作品几乎没有留存下来。尽管如此，他们毫不怀疑：斯巴达克斯是真实存在的。

普鲁塔克（Plutarch，约公元1世纪40年代至2世纪20年代）和阿庇安（Appian，约公元1世纪90年代至2世纪60年代）提供了最完整的关于斯巴达克斯的记录，但这些记录粗略简单，成书也晚（叛乱部分在150—200年后写成），而且他们各存私心。弗洛鲁斯（Florus，约公元100—150年）的记述更为简短，但他简洁的评论却非常重要。这三位作家都以萨卢斯特（Sallust，公元前86—前35年）和李维（Livy，公元前59—17年）的作品为基础，但现在这些重要的史料几乎全部散失了，李维对斯巴达克斯的论述几乎没有保存下来。我们只有珍贵的几页萨卢斯特对战争的叙述。

斯巴达克斯同时代的三个人对他的作为进行了简短的评论，他们是伟大的演说家西塞罗（公元前106—前43年）、学者兼政治家瓦罗（Varro，公元前116—前27年）和尤利乌斯·恺撒（Julius Caesar，公元前100—前44年）。在后来的几个世纪中，从诗人贺拉斯（Horace，公元前65—前8年）到圣奥古斯丁（Saint Augustine，公元354—430年）都提到过斯巴达克斯，但几乎没有补充新的内容。即便按照古代史的标准来看，关于斯巴达克斯起义的记载也寥寥无几。

然而，我们有考古发现和地貌研究成果，并进行了历史重建的实验——从角斗士比赛（当然不使用真武器）到斯巴达克斯的军队用藤蔓编织成绳索爬下维苏威火山。硬币、壁画、投石器和防御工事都是反叛军曾横扫意大利乡村的明证。土耳其一处角斗士墓地的尸骨揭示了角斗士训练的秘密以及他们死前的痛苦挣扎。坟墓、神殿、城镇、黄金、铁器、板饰和绘画都

6

使我们打破了古希腊和古罗马文本中关于野蛮人的刻板印象。最后，通过涂鸦、锁链、奴隶拍卖场所、奴隶住所和奴隶监狱，古罗马的奴隶制度被生动再现了。

斯巴达克斯的故事首先是一个战争故事，是一个经典的案例：一场由擅长游击战术的天才所领导的反叛战争，也是一场传统势力缓慢而痛苦地学会以其人之道还治其人之身的反叛乱战争。斯巴达克斯战争也是一个关于种族冲突的故事。斯巴达克斯是色雷斯人，但他的追随者中有很多凯尔特人；他们骄傲、独立、好战。族群差异使反叛军变成了不和的小集团，他们无视自己的首领。夺取自由的征战演变成了帮派斗争，正如历史上经常发生的那样，这场革命最终失败了。

斯巴达克斯的故事也是一个爱情故事，还是一场"圣战"。斯巴达克斯有一个妻子或情人，她的名字没有被记载下来。作为狄俄尼索斯的女祭司，这位不知名的伴侣宣扬了极具煽动性的言论。她借鉴了解放神学，这种学说曾引发古罗马早期的奴隶起义，并且仍激励着地中海东部持续15年的反罗马战争。斯巴达克斯有一个神圣的使命。

斯巴达克斯战争也是一个关于身份政治的故事。作为一名反罗马者，斯巴达克斯并不愿意承认自己的罗马化，当然，他比罗马人更加罗马化。他之所以让罗马人感到恐惧，不仅是因为他是外来者，更是因为他对罗马的一切都非常熟悉。

斯巴达克斯曾在罗马军队服役，他的所作所为可能会让罗马人回想起他们的英雄。像马塞勒斯（Marcellus）一样，他也许是罗马最英武的将军，是渴望亲手杀死敌人的指挥官。他是和西塞罗一样的演说家。他是和加图一样淡泊明志的人。像格拉古兄弟（Gracchi）一样，他认为应该和追随者们分享财富。像布鲁图（Brutus）一样，他为自由而战。

就像那些最为雄心勃勃的罗马人一样，斯巴达克斯声称自己与神有着某种私人联系：像恺撒一样，斯巴达克斯是神的使者。他刚离世，人们就开始梦想斯巴达克斯的回归。斯巴达克斯本人败给了罗马的势力，但他的传说可能会推翻整个帝国。

斯巴达克斯战争也是一个关于奴隶起义复杂性的故事。我们不知道斯巴达克斯是否想废除奴隶制，若是如此，他把目标定得很低。他和追随者们只解放了角斗士、农民和牧羊人。他们避开了城市奴隶，这是一个比农工更温和、更精英化的群体。他们号召奴隶们不仅要为自由而呐喊，也要为民族主义、宗教、复仇和财富而呐喊。这里还有另一个悖论：他们可能是解放者，但反叛带来了毁灭。为了寻找食物，他们摧毁了意大利南部，使之陷入动乱纷争之中。

最后，故事回到斯巴达克斯。他是谁？他究竟想要什么？我们的答案不应基于我们知之甚少的斯巴达克斯的言论，而应基于他的所作所为。我们必须进行推测，但在做出推测的时候，我们可以谨慎行事，因为斯巴达克斯行胜于言。正如事实细节所塑造的那样，他的行动符合反叛和起义的永恒模式。

罗马强大、迟钝，斯巴达克斯弱小、困顿、敏捷。古老的罗马不愿做出改变，而斯巴达克斯是一名革新者。罗马是笨拙的，而斯巴达克斯是灵活的。罗马疲于应对斯巴达克斯的夜间行动、突袭和侧翼攻击，最终他们放弃了正面应敌。他们坚持孤立他的军队，在他们愿意冒险作战之前以饥饿迫使敌人就范。

古代资料描述了一个充满激情、渴望自由、渴望复仇的人。斯巴达克斯的行动却讲述了另外一个故事。他并不冲动，而且能很好地控制情绪。斯巴达克斯是一个政治家，他试图把一个逐渐失控的联盟团结起来。不管是因为天赋还是后天训练，他都是个表演者。他最大的道具是自己的身体，但斯巴达克斯用了很多符号，从蛇到马，来塑造他的形象。他利用个人崇拜吸引了成千上万的追随者，但代价是引诱他们陷入自己不可战胜的错觉。

斯巴达克斯是色雷斯人，在色雷斯从军作战是最光荣的职业。"斯巴达克斯"的拉丁语词是"Sparadakos"，字面意思是"以长矛而闻名"。色雷斯人善于御马，他们速度快，机动性强，这点与天生是步兵而缺乏骑兵天赋的罗马人完全不同。色雷斯人有进行游击战的天赋。他们完善了步兵轻甲和闪电战术，而全副武装的罗马人很容易受到攻击。由于曾在罗马军队的辅助部队服役，斯巴达克斯也接受了常规战争的训练。

说到罗马人，我们的证据虽然有限但更完备。罗马人受困于长期镇压叛乱的策略。他们必须定位、孤立然后消灭那些避免激战而运用非常规战术不断骚扰他们的敌人。做到这些需要具备情报优势，也就是要对当地非常了解。尽管罗马人从未采用赢得民众支持的策略，但他们在与当地人打交道方面表现出比我们的预期更多的智慧。

但是罗马人比斯巴达克斯的糟心事更多。公元前73年，罗马是一个伤痕累累的城邦。意大利半岛被罗马和那些心有不甘的盟友分割开来。几个世纪中，罗马征服了混居在意大利的各族人民，包括希腊人、伊特鲁里亚人、萨姆尼特人、卢卡尼亚人和布鲁蒂亚人。半岛局势一直剑拔弩张，20年前突然演变成一场叛乱（公元前91—前88年）。经过三年的血战和围攻后，意大利战争（也称为"同盟者战争"，"socii"在拉丁语中意为"盟国"）结束，罗马恢复和平，代价是他们给予所有盟国居民公民身份。尤其在意大利南部，有些意大利人充满怒气又顽固守旧。意大利战争之后，苏拉（Sulla）及其已故对手马略（Marius）的继承者之间爆发了内战。苏拉获胜并成为独裁官，然而他于公元前79年卸任，一年后便去世了。公元前77年，内战再次爆发。公元前73年，意大利处于和平状态，罗马军团被派往国外与敌人作战，他们离开后，意大利的麻烦便接踵而至。

意大利农村有大量奴隶，他们经常逃跑，有时还会发动武装叛乱。总之，公元前 73 年，罗马人掌控下的意大利正如一片夏季热浪中的干枯森林，而斯巴达克斯点燃了手中的火柴。

第一部分
爆发

第一章
角斗士

斯巴达克斯是一名重量级的"莫米罗角斗士"（murmillo）。[1]
据资料记载，他大约 30 岁，"力大无比，气概英武"。[2] 莫米
罗角斗士是竞技场中的大块头，身上的武器和铠甲重达 35 磅
到 40 磅。他们赤足作战，袒胸露背，色雷斯人斯巴达克斯引
以为傲的文身便更加明显。每名莫米罗角斗士都戴着青铜头
盔，系着腰带，戴着各种护臂和护腿。他们拿着一面长方形的
大盾牌（scutum），挥舞着一把长约一英尺半的短剑，剑刃又
宽又直。这种罗马短剑（gladius）是角斗士的经典武器，也
是罗马军团的标配武器。

虽然我们不知道斯巴达克斯在竞技场上的战绩如何，但
我们可以想象某天下午他与对手缠斗的场景。罗马人都是角斗
迷，他们留下了大量角斗赛的资料，近期的历史重建丰富了这
个画面。例如，我们知道，尽管好莱坞电影中出现的是群战场
景，但斯巴达克斯每次只和一个人竞技。真正的角斗赛是双人
对决，精心挑选出来的角斗士为观众呈现一场惊心动魄的比
赛，但竞技者的寿命都很短。

像斯巴达克斯这样的莫米罗角斗士不会和另一个莫米罗角
斗士对决，通常他会和"色雷斯角斗士"（thraex）组合配对。
色雷斯角斗士是色雷斯人，也许是因为主人害怕激起奴隶的民
族情感，斯巴达克斯在竞技场上不代表自己的民族出战。色雷
斯角斗士也是重量级角斗士，但身手更敏捷灵活。他们的武器

和铠甲与莫米罗角斗士的相似，但携带小盾牌（parmula），这让他们更轻盈、灵活。色雷斯角斗士手持色雷斯人在战斗中使用的弧形剑——西卡（sica）。

角斗赛通常以使用木制武器的热身赛开始。然后，"锋利的铁质"[3]武器被拿上场，这些武器都要经过检查，确保它们足够锋利。与此同时，斯巴达克斯和他的对手准备赴死，他们无须向比赛赞助人致敬。据我们所知，那句著名的呼号"赴死者向你致敬！"极为罕见，后来偶尔出现也仅是例外情况。胫骨笛（tibia）是一种类似双簧管的管乐器。骨笛吹响，比赛开始。

角斗赛充斥着一种优雅又残暴的气氛，角斗士会主动进攻，但因兵刃太短，刀剑极少相碰。他们常用盾牌格挡或刺击，时而前冲，时而后攻，或水平旋转盾牌，用边缘攻击对手。赛场充满了盾牌碰撞的砰砰声，几乎听不到金属武器碰撞的叮当声。

强壮的莫米罗角斗士可以用15磅重的长盾发起猛攻，但身手敏捷的色雷斯角斗士可以用7磅重的小盾牌更迅速地连续攻击。斯巴达克斯知道色雷斯弧形剑的杀伤力，所以非常注意侧翼防守。他尽量在战斗中保持站立姿势，左肩和左腿向前，在不断向敌人施压的同时不给对手任何可乘之机。他用盾牌近身护体，以防遭到色雷斯角斗士小盾牌的猛击而重心不稳。斯巴达克斯时而会突然把自己的盾牌向前推，试图让色雷斯角斗士失去平衡。

如果被斯巴达克斯侧身挡住，此刻的色雷斯角斗士很可能会迅速俯下，扑向斯巴达克斯没有防护的右腿。他甚至可以尝试更难的动作：跳起来，右臂抵住斯巴达克斯的盾顶，用弧形的西卡剑刺击。然而，如果这些可致命的招数失败了，斯巴达克斯就有了机会。斯巴达克斯的明智之举应该是佯攻，引诱色雷斯角斗士猛扑过来，而他立刻挡开，并给出致命反击。

在打斗中，经常有人被刺而血流不止，但一般不会产生致命伤。尽管已遍体鳞伤、疲惫不堪、汗流浃背，但在肾上腺素的刺激下，必须继续战斗，继续思考，不断变换战术。多数比赛似乎仅持续 10—15 分钟，但比赛其实没有时长限制，会持续到分出胜负为止。与此同时，每位选手都必须心无旁骛，不去理会人群的喧闹和伴随比赛的铜管乐，全神贯注于战斗。他还要记住比赛的规则。角斗比赛并不是混战。裁判（summa rudis）和助理裁判（seconda rudis）执行比赛规则。最重要的规则是打伤对手后要后退收手。

让我们想象一下，斯巴达克斯把对手打得失去了平衡，打掉了他手中的盾牌，刺中了他的手臂。然后，斯巴达克斯要从伤者的身边后退。这名色雷斯角斗士的生死不由角斗士或裁判决定，而是掌握在组织者（editor）手中。

组织者通常会征求观众的意见。这是倒下的角斗士生死攸关的时刻。如果观众喜欢这位战败的角斗士，认为他表现出色，便会要求放他一条生路。但如果他们认为败者该死，也会毫不犹豫地大喊"杀了他！"。他们用拇指做手势，但手势的意义与我们现在认为的意义相反：拇指向上意味着死亡。

在那种情况下，如果败者的伤势允许，他要屈膝接受胜利者给出的致命一击。在战败者被处决的那一刻，观众齐声高呼："活该！"他的尸体会被担架抬到停尸房。在那里，他会被割喉，以防诈死，然后被埋葬。

与此同时，斯巴达克斯登上优胜者的奖台领取奖品：一笔赏金和一根棕榈枝。虽然他是奴隶，但他可以保留这笔钱。从奖台上下来后，他一边挥舞着棕榈枝绕场一圈，一边接受人群的欢呼。

这不像是一所孕育革命的学校。然而，如此激烈的对决会让人热血沸腾，而他们将掀起古代世界最伟大的奴隶起义。

斯巴达克斯在克奈乌斯·科尼利乌斯·伦图卢斯·瓦提亚（Cnaeus Cornelius Lentulus Vatia）的角斗士学校中生活和训练。瓦提亚是一名兰尼斯塔（lanista），也就是购买并训练角斗士的主理人，之后他会把角斗士租赁给角斗比赛的组织者。瓦提亚的角斗士学校位于那不勒斯以北 15 英里处的卡普亚（Capua）[4]。那里是意大利气候最宜人的地方，但斯巴达克斯可能没机会享受一年 300 多天的阳光。

他从罗马来到卡普亚，可能徒步而行，肯定戴着镣铐，很可能和旁边的人绑在一起。他在罗马被卖给瓦提亚为奴。公元前 1 世纪的卡普亚墓碑上雕刻着奴隶买卖的场景，[5] 这可能表明此处是奴隶贩子的坟墓。想象一下这个场景：奴隶站在台座上，很可能是木制拍卖台上，全身赤裸，只系了块腰布——这是罗马奴隶市场的惯例。用粉笔在奴隶的脚上做记号也是标准的做法。浮雕中的奴隶蓄着胡须，肩膀宽阔，长臂垂在身体两侧，看起来很适合做苦力。工匠用体型上的失调来暗示权力的不均衡，因为他把奴隶描绘得比两侧的自由人都矮小。

斯巴达克斯在卡普亚首先看到的可能不是城墙也不是神庙，而是那座圆形角斗场。这座建筑耸立在城墙外，位于城墙的西北方向，紧邻阿皮亚大道（Appian Way）。建筑外观低矮敦实，是意大利最早的石质圆形角斗场之一。这座建筑建于罗马共和国后期，它可能是这座城市给斯巴达克斯留下的第一印象。

斯巴达克斯在巴尔干广阔的平原和蜿蜒的山丘地区度过了自己大部分时光。现在，他整天要面对的是角斗士学校宽厚的墙壁，只能偶尔看一眼卡普亚。这座城市和角斗业有许多共同之处。两者在罗马人眼中都不值得尊重，两者都依赖奴隶劳工，偶尔为奴隶提供阶层流动的阶梯。但不同之处在于：在瓦提亚的角斗士学校之外，阶梯有时通向自由；但在瓦提亚的角斗士学校之内，阶梯往往通向死亡。

斯巴达克斯长途跋涉来到卡普亚。在他的家乡色雷斯，年轻的斯巴达克斯曾在罗马的同盟部队服役。[6]罗马人把这些部队称为辅助部队（auxilia，字面意思是"帮助"），服役的士兵被称为辅助兵。这些部队不属于罗马军团，军团只接收罗马公民。虽然不是军团士兵，但辅助兵也大致了解罗马的军事纪律。如果我们还记得，斯巴达克斯曾目睹罗马军队是如何运作的，那么就更容易理解后来他对罗马取得的军事胜利了。

那些被征服的民族都需要为罗马人服兵役，作为一名辅助兵，斯巴达克斯可能就是其中之一；也就是说，他不是雇佣兵，而是应征入伍的。作为一名反叛者，他所展现的指挥才能暗示，他可能曾在罗马人手下担任军官，而且很可能是骑兵。

罗马骑兵几乎都是辅助兵。色雷斯骑兵是最凶猛的骑兵。《马加比二书》（The Second Book of Maccabees），[7]包括某些版本的圣经，都描述了马背上的色雷斯人孔武有力的形象：一名雇佣兵逼近一个名叫多西修斯（Dositheus）的强壮的犹太骑兵，并砍下了他的胳膊。这个没有名字的色雷斯骑兵救下了被多西修斯揪住斗篷的指挥官高尔吉亚（Gorgias）。此事发生在公元前163年。公元前130年，一名色雷斯骑兵一剑砍下了罗马将军的头颅。50年后，罗马人仍然对此不寒而栗。

某位作家记载，后来斯巴达克斯从军中潜逃，成为罗马人口中的拉特罗（latro）。[8]这个词的意思是"小偷"、"匪徒"或"拦路抢劫的强盗"，但也有"游击战士"或"叛乱士兵"的意思，罗马人用这一个词来表示上述所有概念。我们只能猜测斯巴达克斯的动机。也许像许多色雷斯人一样，他决定加入米特拉达梯对罗马的战争；也许因为私人恩怨；也许他早已习惯犯罪生活。我们不清楚他逃亡何处，是色雷斯、马其顿，还是意大利。无论如何，成为拉特罗后，斯巴达克斯就被捕了，之后成了奴隶，最终成为角斗士。

原则上，罗马只把重刑罪犯训练成为角斗士。无论斯巴达克斯犯了什么罪，按照罗马法律，都不该受到如此严厉的惩罚。他是无辜的，这一点我们至少可以通过瓦罗的记载获知。[9]瓦罗在角斗士战争期间是正当盛年的古罗马作家。悉知自己无罪会给斯巴达克斯的反叛之情火上浇油。无论如何，斯巴达克斯已经成为瓦提亚的私有财产。这名色雷斯人人生的下一幕，也可能是最后一幕即将开场。

卡普亚以玫瑰、屠宰场和角斗士而声名远扬。那里经济繁荣，而政治昏庸。公元前216年，在与迦太基的战争中，卡普亚背叛了罗马同盟，转而支持迦太基最伟大的将领汉尼拔。公元前211年，罗马人再次征服卡普亚。为了惩罚这座城市，他们剥夺了它的自治权，并将其纳入罗马总督的管辖之下。

然而，卡普亚强势崛起，比以往任何时期更繁荣。这座城市是金属加工业和纺织业的中心，也是意大利的香水和医药之都，盛产粮食，为罗马供应猪肉和羊肉。亚平宁山脉是意大利崎岖而巨大的主干山脉，卡普亚位于亚平宁支脉的山脚下。它的南部是一马平川的大平原，在炎热潮湿的夏季，田野是棕色的；在晴雨交替的冬季，田野是绿色的。这里拥有欧洲最肥沃的土地，因此被称为"坎帕尼亚菲利克斯"（Campania Felix），也就是"幸运的坎帕尼亚"。

除了劳工，生活在这里的人是幸运的。卡普亚在很大程度上是一座奴隶之城，既有土生土长的奴隶，也有外邦奴隶。数目庞大的奴隶让卡普亚与意大利其他地区仅在地位上有所不同，没有本质区别。公元前200年后，罗马花了125年进行对外扩张，大批失去自由的劳动力涌入意大利。到了斯巴达克斯所处的时代，意大利半岛上的奴隶数量有100万—150万，约占意大利人口的 20%。

这是古代世界剥削与压迫的至暗时刻，是苦难的深渊，是自由的低谷。然而，这也是奴隶大量集中的时代，很多奴隶出生时是自由人，有些奴隶是退伍士兵；这也是奴隶主缺席的时代，甚至没有警察部队。此外，有些奴隶拥有旅行甚至携带武器的自由。最后，附近的山脉提供了很多潜在的避难所。西西里岛和意大利南部在 60 年间爆发了三次历史上规模最大的奴隶起义：首先是两次西西里起义（第一次发生于公元前 135—前 132 年，第二次发生于公元前 104—前 100 年），然后是斯巴达克斯起义。这一切绝非偶然。

在农村，大量奴隶通常戴着锁链在农场干活，晚上被锁在类似监狱的营房里过夜。其余被雇为放牧人的奴隶要么自食其力，要么忍饥挨饿。与此同时，在城里，奴隶们在商铺、学校、厨房从事各种各样的职业。在卡普亚，当奴隶获得自由时，甚至会有奴隶来收取 5% 的释奴税。少数幸运的奴隶获得了自由，有些人还发了财。有些人甚至背弃自己卑微的出身，进入奴隶贸易行业。例如，一个卡普亚自由人并不介意生产粗羊毛斗篷来挣钱，这种斗篷每两年会向奴隶发放一次。

卡普亚粗俗又贪婪，注定要成为角斗比赛的中心。那里阳光充足，是训练角斗士的理想之所，因此，罗马的经理人都来这里发掘人才。尤利乌斯·恺撒就在卡普亚拥有一所角斗士学校。

然而，到了公元前 73 年，意大利最盛大的角斗赛都不在卡普亚举办，而在罗马。但是谨慎的罗马精英阶层不允许角斗士们留在那里。暴力而危险的角斗士就像是闯入罗马鸡舍里的狐狸。把他们安置在罗马之外更安全。卡普亚是非常理想的地方：距离罗马只有 130 英里，有两条直通罗马的当时世界上最著名的大道——阿皮亚大道和拉蒂纳大道（Via Latina）。

斯巴达克斯走过其中一条，甚至更早的时候，在戴着镣铐的囚徒队伍中结识了新伙伴。这是一群乌合之众。几乎所有人都是奴隶，有些生来就是奴隶，有些被平民抓走后被卖为奴，还有一些是战俘。很多奴隶是色雷斯人。色雷斯源源不断地为罗马输送奴隶，因为他们与同罗马接壤的马其顿行省进行了无休无止的战争，也因为色雷斯人对战争充满狂热。

色雷斯人热爱打猎、喝酒和战斗。他们生来好战，以残暴而著称。例如，公元前171年，色雷斯骑兵在卡里尼科斯（Callinicus）的一场小冲突中痛击了罗马人，他们战斗时"像被长久关在笼子里的野兽，突然被唤醒了"。[10]他们凯旋回营，一路高歌，挥舞着长矛，矛尖上插着敌人的头颅。

在古罗马世界中，另一个同样好战的民族是凯尔特人。古罗马作家斯特拉波（Strabo）形容凯尔特人"狂热地喜好战争，勇武自信，敏于作战"。[11]凯尔特人构成了瓦提亚角斗士队伍的第二大群体。资料称他们为高卢人，他们中的某些人肯定来自高卢，也就是现代的法国。他们可能在公元前1世纪七八十年代，罗马在高卢的几次小规模军事行动中被俘。他们甚至可能是公元前102年和公元前101年，马略在西部大捷时被俘者的子嗣。但大部分人可能是被卖作奴隶的平民：一个高卢奴隶的市价[12]只相当于一罐双耳罐（amphora，大罐子）葡萄酒的价格。公元前1世纪，罗马人向高卢出口了大约4000万罐双耳罐葡萄酒（约264万加仑），[13]每年大约换回15000名奴隶。

但瓦提亚的某些凯尔特奴隶可能来自巴尔干半岛，那里是凯尔特人的聚集地，也是公元前1世纪七八十年代他们与罗马人作战的地方，因而提供了大量的奴隶。例如，斯科迪西人生活在多瑙河以南的平原，即现在塞尔维亚东北部，他们是与色雷斯人和伊利里亚人（古代巴尔干另一个好战民族）混居的凯尔特人。

如果瓦提亚或他的代理人确实买下了斯科迪西人，那么买下这支凯尔特人可不是明智之举。色雷斯人和斯科迪西人有共同的边境，他们都憎恨罗马。公元前 88 年，斯科迪西人和大批色雷斯人参与了米特拉达梯反抗罗马的暴动。[14] 一支色雷斯人和斯科迪西人的联合军队在一次大规模袭击中入侵了罗马的希腊行省；后来，这两个民族都在罗马惩罚性的远征中损失惨重。

我们或许应该把日耳曼人归入瓦提亚的角斗士队伍中。日耳曼人在斯巴达克斯的军队中扮演了重要的角色。许多意大利奴隶是日耳曼人或日耳曼人的后裔，他们和凯尔特人一样，很多人在 30 年前被马略俘虏；其他人则是被卖为奴隶的平民。此外，公元前 73 年，凯尔特人和日耳曼人没有明显的区别，他们之间的边界模糊。无论如何，古希腊罗马作家和考古学家都认为，今天的日耳曼民族在古代时期和凯尔特人以及色雷斯人一样尚武好战。古罗马历史学家塔西佗（Tacitus）写道："（他们的）民族不耐于宁静。"[15] 他认为，日耳曼的经济依赖于战争和抢掠。在斯巴达克斯起义蔓延之前，我们没有听说过日耳曼人，但瓦提亚的角斗士中可能就有日耳曼人。

也许帝国周边的其他民族为瓦提亚的事业提供了大量人力。安纳托利亚和黑海地区都为罗马输送了许多奴隶，瓦提亚的学校可能也有来自这些地区的奴隶。但最后一个需要关注的重要群体并不是外来者，而是意大利本地的自由人，甚至是罗马公民。不管是出于绝望、无聊还是寻求冒险，也不管是贫穷还是富裕，很多公民自愿加入角斗士的队伍。公元前 1 世纪，这种向意大利下层社会的流动已经成为一种潮流。

所以，瓦提亚的 200 多名角斗士中有色雷斯人、凯尔特人，可能还夹杂着日耳曼人、意大利人和其他民族。斯巴达克

22

斯的同伴来自不同的族裔群体，这并非偶然。罗马创建者建议，把不同民族的奴隶混杂，防止他们团结起来。他们已经意识到武装奴隶有致命的危险。

奇怪的是，罗马人把角斗业称为游戏，拉丁语为 ludus。ludus 也被译为学校，这里确实训练初学者，除了少数例外，几乎没人能活着毕业。大多数角斗士的生活始于角斗士学校，终于角斗士学校。

罗马人还将角斗士学校称为法米利亚（familia），即"家庭"或"住户"。就像其他家庭一样，角斗士学校能满足角斗士的食宿等基本需求，还要为角斗士提供医疗服务。角斗士需要限制饮酒，吃高碳水食物，喝大量大麦粥。他们和相扑选手一样，需要在腰部增肥，受伤时可以得到保护。他们就像娇养的赛马，伙食很好。"让你的主人喂饱他们的奴隶！"[16] 这是一名罗马帝国的强盗针对罗马人如何制止犯罪给出的尖刻建议。角斗士学校的主理人无须理会，因为他们只有善待自己的角斗士才能获得成功。

但角斗士学校同时也是营房和监狱。角斗士不能自由出入。最有力的证据来自庞贝城，[17] 那里发掘出两所不同时期的角斗士学校。两所学校均位于城市边缘地带。稍早期的角斗士学校实际上是一座堡垒，抬升的人行坡道和附带的台阶将它与外部隔开，学校内部比街道水平线整整高出 10 英尺——这在庞贝城极为罕见。建筑内部还有其他的安保措施：额外加装的一扇门和一个封闭的庭院。庞贝城的第二所，也就是稍晚时期的角斗士学校更为开放，但里面还有一座小型监狱，配有铁足枷，可能还设有哨岗。

瓦提亚的角斗士学校可能是围绕着一个中心庭院建造的，四周是灰泥粉刷的柱子，柱子上画满了涂鸦，比如，人们曾在庞贝城考古中发现过涂鸦：塞拉杜斯（Celadus）自夸"让女人们叹息"。弗洛鲁斯记载,7月28日他在努凯里亚(Nuceria)获胜,8月15日又在赫库兰尼姆(Herculaneum)获胜,这两座城市都在附近。耶和华用双关语说,莫米罗角斗士卢西乌斯·阿西修斯(Lucius Asicius)闻起来像廉价的鱼露(muriola),虚弱得就像清淡的女士饮料(也称为muriola)。一些角斗士会留下主人的名字,而既当过莫米罗角斗士又骑马作战的萨姆斯(Samus)只说他"住在这里"。角斗士阿西修斯(Asicius)、奥瑞奥罗斯(Auriolus)、赫拉赫西努斯(Herachthinus)、菲利普斯(Philippus)和"样貌恐怖"的阿玛兰图斯(Amarantus)都在白色的灰泥上刻下了自己的名字和位置。

ludus可能有"游戏"的意思,但角斗士学校的生活非常残酷。新招募的角斗士要立下最神圣最极端的誓言:宣誓自己甘愿被火烧(也许是文身,因为文身是奴隶的标志),被锁链束缚,被鞭打,被剑刺死。古罗马作家塞涅卡(Seneca)记载,这是一种"永恒不变"的死亡承诺,因为平静地面对死亡是角斗艺术的最高境界。[18]宣誓完毕后,新加入的角斗士会按照计划接受训练,严苛程度堪比斯巴达的训练计划。

角斗士在罗马文化中扮演着非常重要的角色,他们的待遇远高于普通奴隶。罗马人对角斗士的评价并不单纯是正面的。相反,角斗士在他们眼里毁誉参半。被迫成为角斗士是一种耻辱;自愿成为角斗士是一种堕落;成为技术纯熟的角斗士充满危险,但是作为角斗士死去是崇高的。

角斗士没有朋友。他们面对的是盟友、对手、主人、崇拜者、流氓、间谍、供应商和骗子。新来的角斗士要清楚谁值得信任,谁要小心提防,谁会替他打掩护,谁会偷走他的食物。他很快就能判断出这些人的特点:强壮、敏捷、坚韧、无情、软弱、蠢笨、宽厚、善良。像监狱一样,这里也会出现领导者和追随者之间的等级制度，既残酷又地位意识分明。某天夜里，角斗士和他的同伴共进战前晚餐，第二天他就杀死这个同伴，不久后为死者立下墓碑。

也许某些角斗士因角斗士学校的艰苦生活而逃跑，但按照罗马标准，那里的生活并不算特别艰难。举个例子，罗马军团的纪律同样严苛。与角斗士不同，士兵不会遭受酷刑，但会因为盗窃、同性性行为、遗失武器以及错过守夜等罪行受到严惩。这些惩罚包括鞭刑和棍棒处死。

某些瓦提亚的奴隶甚至可能拥护这种纪律。他们几乎不在意回报。获胜的角斗士会得到荣誉、金钱、名望和性，这比其他奴隶的境遇要好得多。然而，200 名角斗士决定逃离瓦提亚的角斗士学校。按照罗马奴隶制度的标准，角斗士享有特权。在所有奴隶中，他们竟然发起了奴隶起义，这本身就是一种讽刺，但也不出所料。纵观历史，也许因为对未来抱有很高的期望，享有特权的奴隶经常领导起义。角斗士暴动是因为瓦提亚的管束太严苛吗？或许是吧，或许这是一场期望不断提高的革命。

好莱坞影片把瓦提亚的一个教练塑造得格外残忍，其实，我们对瓦提亚几乎一无所知，对教练就更不了解了。我们甚至连瓦提亚这个名字也不能确定，因为文献中有时称他为伦图卢斯·巴蒂亚图斯（Lentulus Batiatus），有时称他为克奈乌斯·伦图卢斯（Cnaeus Lentulus）。一种看似可信的说法是"巴蒂亚图斯"这个名字并不准确！实际上应该是克奈乌斯·科尼利乌斯·伦图卢斯·瓦提亚，他是来自富裕贵族家庭的罗马公民，因在卡普亚拥有角斗士而名声大噪。此人粗鲁残暴、厚颜无耻，并不在意人们对他职业的描述——角斗士学校的主人（拉丁语 lanista），罗马人还把他比作屠夫（lanius）或皮条客（leno）。也许是为了与角斗士保持距离，他生活在罗马，把角斗士学校交给其他人管理。他可能在起义爆发之前从未见过斯巴达克斯。谁知道呢？

据古代作家记载，角斗士们决定"不再为观众表演，而要为自由铤而走险"。[19] 为娱乐罗马公众而战死是一种耻辱。从卡普亚到最后一战，斯巴达克斯的整个故事贯穿着某种崇高精神。一位古代作家说，斯巴达克斯"不但孔武有力，而且具有超出本人家世财产所赋予的文化教养和智慧才能。同一般的色雷斯人相比，他更像是一个希腊人"。[20] 另一位作家称，斯巴达克斯得到了少数精英群体的支持，这些人思想开放、行事谨慎。[21] 总之，他得到了部分贵族的支持。

斯巴达克斯本人可能就是贵族出身。有些迹象表明，斯巴达克斯这个名字属于色雷斯王室家族；古代文献提到，起义者中有一些"贵族"，[22] 这意味着有些奴隶出身高贵或有贵族血统；两位同时代的罗马作家都很欣赏斯巴达克斯，如果他是贵族出身，他们会更容易接受。即便在角斗士中，贵族名字的光环也可能帮助斯巴达克斯吸引支持者。

斯巴达克斯和盟友们为起义争取支持时，可能会谈及利益和复仇以及自由和荣誉。他们或许会指出，此刻时机已经成熟，因为米特拉达梯仍在东方高举着抵抗罗马的火炬，塞托里乌斯起义的战火仍在西方默默燃烧。他们也许还知道早先奴隶反抗罗马的情况：公元前 2 世纪的意大利曾发生过十多次起义，西西里岛曾爆发过两次大规模起义（公元前 135—前 132 年、公元前 104—前 100 年），小亚细亚西部奴隶和自由人在公元前 132—前 129 年结成了反罗马联盟。公元前 88 年，米特拉达梯在小亚细亚发起了一场针对罗马人和意大利人的大屠杀，任何愿意杀死主人或告发主人的奴隶都被赐予自由。只有遁世者才能无视反抗情绪的蔓延。

仅在 30 年前，卡普亚奴隶曾两次起义，此时可能还是城里老人们的谈资。一次是在公元前104年前后，200名奴隶在卡普亚起义，并很快被镇压；其他细节不详。另一次是在公元前104年，卡普亚发生了一场较大规模的暴动。年轻富有的罗马人提图斯·米努修斯·维提乌斯（Titus Minucius Vettius）爱上了一个女奴隶，最后却债务缠身，于是在父亲位于卡普亚城外的庄园里暴动了。他组建了一支3500人的奴隶军，采用了罗马军团的百人队编制。罗马元老院对这一威胁非常重视。他们委派卢西乌斯·李锡尼·卢库卢斯（Lucius Licinius Lucullus）恢复秩序；他是裁判官，是执掌最高诉讼权和军事统帅权的高级官吏。卢库卢斯召集了一支由4000名步兵和400名骑兵组成的军队，但他没用蛮力，而是以狡猾的策略击败了维提乌斯。卢库卢斯授予维提乌斯的将领阿波洛尼乌斯（Apollonius，这个名字暗示他是奴隶或自由人）豁免权，他便当了叛徒。结局是包括维提乌斯在内的反叛者集体自杀。

这次起义失败了，却极大鼓舞了后来的反叛者。奴隶可以组成一支组织有序、装备精良的军队。罗马对此大为震惊，他们没有正面攻击叛军，而是使用了利诱的手段。值得注意的是，罗马军的数量与奴隶军的数量相差甚微。罗马没有派出更多士兵或许是因为无兵可派。公元前104年，罗马军正受到多方牵制。

一年前，也就是公元前105年，一支迁居的日耳曼人及其凯尔特盟友组成的军队在法国南部的阿劳西奥［Arausio，今法国奥朗日（Orange）］展开的战役中重创罗马军团，歼灭了数万名罗马兵。直到公元前101年，这些外来的日耳曼人和凯尔特人才被完全剿灭。因此，公元前104年前后，卡普亚发生的两次起义对一个麻烦缠身的政权提出了挑战。

此刻，在公元前73年，罗马军团正在海外与塞托里乌斯和米特拉达梯作战。在国内，警察部队几乎可以忽略不计。过去的起义失败了，新的起义则有可能成功。时机已到，而某些根本性因素——人的求生本能——可能激起了反叛。

角斗士的寿命很短。最有力的证据来自土耳其以弗所的一处墓地，人们研究了从那里挖掘出的 120 具角斗士骸骨。死者几乎都不到 35 岁，许多人不到 25 岁。其中 1/3—1/2 的人死于令骨头断裂或粉碎的重伤，约有 1/3 的死者头部受过重击。其他骸骨没有骨骼损伤的迹象，但很可能也是暴力致死，比如被开膛破肚、被切断动脉或外伤感染。

以弗所角斗士生活在公元 2—3 世纪的罗马和平时期（Roman Peace），那时的角斗赛由国家垄断。斯巴达克斯所处的时代处于共和国末期，比赛为私人产业，这可能让角斗士的处境更糟糕。比赛赞助人通常是追求声望的有钱人，观众喜欢血腥场面，所以为了攀比，他们可能会牺牲更多角斗士。很多角斗士无疑会在自己的第一场比赛中身亡。

角斗士起义发生在春季。那时，可能马上要举办角斗赛。有人认为，瓦提亚的奴隶们正在为一年一度的罗马赛会进行训练，这场赛会也被称为"大赛会"，每年 9 月 5 日开始。在这场为期两周的盛会里，角斗赛是不可或缺的部分。在所有罗马人的注视下，组织者不得不为观众呈现一些血腥场面，瓦提亚的角斗士可能有去无回。

然而，预期寿命论仅止于此。色雷斯人、凯尔特人和日耳曼人以蔑视死亡为荣。他们相信来世，瞧不起懦夫，更愿意把自己看作无所畏惧的战士。斯巴达克斯必须让他们相信，一旦逃亡，等待他们的战斗将比在角斗士学校的战斗更激烈。

角斗士不想逃跑，也不想解救他人。但是，在意大利揭竿而起，杀死罗马人，窃取他们的财富，并从当地奴隶群体中吸引支持者，这一切对伦图卢斯·瓦提亚角斗士之家的奴隶来说充满了诱惑力。

28

然而，这一系列因素并不能解释斯巴达克斯的成功。当然，他的个人威信也是一个因素。斯巴达克斯说话时，人们愿意倾听。这不仅仅因为他在竞技场上实力超群或他有在罗马军中服役的经验，也不仅仅因为他可能曾为匪徒的名声。这不仅仅因为他的名字听起来高贵，也不仅仅因为他有超强的沟通技巧——尽管这些都相当重要。还有一些因素，一些未知因素，增加了他的权威。但是，到底是什么呢？

要找到答案，我们必须去问问他的女人。

第二章

色雷斯女先知

公元前73年，一名色雷斯女子宣布了一个奇迹。作为一名女先知，她为狄俄尼索斯的预言布道，当她陷入狂喜状态时，狄俄尼索斯附身于她。她说，神将巨大的力量赋予一个凡人。那个人和她一样是生活在意大利的色雷斯人。他是她的爱人：斯巴达克斯。

我们对这位色雷斯女子知之甚少，甚至连她的名字也不知道。然而，现存信息难免令人浮想联翩。她是斯巴达克斯的信使，甚至可能是他的缪斯。

虽然我们对她的外貌一无所知，但我们可以想象她预言时所进行的癫狂迷离的仪式，因为大量关于狄俄尼索斯崇拜的信息被保存了下来。狄俄尼索斯在地中海很多地区流行，是色雷斯的民族之神。色雷斯女子穿着长及脚踝的袍子，赤足，露臂，为狄俄尼索斯舞蹈。她们的手臂上刺着文身，图案多为几何条纹、人字形条纹、圆点、圆圈和小鹿等。酒神女祭司（也就是狄俄尼索斯的崇拜者）的头上戴着常春藤花环。祭神时，她手持酒神杖——顶端饰有松果的巨大的茴香手杖，身边可能放着她在仪式中使用的小物件：琥珀、贝壳、指节骨和玻璃杯等。但最引人注目的应该是她右手中的蛇。蛇的身体缠绕着她的上臂，然后从腋下钻出，蛇头向下一直延伸到地面。她认为蛇是狄俄尼索斯的主要伙伴和象征，因而并不畏惧它。

普鲁塔克的记载是我们关于这位色雷斯女先知唯一的信息

来源。[1]普鲁塔克生活的时代距斯巴达克斯 150 年，但他的作品基于与斯巴达克斯同时代的萨卢斯特的记载，而萨卢斯特的大部分记载现已缺失。普鲁塔克的记述可能难以让怀疑论读者满意，但与他的信息来源相比，他的记述似乎更为可信。

我们在卡普亚看到了这位色雷斯女子，想象一下她是如何来的。留心观察奴隶贩子墓碑上刻画的场景。[2]女人们走在后面。她们穿着简单的长及脚踝的束腰外衣，用披肩遮住头。两名儿童走在她们旁边。在她们前面有八个男人，脖子用铁链相互锁住，及膝的束腰外衣下面裸露着双腿。领头的是一名披着连帽斗篷的男子，他可能是看守，也可能是奴隶贩子。这八个人被带去充当奴隶。女人和儿童可能是其中两人的家属，和他们一同成为奴隶。

这一幕发生在罗马共和国晚期或帝国早期。地点在色雷斯；这些奴隶是色雷斯人，为了换酒而被卖为奴隶。他们可能会让我们联想到斯巴达克斯和他的女伴，公元前 73 年，他们也成为奴隶，正在前往卡普亚。

我们很难相信，作为奴隶的角斗士会被允许拥有女性伴侣。作为奴隶，他们不能缔结罗马法律上的有效婚姻，但是角斗士可以拥有稳定的家庭关系。奴隶的"伴侣"和子女在古代文献中都有详细记载。主人们甚至可能希望角斗士成家娶妻，那么他们在角斗士学校艰苦的环境里就拥有了定心丸。

斯巴达克斯的女伴和他一样是色雷斯人，来自同一部族，但不清楚她具体属于哪个部族。普鲁塔克说，斯巴达克斯出身游牧民族，[3]可能以放牧为生，他们夏季在高地放牧，冬季转去低地放牧。这并不意味着斯巴达克斯是一名卑微的牧羊人，只说明其经济来源的基础是牧业。

无论如何，"游牧"可能是中世纪抄写者的错误；古代文献中的记载可能不是游牧民族，而是米底人（Maedi，单数形式为 Maedus）。米底是色雷斯人的一个部落，他们生活在今保加利亚西南部的山区。像斯巴达克斯一样，他们也以身体强壮而闻名，他们与罗马作战，也为罗马出战。同时期其他色雷斯部族也拥有出色的战士，比如贝息人（Bessi）和盖塔人（Getae），斯巴达克斯和他的女伴可能就属于其中的某个部族。他们也可能是奥德里西亚人（Odrysians），属于生活在爱琴海和罗多彼山脉之间的东南部色雷斯部族。罗马与米特拉达梯作战时，他们是罗马人的盟友。

无论如何，斯巴达克斯的伴侣是色雷斯人。至于她如何来到意大利，又如何遇到斯巴达克斯，她是不是奴隶——这些都不清楚。她很可能在罗马就和斯巴达克斯在一起了，然而，对此我们也不能确定。我们能够确定的是她在卡普亚与斯巴达克斯生活在一起，并随他逃离了这座城市。我们有理由认为，这名色雷斯女子传播了斯巴达克斯的名声。

据说，斯巴达克斯被带到罗马卖为奴隶时，发生了一件奇事。普鲁塔克记录了这个故事，但他不能确保其真实性。这名色雷斯人睡觉时，一条蛇盘绕在他的脸上。尽管现在专家[4]解释说，这是不可能发生的，但传说确实如此。意大利的蛇有很多种类，但据科学家说，蛇不会盘绕在熟睡者的脸上。也许斯巴达克斯醒来时发现一条蛇爬近了他的脸，甚至就在他的脸上：这种情况不太可能，但也不是绝无可能。这个故事随着斯巴达克斯或其他人的讲述不断演绎。或许斯巴达克斯仅提到，他梦到了这件事情。

无论如何，色雷斯女子把这一事件解释为神迹。斯巴达克斯的脸上盘绕着一条蛇，因此他会被赋予“一种巨大而令人生畏的力量”。[5]这预示着什么呢？手稿记录各不相同，有的说斯巴达克斯会“飞黄腾达”，[6]有的说他将“命途坎坷”。[7]“命途坎坷”的预言毫无宣传价值，而蛇在色雷斯具有正面意义，第一种解读更令人信服。

色雷斯女子的言语承载着预言的力量。色雷斯自古就有信仰女先知和神谕的传统，色雷斯人非常重视女性在宗教事务中的权威。古代日耳曼人也是如此，他们相信女性具有某种"神圣和预知"的能力。[8] 而任何人都能理解那种亘古不变的以自然力量发声的女性形象：海妖、女先知或女巫。斯巴达克斯的伴侣也许就是"一个让人心惊胆战的女人"，[9] 如同那位 17 世纪英国人提及的曾当众预言的女性。

先知在奴隶中扮演了麻烦制造者的角色。公元前 135 年，他们在西西里岛煽动了一场暴动，并在公元前 104 年引发了另一场暴动。公元 60 年前后，古罗马农学家科路美拉（Columella）[10] 写作时，可能想到了这些事件，他警告管理者不要让先知和巫师进入庄园。

我们不知道这个色雷斯女子是何时预言的，也许是在角斗士起义爆发后。如果她在斯巴达克斯还在卡普亚时，甚至更早在罗马时就预言了未来的暴动，那么这可能就是暴动的导火索。公元前 1 世纪，反叛者和罗马人都非常重视先知。

比如，罗马政坛的两位宿敌马略和苏拉都信仰先知。马略曾炫耀先知对他有利的预言，其中最具传奇色彩的预言来自叙利亚的女先知玛莎。[11] 据说，玛莎因准确地预测了一场角斗赛的结果而引起了马略妻子的注意。随后，马略下令让玛莎随军出征。

苏拉不会让对手赢过他。苏拉在公元前 78 年去世之前是罗马最有权势的人，他经常把自己的梦说成预兆。他曾自豪地宣扬一位美索不达米亚（今伊拉克）先知的预言：苏拉注定要成为世界上最伟大的人。苏拉把"菲利克斯"（Felix，意为幸运者）加入自己的名字，因为他认为自己得到了诸神的眷顾。

与斯巴达克斯不同，苏拉和马略都不会宣称自己信仰狄俄尼索斯。狄俄尼索斯不仅是酒神和戏剧之神，在政治领域也有悠久的历史，可以追溯到亚历山大大帝的母亲奥林匹亚斯（Olympias）。更近一些，狄俄尼索斯一直是希腊国王［尤其是埃及托勒密王朝克利奥帕特拉（Cleopatra）统治时期］、色雷斯部落、意大利南部贫困和被奴役的群体以及西西里奴隶起义领袖、暴动的意大利南部精英和米特拉达梯等罗马反叛者的象征。狄俄尼索斯是一个灵活的形象，代表着权力、繁荣、爱国精神、自由，甚至是重生，具体意义取决于谁在使用这个象征。

色雷斯女先知将斯巴达克斯与蛇以及神赐的力量联系在一起，赋予他一个新身份。她把宗教、民族主义和阶级的旧调子谱写成新的反叛之歌。蛇把斯巴达克斯转变成色雷斯人的英雄，[12] 并把他和狄俄尼索斯联系在一起，狄俄尼索斯在他的家乡被称为札格列欧斯（Zagreus）或萨巴最俄斯（Sabazius）。

色雷斯文化颂扬伟大的英雄祖先形象；在色雷斯艺术中，英雄通常骑在马背上，身旁还有一条蛇相伴。在色雷斯，对狄俄尼索斯的崇拜是一种对战斗的信仰。例如，公元前 15 年前后，爆发了一场色雷斯人反抗罗马的起义，起义首领沃洛科索斯（Vologaesus）是狄俄尼索斯的祭司。

狄俄尼索斯给被压迫者带来了希望，给罗马统治阶层带来了麻烦。他们把狄俄尼索斯与意大利南部和西西里岛联系在一起，那里盛行狄俄尼索斯崇拜，反叛军多年来一直打着狄俄尼索斯的旗帜战斗。在意大利南部，狄俄尼索斯与另一位来自色雷斯的神话人物俄耳甫斯（Orpheus）联系在一起。有关俄耳甫斯的作品流传很广，主要讲述了狄俄尼索斯死亡和复活的故事，象征着人们对来世的希望。作为色雷斯人和狄俄尼索斯的特选之人，斯巴达克斯很可能在意大利南部找到忠实的支持者，这也是狄俄尼索斯使元老院忧虑的另一个原因。即使是最平和、最守法的狄俄尼索斯崇拜者也会让保守的罗马精英阶层感到不安。

狄俄尼索斯的崇拜者以小团体的形式集会，举行仪式并引荐新信徒。希腊人称这些仪式为"狂欢节"，罗马人称之为酒神节（Bacchanals）；实际上，这些仪式活动热烈奔放，但不是性狂欢。信徒们饮酒，跳舞，唱歌，狂喊着自由、重生和不朽的誓言。他们用蛇捆绑自己的兽皮，把蛇盘绕在头上，或者让蛇舔舐脸部却不咬他们，以上种种方式被用来炫耀他们对蛇的控制，表达他们对神的信赖。

公元前186年，罗马元老院声称，意大利广泛存在的狄俄尼索斯信仰团体掩盖了一场阴谋。在惊惧和恐慌的气氛中，元老院在整个半岛开展了一场猎巫行动，使罗马人都远离了这种信仰。公元前186年后，只有妇女、外来者和奴隶才被允许崇拜狄俄尼索斯。

狄俄尼索斯的信仰者只剩下那些没有权势的意大利人，而他们全心全意地信奉他。公元前185—前184年，生活在意大利"靴子"后跟位置的阿普利亚牧羊人奴隶起义了，资料显示，他们声称酒神狄俄尼索斯是他们的保护神。公元前135—前101年，两次西西里奴隶起义[13]和安纳托利亚西部奴隶起义成员都曾祈求狄俄尼索斯的庇佑。这位神在罗马的意大利同盟战争，即同盟者战争（公元前91—前88年）中再次出现：反叛者的硬币把巴克斯（Bacchus）作为解放的象征。如上所述，狄俄尼索斯是米特拉达梯的象征。这位反叛的国王自称为"新狄俄尼索斯"，[14]和托勒密四世（公元前221—前205年在位）一样，他铸造的硬币一面是狄俄尼索斯和葡萄，另一面是一顶被释奴隶的帽子。

古罗马诗人克劳迪安（Claudian，约公元370—404年）曾写道："斯巴达克斯犹如狂热的狄俄尼索斯信徒，用剑与火横扫了整个意大利。"[15] 这或许是色雷斯女先知传道的余音。克劳迪安生活的时代距离斯巴达克斯的时代差不多有 500 年，但他对古罗马历史很感兴趣，或许他的作品有可信的资料来源。

这个色雷斯女子通过乞灵狄俄尼索斯，激起了外邦出生的角斗士和奴隶的共鸣，也激起了部分意大利人的共鸣，这些意大利人还记得米特拉达梯在同盟者战争中所给予的支持。实际上，她想传达的是：如果你支持米特拉达梯对抗罗马，那你也应支持斯巴达克斯！

如我们所知，我们不清楚在公元前 73 年之前，逃离罗马军队的斯巴达克斯成为拉特罗，即匪徒或游击战士时，是否支持米特拉达梯。无论如何，公元前 73 年，起义反抗罗马的斯巴达克斯无疑很愿意与米特拉达梯的支持者们联合起来。

同样，我们也没有理由认为斯巴达克斯曾经全心全意地为罗马效力。某位史学家[16] 对斯巴达克斯服兵役的细节做了一个比较可信的猜测。公元前 83 年，罗马将军苏拉准备从希腊渡海到意大利发动内战。他从希腊和马其顿征募步兵和骑兵加入自己的队伍，斯巴达克斯可能就是其中一员。

那时，一些米底人刚刚败给苏拉，之后他们接受了罗马的统治，那么为了履行兵役而派出一支部队也就不足为奇了。如果斯巴达克斯和他的色雷斯战友为罗马而战，他们可能并非自愿。苏拉入侵色雷斯是因为色雷斯人在米特拉达梯暴动的激励下袭击了罗马控制下的马其顿。在色雷斯，苏拉几乎把当地人当作自己训练军队的靶子，那些侥幸逃掉的色雷斯人可能失去了财产，因为苏拉的军队靠抢劫积累了大量财富。这就是罗马，斯巴达克斯曾为之效力，后来叛逃，最后起义反抗的罗马。

如果公元前 83 年被苏拉招募时，斯巴达克斯是一个 20 岁左右的年轻人，那么在公元前73年起义开始时，这位角斗士大约30岁了。斯巴达克斯曾为罗马服役，之后背叛了罗马，这符合一种模式。多年来，罗马最难对付的敌人都曾在罗马辅助部队服役。比如，富有传奇色彩的努米底亚［Numidia，今作"阿尔及利亚"（Algeria）］国王朱古达，他曾率军与罗马人周旋了六年，直到公元前106年才被罗马人俘获。早在公元前134年，他曾指挥罗马军队中的努米底亚骑兵，在西班牙与叛军作战，由此他了解了罗马的作战方式。朱古达在战争中很好地利用了他的经验，贿赂了罗马政客。

最厉害的变节者是在斯巴达克斯之后的阿米尼乌斯（Arminius），也被称为赫尔曼（Hermann）。他是日耳曼部落首领，曾在罗马同盟部队服役，还获得了罗马公民身份和骑士军衔。然而，他还是回到了家乡，并让罗马在日耳曼遭遇了有史以来最惨烈的失败。公元9年，他在条顿堡森林（Teutoburg Forest）歼灭了三个罗马军团。此战成为历史的转折点。如果没有那次失败，罗马可能已经征服了日耳曼，一个罗马化的日耳曼国家将会改变欧洲的历史进程。一只披着羊皮、饥肠辘辘的狼让一个国家付出了惨痛的代价。

37　斯巴达克斯可能对罗马及其敌人的感情比较复杂。他可能为罗马军感到骄傲、愤怒和羞愧，也可能会对罗马的敌人表现出团结、怀疑和机会主义的态度。这些情感是矛盾的，但斯巴达克斯并不需要始终如一：色雷斯女先知一开口，神就站在他这边。

斯巴达克斯的女伴通过预言赋予他一项神圣的使命。作为狄俄尼索斯的仆人，斯巴达克斯将是一名解放者。他不仅是自由理论家，还拥有"巨大而令人生畏的力量"。对色雷斯人来说，力量有非常明确的定义。一个强大的人是战士，是猎人，拥有许多马匹和子女，能喝酒。总而言之，他是位首领。

我们不清楚瓦提亚之家中各民族间的态势，但从他们后来的行动来看，我们可以猜测，各个民族都团结起来了。斯巴达克斯很可能先联合了他的色雷斯同伴。他必须说服他们，首先一起制服看守，然后逃离瓦提亚之家。若要如此，他们需要武器，但武器都被锁得严严实实。所以，他们必须择机行事，在合适的时间偷出钥匙，或在比赛前夕分发武器的时候偷出武器。他们将要战斗——以狄俄尼索斯、札格列欧斯和萨巴最俄斯的名义战斗是多么激动人心！

凯尔特角斗士可能更难被说服，因为他们对色雷斯的民族之神无动于衷。然而，他们也想报复罗马人，他们清楚周围地区有多么富饶。他们看重斯巴达克斯的人性光辉和神性权威。

他们可能同意加入斯巴达克斯的队伍，但并不情愿听命于他。凯尔特人和古代的其他民族一样，对身份地位非常敏感。例如，在宴会上，凯尔特人按等级就座。用餐时，最勇敢的人会分得"英雄份额"的肉。如果有人质疑他的权利，那么根据凯尔特的传统，这两个人必须决斗定生死。凯尔特人没有与斯巴达克斯决斗，但他们推选了两位自己的首领，克里克苏斯（Crixus）和俄诺玛俄斯（Oenomaus）。

我们对这两人一无所知。既然他们是凯尔特人，就很可能是饱经考验的战士，可能来自贵族家庭，并能保证有大量的追随者。有些资料记载，他们与斯巴达克斯拥有同等权力；其他资料记载，斯巴达克斯是反叛军的总指挥。这种差异并不重要，因为在叛乱中，非正式的权力来源——魅力、能力、说服力、支持者和获胜纪录——比正式的指挥体系更重要。

有200人决定加入斯巴达克斯的队伍，这对斯巴达克斯来说是一个不小的成就。然而，密谋被泄露，他们中的大多数人并未成功逃脱。是谁泄露了这个消息？是自由人还是奴隶？没人知晓。我们只能猜测瓦提亚或他的手下是如何应对的。他可能锁上大门，把最危险的角斗士用铁链锁住，并召集武装增援。幸运的是，某些反叛者反应迅速。他们奋力摆脱了困境。角斗士学校里仅有的武器都被锁起来了，所以他们只能使用可以拿到的工具。

他们去了厨房，这可不是罗马居所中的好地方。厨房通常很小，通风不好，烟雾缭绕，地上满是泥土，脏兮兮的，也兼作厕所。角斗士们从这里拿走了切肉刀和叉子。罗马人的切肉刀是一种铁制大砍刀，可以砍断一只手。叉子也是铁质的，如果对准颈部这样的软组织，就很容易致命，如果足够用力，甚至可以穿胸致死。[17]守卫们似乎装备精良，人员充足：在200名同谋者中，只有74名角斗士逃了出来，其中至少有一名女性，即斯巴达克斯的色雷斯伴侣。

39　　然而，守卫们似乎正疲于应对剩下的角斗士，因为反叛者可能在距离角斗士学校不远的路上停了下来。他们遇到了几辆为另一个城市运送角斗士武器的大车。逃亡的角斗士们制服了车夫，抢走了武器。这些武器虽然不及罗马军团的装备，但比厨具好得多。也许斯巴达克斯现在找到了一把西卡剑，那种他不能在竞技场上使用的色雷斯弧形剑。据古代资料记载，斯巴达克斯在战斗中使用的是一把西卡剑。[18]

逃亡者现在自由了，但仅有自由还远远不够。正如一位罗马作家所言："他们逃出后并不满足，还希望为自己复仇。"[19]起义者的行程证明了这种分析的真实性。

卡普亚位于十字路口的位置。向南有道路通向普特奥利〔Puteoli，今作波佐利（Pozzuoli）〕，向北有道路通向附近的狄安娜提法塔神庙（temple of Diana Tifata）并延伸到沃尔图努斯〔Volturnus，今作沃尔图诺（Volturno）〕河谷。意大利最著名的阿皮亚大道从卡普亚向北通往罗马，向南通往亚平宁山脉的贝内文图姆〔Beneventum，今作贝内文

托（Benevento）]，再向南 200 英里可以到达亚得里亚海边
的布伦第西乌姆［Brundisium，今作布林迪西（Brindisi）]。
安尼亚大道（Via Annia）也经过卡普亚。这条道路从卡普
亚向南通往诺拉（Nola）和努凯里亚［Noceria，今作诺切
拉（Nocera）]，然后经过萨勒努姆［Salernum，今作萨莱
诺（Salerno）]进入卢卡尼亚［Lucania，今作巴西利卡塔
（Basilicata）]和布鲁提乌姆［Bruttium，今作卡拉布里亚
（Calabria）]山区，最终到达距离卡普亚 320 英里的里贾姆
［Regium，今作雷焦卡拉布里亚（Reggio di Calabria）]。角
斗士们选择了这条路线。

　　这种选择明确了他们的目标。如果仅为了逃跑，他们会
选择另外一条路线。比如，他们可以向北走，沿着陆路离开半
岛。或者，他们可能会进入亚平宁山脉，建立逃亡者营地，这
种营地后来被称为逃亡者社区（community of maroons，源
自西班牙语，意思是"住在山顶"）。我们已知在古希腊和古
罗马时代曾出现几个逃亡者社区。

　　他们大概不会前往卡普亚以南约 20 英里的普特奥利。在
那个繁忙的港口，他们可以找到船只，之后就自由了，但那里
有很多武装守卫。此外，色雷斯人、凯尔特人和日耳曼人不熟
悉航海，可能更希望避开大海。

　　他们很可能沿着安尼亚大道行进，为了不走铺路的硬石
板，一直走在路边的沙地或砾石小路上。旅人在罗马大道上经
常遇见狗、狼和强盗，但拥有武装的逃跑的角斗士极为罕见。
我们可以想象，许多人一看到斯巴达克斯的队伍就转身逃跑。
那些不愿离开的人即便没死，也会失去自己的短剑和木棍。

　　角斗士们沿着坎帕尼亚平原前行，穿过了罗马辖地上整
齐的棋盘式分区。他们经过了小树林、神殿、小旅馆和喷泉以
及意大利最富有的农场，有些农场属于遥领农场主，由看守人

40

管理，奴隶们在那里劳作。他们肯定不时停下来，从酒馆炉灶上抓肉吃，喝小溪里的水，随手拿着石头，时刻准备放倒看门狗。也许从起义开始，他们就大声呼吁那些在田间劳作的人加入他们的队伍，但几乎没人响应。74名亡命徒看起来不像是为了自由而战的战士，他们更像强盗。当然，对那些不幸遇到他们的有钱人来说，他们就是强盗。无论如何，让奴隶冒着触犯罗马法律的危险加入反叛队伍，需要一些诱惑。

在某种程度上，角斗士们的确建立了一个逃亡者社区，但这仅仅是个临时社区，因为他们选择了一个不能长居的地方——维苏威火山。如今，维苏威火山会让人想起公元79年摧毁庞贝城的火山大爆发。但在公元前73年，这座火山已经沉睡了几个世纪。周围乡间覆盖着大片肥沃的火山土，巍峨的维苏威火山远看如同美味蛋糕上的樱桃。

逃亡者可以找到充足的食物。维苏威火山上的森林里有很多野味。平原和低山坡上有很多农场，罗马人把这些由奴隶经营的大庄园称为"乡间庄园"。这里有各种食物和酒水：橄榄、无花果、许多其他水果，还有枝繁叶茂的坚果树，但最主要的出产是葡萄，可以生吃，还可以制成意大利最知名的葡萄酒——维苏威葡萄酒（Vesuvinum），这些酒远销至印度。具有讽刺意味的是，斯巴达克斯的保护神——酒神狄俄尼索斯经常出现在当地农场主的仪式中。酒神的形象出现在餐厅、家庭神龛、酒窖甚至酒壶的装饰上。至于成千上万真正干活的奴隶，只要稍加劝诱，就可能跟随狄俄尼索斯所选之人奔向自由。

如果斯巴达克斯还在瓦提亚之家时就已打算前往维苏威火山，那么他一定很有智慧。维苏威火山位于卡普亚以南约20英里处，直线距离只有一天的路程；从卡普亚城看不到维苏威火山。也许斯巴达克斯在几年前曾见过这座山，可能是在公元前 83 年为苏拉作战时，可能是在他作为强盗进行劫掠的途中，我们假设他确实做过这两件事中的一件。或许，他只是从其他奴隶那里间接听说过维苏威火山和它的富饶。维苏威火山不仅是通往财富之门，也是一座堡垒。色雷斯人崇拜山顶上的诸神，因此它又具备了附加的神性优势。

维苏威火山独自矗立，海拔超过 4000 英尺，是强盗的绝佳藏身之处。站在山上，向北可以看到坎帕尼亚平原和卡普亚，向南可以看到萨尔努斯［Sarnus，今作萨尔诺（Sarno）］河谷和今天阿马尔菲（Amalfi）半岛崎岖的拉克塔里［Lactarii，今作拉塔里（Lattari）］山脉。火山东侧高耸着亚平宁山脉，西侧是地中海。那不勒斯、诺拉、努凯里亚、赫库兰尼姆和庞贝等城都在视野范围内。无论谁占领了这里，进攻者都逃不过他们的眼睛。同时，即使平原上阳光灿烂，维苏威山顶也会被云层覆盖；它用一层浓雾来保护守卫者。

经历了卡普亚的炎热和喧闹后，这座山的凉爽和宁静令人心旷神怡。即使在夏季，维苏威火山的夜晚也会很冷。反叛军不得不生火取暖并额外偷些衣服。

到达维苏威火山不久，角斗士们就遇到了一队装备整齐的卡普亚武装人员。如果卡普亚那时和罗马城相似，那么它的城市军团力量非常薄弱。因此，被派来对抗角斗士的军队很可能包括瓦提亚的雇佣军，他们也许就是罗马老兵。角斗士们不以为意。他们击退了卡普亚的军队并缴获了他们的武器。一位古代作家说，反叛军高高兴兴地更换了装备，扔掉了那些意味着"耻辱和野蛮"[20]的角斗士武器。或许的确如此，但他们可能很乐意拿到长矛和胸甲，因为角斗士的军械储备中没有这两种装备。

这可能只是一场小规模的交战，但也可能成为这场新暴动的转折点。我们可以推测，角斗士获胜的消息在山下传开，这

42

正是某些人等待的信号：角斗士有能力完成以生命为赌注的事业。无论如何，大约就在这个时候，当地人开始加入他们的队伍。

我们从资料中得知，斯巴达克斯率军在维苏威火山安营扎寨时，招募了很多新人："许多逃跑的奴隶和一些在田间劳作的自由人。"[21] 资料声称，约有一万名逃亡者加入了维苏威火山的角斗士队伍，但逃亡有风险，而且这座火山很难攀爬，所以"几千人"是一个更合理的数字。[22] 有些奴隶可能和反叛的角斗士一样，是色雷斯人或凯尔特人，但也有日耳曼人。

奴隶们在维苏威火山周围的庄园里劳作，他们吃苦耐劳。把犁人通常强壮高大，葡萄园工人应该是身材魁梧并且聪明伶俐的。男孩甚至年轻女孩要照看农场的牲畜，但只有最精壮的年轻男子才适合当放牧人。赶着牛、绵羊和山羊上山是一项艰苦的工作，需要力量、韧劲、灵活性和速度。高卢人被公认为非常优秀的放牧人，尤其擅长养马、养驴和养牛。

把维苏威火山周围的沃土用作牧场是种浪费：这里是农业区。牧场往往位于更靠南的地方。在坎帕尼亚，大庄园或种植园占主导地位，通常有数百名奴隶在里面劳作。用罗马帝国发明的术语来说，这些就是著名的罗马"大庄园"（latifundia）。白天，奴隶分组干活，最多十人一组。晚上，他们就被关在营房里，经常戴着镣铐。实际上，他们有时也戴着镣铐劳作，例如那些葡萄园里的奴隶，因为葡萄栽培需要聪明的奴隶，但聪明的奴隶可能会带来麻烦。

一群享有特权的奴隶管家管理种植园。最重要的管理者是维利库斯（vilicus），即看守人。因为大部分种植园主是遥领地主，所以真正经营庄园的是维利库斯。他的职责从解决争端到主持祈祷，涉及方方面面的事务。他要管理财务，组织劳动，并监督庄园的顺利运作。女性管理者"维里卡"（vilica）

也必不可少：她不仅是庄园的总管家，还承担教师和训导员的职责。她手巧又能干，可以带着年长的奴隶自己做衣服。尽管维利库斯和维里卡拥有巨大的权力，但他们都是奴隶，因此很有可能起义，把普通奴隶从锁链中解放出来。例如，第二次西西里奴隶战争（公元前104—前100年）的领导者中就有一名逃亡的维利库斯。坚忍勤劳的农场奴隶是优秀的反叛者，维利库斯是出色的领导者和组织者，维里卡是优秀的军需官。

44

　　奴隶的情况大致如此，那么"一些田野间的自由人"又是如何加入反叛军的呢？作为斯巴达克斯起义的新成员，自由人带来了意大利自给自足农民的视角。共和国后期（公元前133—前31年），意大利的小农场主被赶出了最好的土地，取而代之的是大庄园和大牧场。贪婪的罗马精英阶层如此虐待为罗马帝国赢得胜利的农民士兵，这是共和国的最大丑闻。但小农户并没有全部消失或搬到城市。他们留在了农村，在贫瘠和偏僻的土地上艰难耕作，勉强度日。例如，在庞贝城周围，大庄园附近零散分布着许多小农场。

　　为了让餐桌上有更多的食物，一些小农场主加入了罗马军团。他们成为突击部队，参加了马略和苏拉的内战、后来恺撒和庞培的内战以及安东尼和屋大维的内战。某些人获得了新土地作为奖赏。例如，苏拉在意大利为大约10万名老兵分配了土地，大部分土地是从敌人手里夺来的，那些曾经支持马略的人都被驱逐了。有些支持马略的人逃到了西班牙，加入了塞托里乌斯反叛军，但大多数人留在了意大利。有些人成为土地新主人的佃农或临时工。其他人则转做意大利农村的传统事业，他们成了匪徒。"匪徒"这个词就源于意大利语。某些苏拉的老兵也是如此，因为收成不好再加上怀有敌意的邻居或难以应付的债权人，他们的新农场生意失败了。

　　但是，很少有小农场主能做出如此惊人的举动，大多数人依靠为富裕的乡间庄园做季节性和临时性工作过活。他们相当于现在罗马的移民工人。罗马精英阶层需要他们,却对他们心存芥蒂。罗马作家瓦罗说,人们需要他们采摘葡萄、割干草;[23] 但政治家老加图说,你必须小心提防他们,否则他们会偷走你的木柴。[24]

小农场主虽然贫穷,但都是自由人和土生土长的意大利人,其中,肯定有人看不起奴隶。但如果他们被逼上绝路、愤懑不满或敢于冒险,他们就会加入斯巴达克斯的队伍。而且,很多人极有可能确实陷入了绝境。不管是奴隶还是自由人,爬上维苏威火山并相信一伙亡命徒,都需要强大的内心。当然,大多数新人都是年轻人,大部分可能是男性,但也可能有一些女性。

如果只有少量自由农民加入斯巴达克斯,那么支持逃亡奴隶的精英阶层就更少了。然而,也许确实有一小部分精英阶层支持他们。富有但顽固的意大利民族主义者仍对同盟者战争的失败耿耿于怀,他们不打算加入奴隶领导的军队,但在反抗斯巴达克斯的斗争中并不作为,不会积极抵抗。他们当中还有机会主义者。正如一位罗马智者后来说的那样,金钱无所谓香臭。[25] 他们认为,如果能让他们发家致富,与逃跑的奴隶和前角斗士做生意并不可耻。后来与斯巴达克斯的军队做生意的商人可能属于这一类人;意大利南部的一个名为普布利乌斯·加维乌斯(Publius Gavius)的商人也是如此,他虽然是罗马公民,但因在西西里岛为斯巴达克斯从事间谍活动而被定罪。

米特拉达梯战争可能也体现了意大利人的态度。公元前64年,在与罗马斗争的最后阶段,米特拉达梯试图煽动巴尔干半岛的凯尔特人入侵意大利。他不仅承诺提供援助,还向凯尔特首领保证,他们会在意大利半岛上找到愿意合作的伙伴。他告诉他们,尽管斯巴达克斯的社会地位低下,但大部分罗马在意大利的所谓盟友都曾支持斯巴达克斯。[26] 但夸夸其谈是政客的惯用伎俩，因此米特拉达梯的说辞不值得相信。无论如何，凯尔特人拒绝了他入侵意大利的邀请。

斯巴达克斯新招募的群体中，不管是奴隶还是自由人，都没有城市居民这个群体。这似乎很奇怪，因为庞贝和诺拉等城市就在附近。城墙确实让城市奴隶难以离开，但这并不是唯一因素。城市奴隶是一个特权群体，他们通常比农村奴隶过得更轻松；他们软弱又懒惰，已然与农村奴隶隔离，甚至可能害怕那些粗野、强硬的乡下人。我们可能会质疑，他们中有多少人会在意大利内陆幸存下来。简言之，他们可能并不想加入斯巴达克斯。若是如此，这也是某种征兆。斯巴达克斯的起义仍将是一场势不可挡的农村起义。

然而，在维苏威火山上，这种征兆还没出现，起义的人数在不断增加，性质也正在改变。他们开始成为一支军队。他们用着临时性武器，穿着家纺的制服，作战经验不足。但他们一起操练，进行实战演练。古代资料没有记录这些，但如果没有这样的准备，他们不可能在接下来的几个月里展示出他们的军事实力。

我们可能会想知道，已被煽动的那些人是否接受了足够的训练。昔日的角斗士、过去的农场工人、逃跑的奴隶、色雷斯人、凯尔特人、意大利人，以及其他形形色色的人，现在都投身于一种充满诱惑的追求：犯罪。在逃跑的农场奴隶和工人的带领下，他们突袭了维苏威地区富有的乡间庄园。他们找到了食物和酒水，不仅有干粮，还有鸵鸟蛋和陈年葡萄酒等美味佳酿。奢侈品多得一个人扛不动：银子、金子、象牙、琥珀、釉面陶器、彩色玻璃器皿、耳环、手镯、圆形浮雕和各式盘子、带有狮子爪形的银桌腿和国王浮雕。

50 年后，诗人贺拉斯在一个特殊的日子里，命令他的奴

46

隶男仆拿来最好的陈年葡萄酒。然后他眨眨眼睛说："如果斯巴达克斯在逃窜中，能放过一罐葡萄酒就好了。"[27]

逃亡者平分了所有抢来的东西：斯巴达克斯坚持要这样做。他的动机究竟是什么？是出于正义还是谨慎？这些尚不清楚。但是，更多的追随者上山了。

47　　这是多么大的变化啊！古老又壮美的维苏威火山曾给坎帕尼亚带来了太多美好。想想庞贝的一幅壁画：维苏威火山葱郁富饶，旁边是葡萄覆身的酒神巴克斯，下面是一条大蛇。但随后斯巴达克斯来了。来自卡普亚的反叛者将角斗士、葡萄树和维苏威火山这些罗马统治坎帕尼亚的象征都据为己有。

罗马必须有所行动，哪怕仅是迫于当地富裕阶层的压力。罗马人把反叛者散播的恐怖称为"奴隶恐怖"（terror servilis），[28] 即对奴隶的恐惧；上层阶级当然要求采取行动。斯巴达克斯或许已经猜到了这一点，即便如此，他并未因此而停止行动。古代作家写道，也许就在此时，某位反叛者，可能就是斯巴达克斯本人勇敢高呼："如果他们派大军对付我们，宁可战死，不要饿死。"[29]

他们不会等太久。也许，当他们在夜晚的星空下围着火堆等待时，色雷斯女子正用上天赐予斯巴达克斯的力量来鼓舞他们的士气。

第二部分
复仇

第三章

裁判官

公元前73年，罗马城邦建立681年后，马库斯·泰伦提乌斯·瓦罗·卢库卢斯（Marcus Terentius Varro Lucullus）和盖乌斯·卡西乌斯·朗吉努斯（Gaius Cassius Longinus）担任执政官，罗马共和国在地中海两端同时开战。在西班牙，庞培击溃了叛变的罗马指挥官塞托里乌斯，逐个摧毁了他的据点。在小亚细亚，执政官的兄弟卢西乌斯·李锡尼·卢库卢斯开始入侵米特拉达梯国王的领地，他断断续续地与罗马战斗了15年的时间。在巴尔干地区，率领罗马军团的盖乌斯·斯克里博尼乌斯·库里奥（Gaius Scribonius Curio）是第一位看到多瑙河的罗马将军。在克里特岛，安东尼准备出海对抗骚扰罗马船只的海盗。

从大局来看，角斗士们的叛乱似乎微不足道。公元前104年，卡普亚曾爆发一次奴隶起义。起义被罗马高级官员行政长官率军镇压了，他率领的这支罗马军仅有一个军团的兵力，步兵4000人，骑兵400人，共计4400人。所以，公元前73年，他们决定委派裁判官平定叛乱。

在罗马，元老院制定公共政策。元老都非常富有，几乎都来自少数精英家族。他们在担任过高级公职后，无须经过选举便可以自动晋升为元老，并终身任职。除非受到像马略或苏拉这种将领的挑战，否则他们就是统治罗马的寡头。先前，这种情况比较罕见，但越来越频繁出现。但在公元前73年，元老还处于掌权期。

元老们派遣凯乌斯·克劳迪斯·格拉伯（Caius Claudius Glaber）征讨斯巴达克斯。他是当年八位裁判官中的一位。裁判官的年龄都在 39 岁以上，任期为一年。他们被寄予厚望，因为裁判官在罗马年度选举选出的政府官员中居于第二高位，地位仅次于两位执政官。格拉伯是谁？我们对此几乎没有任何信息。他从未晋升为执政官，也没有已知的后代。他出身平民，至多可能与克劳迪斯家族中更出名的成员有某种关系。他的默默无闻从侧面表明罗马并不在意斯巴达克斯。

与公元前 104 年清剿叛军的军队相比，格拉伯率领的军队规模略小：士兵数量从 4400 人减到 3000 人，而且据我们所知，不包含骑兵。然而先前的起义是由一名身为骑士的罗马公民领导的，而最近的起义则是野蛮人和奴隶发动的。显然，罗马人在公元前 73 年比在公元前 104 年更有自信。

他们对来自卡普亚的消息进行了整理、分析和分类。用恺撒的话来说，这是一场"奴隶暴动"。[1] 暴动是突发的暴力事件，需要对此做出紧急反应。这是一起严重的事件，但不是一场有组织的战争。

我们知道，罗马人瞧不起奴隶。一名同时代的人说，奴性让奴隶变得残忍、贪婪、暴力和狂热，同时剥夺了他们高贵慷慨的精神。对奴隶而言，勇敢是违背本性的。一名罗马军官在不得不率军与被释奴隶作战时，曾厌恶地说道，允许奴隶表现得像自由人应该仅限于农神节（Saturnalia）。[2] 他提到的农神节是一个以主仆角色互换为特色的年度庆祝活动。尽管西西里奴隶在两次起义（公元前 135—前 132 年和公元前 104—前 100 年）中的顽强抵抗曾带来沉痛的教训，罗马人始终相信：奴隶反叛是个麻烦，但不算是个大问题。

况且，这次反叛的是角斗士和他们的首领。相互矛盾的情感交织，是罗马人对斯巴达克斯的一贯态度：恐惧和蔑视，仇恨和钦佩，冷漠和痴迷。对罗马人来说，他们要养活并训练角斗士，角斗士可以被崇拜、被爱慕、被凝视、被埋葬，甚至可以获得自由，但是，他们绝对不能被平等对待。

作为奴隶和来自色雷斯的野蛮人，斯巴达克斯在罗马人眼中是可鄙的。作为一名前盟军士兵，他是可悲的。在罗马人看来，是他们让斯巴达克斯加入了自己军队的辅助部队，为斯巴达克斯提供了接触文明的机会。然而，不管是因为恶行还是厄运，他最终成了奴隶。（从罗马人的角度来看）他没有抓住军队给他的机会。但出于仁慈，罗马人又给了斯巴达克斯第二次机会。他们给了他一把罗马短剑。

对罗马人来说，角斗士不仅仅是运动员，甚至是战士：他是神圣的。他也很性感。罗马人每次去观看比赛，都有一种狂野的体验。野兽会对他们嘶吼，而这是一场更精彩的表演。但斯巴达克斯不仅会嘶吼。像许多职业运动员一样，斯巴达克斯既令人畏惧又令人崇拜，原因只有一个：他是一个危险人物。然而，一旦离开竞技场，即便角斗士在起义中拿起武器，似乎也不会造成多大伤害。

若很难理解，那就把斯巴达克斯想象成一名拒绝粉丝求爱的运动员吧。我们可以原谅行为不端的运动员，但不能原谅怠慢我们的运动员。一旦离开营房，斯巴达克斯和 73 个同伴就不再是角斗士了，他们是临阵逃跑的角斗十。在罗马人眼里，他们在战斗中畏缩了，因此在道德上成为被排斥的人：怯懦、柔弱、堕落。他们不再是竞技场上的荣耀，已经沦落为无耻的匪盗。斯巴达克斯本可以成为罗马的骄傲；相反，他似乎又回到了起点，堕落为野蛮人。在罗马人眼里，他的部下不是士兵，而是逃跑的奴隶，即逃亡者（fugitivi）。难怪元老院一开始对他没什么恐惧。

54

可能还有两个因素阻止罗马人对斯巴达克斯发起更大的攻势：野心和贪婪。荣誉在罗马政治中至关重要，但打击犯罪的治安行动却难以赢得荣誉。有位罗马作家说，奴隶战争"不值一提"。[3] 战时劫掠或许可以激励罗马军队，但在这次行动中难以实现。所有居住在波河流域以南的意大利人都是罗马公民。罗马士兵不能在自己的国家抢掠。

因为仅是平定暴乱（紧急情况），罗马人没有在城外的战神广场（Campus Martius）举办例行的征兵仪式。他们可能指示格拉伯遵循罗马指挥官处理紧急情况的旧例，在向南行进的路上征兵。

格拉伯的军队可能不是罗马最精良的军队，甚至差得很远。最精良的军队正在西班牙和东方作战，在那里能赢得大量的战利品，有机会获得至高荣誉，还有高级将领统率作战。意大利也有优秀士兵，比如，苏拉的老兵作战经验丰富。在庞贝城、阿贝拉（Abella）、卡普亚城外等地都能找到苏拉的老兵，但他们不太可能去帮一些无名小卒把奴隶重新关起来。格拉伯只能接受现实。

因此，格拉伯的军队可能只是一支预备役部队。然而，行军中的罗马军队不可能被忽视。大军经过时，闪亮的铠甲和青铜或铁质头盔吸引了人们的目光。到处都能听到补给车的轧轧声和拉车的牛哞哞的叫声。随后是极具特色的士兵队伍。

一名掌旗官在号手的簇拥下举着军团的标志：顶端为银鹰的战旗（标杆）。每支百人队（最初每队有 100 人，但到共和国后期每队有 80 人）都有自己的战旗，战旗是一柄饰有圆盘和花环的长矛，由身着彩衣的掌旗官扛着，他的头盔饰有兽皮。

与此同时，六名执法吏（lictors）走在裁判官前面。罗马所有高级官员都有随行的执法吏。他们都是壮汉，每人手持一柄束棒（fasces）。束棒是一束捆在一起的棍棒，象征指挥权。在罗马城外，束棒中央会放有一把斧头，象征着决定生死的权力。

裁判官带领军队追着叛军向维苏威火山进军。他们可能在山脚下安营扎寨。格拉伯决定暂不攻击山顶上的敌人。这个决定似乎过于谨慎，但守军确实占据了有利地势。上山的路只有一条，崎岖又狭窄，无法部署一个军团。这不是检验罗马新军的地方。相反，格拉伯决定封锁敌人，以饥饿迫使他们就范。他还在路上插了守卫，以防敌人突围。

这不是一个新奇或自信的计划，但只要罗马人保持警惕，就很可能奏效。然而，他们把主动权交给了斯巴达克斯，而他决定袭击罗马军营。像其他指挥官一样，斯巴达克斯利用自己的经验制订了作战计划。无论在维苏威火山时还是后来，他丰富而复杂的经历让他受益良多。

身为色雷斯人，斯巴达克斯继承了发起攻击的传统。色雷斯拥有优秀的轻步兵和骑兵，善于诡战和非常规作战。荷马认为，色雷斯人是马背上的民族；[4] 修昔底德称赞他们的短剑术；[5] 罗马人惧怕他们的长柄武器。色雷斯创建了"轻盾兵"（peltast），一种快速机动的轻武器步兵，近距离用刀，远距离用投枪。他们擅长进攻或利用不平整的地形防御，善于运用游击战术，巧用伏击和营火，伺机袭击重装步兵，结成防御阵型对抗骑兵。佯攻、诈术、设陷阱和运用诡计都是色雷斯战争策略中的重要部分。掠夺是色雷斯的民族习惯。

斯巴达克斯在色雷斯人的战争环境中出生、成长，但成年后，他又多了一项技能：他熟悉罗马的军事学说。他把色雷斯人的敏捷和狡诈与罗马的组织和纪律相结合。他能单打独斗也善于剑术，因为罗马人和色雷斯人都重视这些训练。角斗士训练可能为他的剑术增加了一些新技巧。

在维苏威火山，斯巴达克斯运用了他所有的军事智慧。公元前73年以后，维苏威火山多次喷发，早已发生了巨大变化，因此，我们无法对地形进行精确的重现。但总体情况是清楚的。

如今，"维苏威火山"由两座山峰组成：一座是被称为"大火山锥"的活火山口，另一座是北部的鞍状山脊索玛山（Monte Somma）。公元79年之前，大火山锥和索玛山连在一起，只有一座山峰。山顶是一个直径约1英里的休眠火山口；正对着大火山锥北部和东部的岩墙群现在可能是索玛山的内壁。

许多学者认为，斯巴达克斯曾率军在这个火山口扎营。索玛山现存的内壁陡峭、险峻、坑洼不平，令人生畏，顶端是一排参差不齐的山峰，如今海拔最高点为3700英尺。山壁上长满了灌木、山毛榉、槐树和地衣。在斯巴达克斯时代，山壁上垂挂着野生藤蔓。

如今，野生葡萄藤蔓常被认为是公害植物，但它却是这个故事的主角。与色雷斯人斯巴达克斯不同，它是意大利本土的常见植物。斯巴达克斯在农村招募的新兵"习惯用藤条编篮子，用于农事"。[6] 这在意大利农村非常普遍；实际上，直到距今一两代人之前，意大利农民经常以类似的方式编制篮子和容器。我们也可以推测，索玛山死火山口岩壁上的"绳索"状熔岩为反叛军在山坡上使用藤蔓绳索提供了灵感。无论如何，斯巴达克斯的农村追随者砍下了可用的葡萄藤蔓，缠结成又长又结实的绳子。野生藤蔓往往比人工种植的藤蔓更长，这减轻了反叛军的负担。当地其他枝干较细的植物可能被用来捆绑藤蔓。

我们不知道接下来的行动是什么时候开始的，但是黄昏时分是个好时机。罗马军没有在陡峭多石的地段设防，反叛军从那里把绳索从山顶放了下来。那里的土壤松动易碎。我们认为，反叛军没有攀着藤蔓下山。维苏威火山的山坡不是垂直的，藤蔓也没有足够的韧劲和张力，不能缠在人的身上。更确切地说，藤绳可能起到了支撑和牵引的作用。反叛军沿壁而下，仅留下一人负责把从营地拿走的武器扔下来。由于地面高低不平，他们下降时无法安全地携带武器。最后留下的人把武器都扔了下去，自己也安然无恙地降下了。有资料是这样记载的，但更有可能是反叛军最后把武器接力传了下来。

我们可以猜测，现在到了深夜。斯巴达克斯可能想利用色雷斯人擅长夜袭的优势。逃亡者在大意的罗马人眼皮底下逃走了。现在他们发起了进攻。

罗马军队在作战时总是先搭建防御营地，作为攻防两用的安全基地。每座营地都按照标准模式建造，通常是正方形布局，由道路、成排的帐篷和马厩分隔，四周被壕沟和防御土墙包围着。罗马军行军后会选好营址，测量员把基础构架设置好，士兵们完成剩下的工作。士兵睡在皮帐篷里，八人一帐。指挥官帐篷（praetorium）既是裁判官的住所，也是军队的总指挥部。格拉伯的营地大约占地 10 英亩，人畜数量共计 3000 左右。

罗马人以主动进攻为荣，所以营地防御通常很薄弱。外围壕沟的宽度和深度一般都是 3 英尺，城墙是低矮的土墙，上面打着木桩。前哨驻扎在城墙外，方便进攻预警并减缓敌人的进攻速度。当然，要挡住危险又狡猾的敌人需要更强的防御。但格拉伯过于轻敌。据古代资料记载，"罗马人认为这是一场突袭，一场匪徒暴乱，而不是一场战争"。[7] 格拉伯似乎没有下令采取特别的安保措施。

一份古代资料称，逃亡者从一个意想不到的方向冲进来了；另一份资料称，他们包围了营地；还有一种说法是他们从岩缝形成的隐蔽出口冲了进来。我们不清楚，他们是否在人数上超过了罗马人，但他们确实占据了出其不意的优势：古代作家都认为罗马人惊慌失措，这一点毋庸置疑。斯巴达克斯的军队可能干掉了哨兵，然后扑向帐篷里的士兵。罗马人没有时间列队，要应战就只能混战，除此之外，他们别无选择。角斗士们身形高大，动作敏捷，速度极快，可以把任何反抗者砍成肉酱。

59　　色雷斯人、日耳曼人和凯尔特人的身形都比罗马人魁梧。凯尔特人善于战吼和战歌，也以迅猛又可怕的冲锋而闻名。色雷斯人的战吼在希腊语中有一个特定的名字"泰坦之吼"（titanismos）。日耳曼人的战吼是将盾牌举到嘴边发出一种"混乱的嘶吼"[8]声；如果斯巴达克斯麾下的日耳曼人没有盾牌，他们可能会用兽皮替代。

　　有些凯尔特人可能像高卢贵族一样留着长发或浓密的胡须；有些人可能会用石灰水洗头，然后把头发梳高，好让自己看起来更高大。为了显示凯尔特人的勇猛传统，有些人可能赤身裸体地战斗，只佩戴一条剑带和颈环。女人一旦上战场，就会为自己的男人呐喊助威，这是凯尔特、日耳曼和色雷斯的习俗。希腊和罗马的作家对这种做法非常震惊，而考古学也证实了这一点。为了纪念公元前260年的一场胜利，法国北部修建了一座巨大的高卢战士集体墓穴，[9]女性尸骨占了1/3：大部分女性像男性一样壮健，都在黄金年华倒在了战场上。

　　我们似乎可以肯定：几乎所有反叛军在开战前都能喝上一杯葡萄酒。这已成为凯尔特人和色雷斯人的传统，实际上，大多数古代士兵都是如此。罗马人的劲敌因品尝了罗马最好的葡萄酒而士气大振。

　　另外，他们很可能都在冲锋前祈祷。毫无疑问，每个人都在呼唤自己家乡的神，但他们可能都在向引导首领开始这一切的神狄俄尼索斯——斯巴达克斯之神祈祷。

　　所有资料都认为罗马士兵狼狈逃窜了。斯巴达克斯的军队大胜，甚至可能因为赢得如此轻松而感到震惊，他们占领了格拉伯的营地，并迅速将其洗劫一空。毫无疑问，他们找到了食物、衣服、武器，可能还有元老院的信件。

　　交战中的伤亡人数没有记载。肯定有人战死，其中大部分是罗马人。反叛军从死者身上拿走了武器，剥下了盔甲。经验丰富的士兵明白，他们必须尽快动手，一旦尸体僵硬，就很难脱掉死人身上的衣服。角斗士的伤亡可能少一些，但其中可能有他们的三号首领——凯尔特人俄诺玛俄斯。我们知道他在早期的一场战斗中倒下了。

　　斯巴达克斯之所以大胜，部分原因是罗马人的无能，但那也只是部分原因。斯巴达克斯、克里克苏斯和俄诺玛俄斯都是机敏的战士。他们没有与敌人硬碰硬，而是攻击他们的薄弱之处。他们制订了巧妙的计划，最大限度地利用了稀少的资源。他们大胆而有效地执行了这个计划。崎岖的地形对他们来说不是问题；在这样的环境里，色雷斯人如鱼得水。

　　斯巴达克斯和其他人或许都有知己知彼的优势。当然，斯巴达克斯为罗马作战时只是一名辅助兵，辅助兵没有接受过罗马式训练。他们有自己的作战方式，由本土指挥官指挥。但罗马强人的后勤和支援体系让他们受益良多。明眼人都清楚，军团在战斗中既有组织又有纪律。辅助兵有充足的机会向罗马人学习。他们也不可能低估敌人。

　　斯巴达克斯和他的军队最令人赞叹的也许是他们的凝聚力和领导力。反叛军几乎不认识彼此，但他们合作得很好。有些逃亡的乡民很可能是退伍老兵，然而角斗士在战斗中表现得最出色。逃亡的奴隶或农民是强悍的，作为被压迫者，他们有斗志，但要赢得一场战斗，需要的不仅仅是这些。例如，生手用

60

剑的方式是砍，他们不会运用更有效的招式——刺。新兵必须
学习许多类似的技能（而角斗士恰巧能很好地教授这些技巧），
他们也必须团队作战。首领们把起义军塑造成一支可以打胜仗
的队伍。这三位指挥官当然值得称赞，色雷斯女子和她的预言
也功不可没。

至少，在我们的资料中再没出现关于格拉伯的记载。相
反，斯巴达克斯和角斗士此时可能已经成为维苏威火山周围家
喻户晓的名字。他们吸引了许多新兵，特别是周边地区的牧羊
人和牧牛人。他们"行动敏捷、步履如飞"，[10] 起义军用从格
拉伯营地缴获的武器来武装他们。据猜测，新兵中包括一些凯
尔特人，他们也是很优秀的牧民。其中可能也包括大量女性，
因为罗马智者建议向丛林中的牧民提供妇女，为他们做饭，满
足他们的性需求。斯巴达克斯用牧民充当侦察兵和轻装部队。
有些士兵可能是女性。谁知道呢？

我们可以想象，罗马人的营地现在变成了起义军的大本
营。在那里，他们可以住在帐篷里，比起露宿山野是极大的改
善。格拉伯的指挥官帐篷现在成为斯巴达克斯的指挥中心，也
许是和克里克苏斯共用。那可能是个繁忙的地方。

必须在维苏威火山周围地区持续劫掠才能满足基本的食
物和供给需求。但要保持胜绩，反叛军就必须锻造武器，他们
必须进行训练和演习，他们必须学会如何相互信任和沟通。这
是一项艰苦的工作，掠夺和复仇更容易、更有趣。斯巴达克斯
和克里克苏斯必须在部下想要什么和他们需要什么之间进行
平衡。

与此同时，格拉伯战败的消息传到了罗马。元老院派出了
另一位裁判官普布利乌斯·瓦里尼乌斯来接替他。瓦里尼乌斯
一边南下行军，一边征募新兵。大约在同一时期或不久之后，
元老院又选派了另一位裁判官卢西乌斯·科西尼乌斯协助瓦里

尼乌斯，不幸的是，我们仅知道他的名字。科西尼乌斯似乎也被要求在行军时招兵买马。

现在是公元前 73 年秋，逃亡者首次间接遭遇瓦里尼乌斯，他们遇到了率领 2000 名士兵的副将卢西乌斯·福利乌斯（Lucius Furius）。副将是高级别官员，也是元老院的成员，有权在上级指挥官不在时行使指挥权。在公元前 75 年的一起贪腐案中曾有某位名为福利乌斯的裁判官被提及，他们或许是同一个人。倘若如此，福利乌斯更适合担任法官，因为他率军与反叛军初次交锋就被击溃了。

我们不知道交战地点，和同期罗马人与反叛军的其他战斗一样，这场战斗很可能发生在坎帕尼亚。福利乌斯可能和格拉伯一样，遭到了斯巴达克斯军队的突袭或伏击。反叛军很难在常规战中应对罗马人，因为他们既没有接受过相关训练，也没有常规战所需的武器装备。

福利乌斯的失败对瓦里尼乌斯来说是个不祥之兆，但更糟的事情还在后面。斯巴达克斯的侦察兵正在密切监视瓦里尼乌斯的同僚科西尼乌斯的动向。我们先前提到过，色雷斯人发现科西尼乌斯此刻正在庞贝城附近的一座别墅里沐浴。科西尼乌斯的屈辱、失败和死亡接踵而至。几个月来，一支由角斗士和逃亡者组成的军队第三次击败了一支由罗马元老率领的军队。

但这还不是全部。斯巴达克斯率军成功夺取或袭击了另外两个罗马营地：首先是瓦里尼乌斯的副将盖乌斯·托拉尼乌斯（Gaius Toranius）的营地，然后是瓦里尼乌斯本人的营地。遗憾的是，这些事件都没留下具体细节。但结果显而易见：即使是最老练的士兵也会士气受挫，瓦里尼乌斯的军队被彻底击溃了。

有些士兵"因夏秋季节交替"病倒了。[11] 有些人在不久前的战败后逃跑了，逃跑行为被严令禁止，但他们拒绝归队。至

63　　于其他人，正如一位罗马作家所述："他们最大的耻辱是逃避责任。"[12]

瓦里尼乌斯决定向元老院报告，既请求增援，也可作为日后被指责战败时的开脱借口。他把这项机密任务交给了托拉尼乌斯，这个人可以提供目击者证词。想必瓦里尼乌斯非常信任托拉尼乌斯，可能把他当作忠诚的朋友或是精明的下属，而托拉尼乌斯明白指责自己的首领是危险的。托拉尼乌斯曾担任瓦里尼乌斯的财务官（quaestor），负责各种民事和军事事务。财务官是罗马仕途所谓"共荣之路"的起点。罗马总共有20名财务官，任职期限为一年，之后都会获准进入元老院。财务官要求30岁以上，而且必须来自富裕家庭。

托拉尼乌斯不在的时候，瓦里尼乌斯没有闲着。即便没有真正与敌人交锋，也有4000名士兵跟随他来到靠近敌人的阵地。这些士兵大概是格拉伯、福利乌斯和科西尼乌斯的残部，也有瓦里尼乌斯自己的军队。瓦里尼乌斯率军在敌人附近扎营，他让罗马军用城墙、壕沟和大量的土方工程来加固营地。他不像格拉伯那样自信轻敌。

与此同时，反叛军也有自己的麻烦。到目前为止，他们有一万多人，大部分是男人，也有妇女和儿童。他们的武器装备不足。但反叛军很有创造力。因为没有铁锻造矛头，他们把矛的木制尖端在火里烧硬，这样看起来就像铁制矛头，也能造成严重伤口。食物短缺是更大的问题。逃亡者的补给快耗尽了，在敌人附近劫掠又充满危险。

他们想到了一个解决问题的好计谋。在第二轮守夜期间，
64　可能是夜里9时至午夜，他们悄悄地离开营地，只留下一名号手。与此同时，为了欺骗敌人，他们把尸体挂在门前的木桩上，甚至给尸体套上衣服，在手里塞武器，把他们装扮成守卫的样子。同时，营火继续燃烧着。

　　这一招非常奏效，直到天亮时，瓦里尼乌斯才起了疑心。他注意到这里一片死寂。忙碌的营地通常非常热闹，叮叮当当的敲打声从不间断，而这里没有任何声响；反叛军也不再用独特的方式挑衅他们：扔石头并高声辱骂嘲讽。顺便一提，嘲弄敌人是凯尔特人在战前运用的典型战术。瓦里尼乌斯派出一支骑兵到附近的山丘侦察，尝试找到敌人。他们离得很远，但瓦里尼乌斯不想冒险。他以防御队形撤退，以便用新兵补充兵力。显然，他去了维苏威火山西北方向约25英里的库曼城（Cumae），这是一座海岸线上的希腊古城。

　　我们不知道瓦里尼乌斯是否等到了增援。他成功地鼓舞了士气，但也只是表面如此：瓦里尼乌斯没有意识到虚张声势和自信之间的区别。尽管士兵们表面强硬，但这仍是一支没有经验并吃了败仗的新军。几天后，瓦里尼乌斯不顾一切地接受了士兵们的请战要求，给了他们第二次机会：他率军进攻了被侦察兵发现的敌军营地。急行军后，当罗马军接近反叛军时，他们不再吹嘘，集体沉默了。

　　罗马军只有急行军才能抓住那些不断逃窜的逃犯。正如一名罗马人所说："他们在整个坎帕尼亚地区流窜。"[13] 反叛军突袭了坎帕尼亚平原的南部地区，包括维苏威火山的北部、东部和南部，以及亚平宁山脉和阿马尔菲半岛山脉之间肥沃的农业区。他们摧毁了诺拉和努凯里亚。目前尚不清楚反叛军是有组织地行动还是单独行动，事件发生的顺序也不得而知，但以下是比较可信的历史重建：

　　　　诺拉位于索玛山北部的平原，是富饶的农业区，紧靠山脉，也是反叛军的必经之地。反叛军厌恶诺拉城，因为它与苏拉渊源颇深。讽刺的是，诺拉在同盟者战争中与罗马进行了艰苦的斗争，其守军后来也与苏拉交战过。苏拉获胜后，在诺拉得到了一栋别墅并为自己的盟友抢占了那里的土地。

斯巴达克斯的军队可能对苏拉的军队充满了仇恨。苏拉家族以生活奢华而闻名。然而，被他们掠走土地的人却陷入了贫困，这正是他们加入反叛军的原因。反叛军可能洗劫了诺拉。

随后，他们转头攻击了维苏威火山东南方向的努凯里亚城。这座城位于诺拉和萨莱诺之间，盘踞在萨尔诺河谷上游的群山之中，是一个聚集了农民和商人的繁荣社区。公元前104年，努凯里亚城有30名奴隶起义，但很快被挫败并受到严惩。公元前73年，努凯里亚的奴隶趁机加入斯巴达克斯的军队，洗劫了主人的土地。

从维苏威火山到努凯里亚城，反叛军的实力不断壮大。然而，和罗马人一样，他们也面临秋季的困境。事实上，反叛军在成功中摇摇欲坠。斯巴达克斯的军队现在有了不切实际的期望，试图说服他们保持理智的行为几乎让军队一分为二。罗马史料称，他们不再听从斯巴达克斯的命令。[14]

事情是这样的：克里克苏斯想进攻瓦里尼乌斯，而斯巴达克斯则希望避免交战。这是战术上的分歧，但更深层次的战略分歧使他们走向分裂。克里克苏斯想在意大利扩大战争。他期待获得更多的战利品，想继续复仇，还想获得更多权力。斯巴达克斯认为，反叛军并没有赢。事实上，在他看来，他们现在身处险境。他们的行动漫无目的，而且准备不足。罗马人迟早会切断他们的后路，然后干掉他们。为了安全，他们必须尽快离开。

克里克苏斯也许会问：能去哪里呢？斯巴达克斯想要率军北上到阿尔卑斯山，然后各自返回自己的家乡，一部分人回色雷斯，一部分人回凯尔特地区。色雷斯的部分地区和高卢的大部分地区仍然是自由安全的。角斗士、逃跑的奴隶和意大利自由人都可以远离罗马的控制。

这是个令人鼓舞的计划，很可能得到狄俄尼索斯信徒的支持和拥护：无论如何，希腊人相信，神曾穿越高耸起伏的兴都库什山脉（Hindu Kush Mountains，位于今阿富汗和巴基斯坦之间），甚至有人声称狄俄尼索斯就在那里出生。神当然会引领信徒斯巴达克斯越过阿尔卑斯山。

其他人无疑回复道，这是一个不可能实现的梦想。但还有其他选择吗？翻越阿尔卑斯山非常艰难，但也不是毫无希望。汉尼拔就曾翻越阿尔卑斯山。然而，罗马军团则是要另外考虑的因素。斯巴达克斯对罗马军队非常了解，他怀疑反叛军是否有能力在常规战中战胜对手。如果反叛军连瓦里尼乌斯这支二流军队都打不过，那么当远在西班牙和东方的军队返回后，反叛军又如何与老兵军团作战呢？

斯巴达克斯了解游击战和常规战的区别。游击队不能以常规的军事手段打败正规军，只能挫挫他们的锐气。只要常规军斗志不减，他们最终会赢。罗马人是不会在意大利丧失斗志的，他们会消灭反叛军。

斯巴达克斯的判断是正确的，但他的计划被否决了。一位罗马作家记述："只有少数有远见、思想开明、品性高贵的人支持他。"[15] 相比之下，克里克苏斯获得了大部分凯尔特同胞和日耳曼人的支持。许多凯尔特人和日耳曼人的父母是公元前102年和公元前101年的战俘。他们可能没有斯巴达克斯"回到故乡"的执念。他们的"故乡"就是意大利。

但某位罗马作家认为克里克苏斯的支持者缺少动力：

> 有些人对人数众多的新兵和自己的勇猛过度自信；有些人对故土漠不关心；而大多数人天生具有奴性，只渴望

战利品和杀戮。¹⁶

这些评论失之偏颇，但并非毫无道理。从色雷斯到高卢，野蛮人在战争中尤为看重获得战利品。因为大部分战利品都被奉献给神，战争只带来有限的财富。意大利遍地都是牛、黄金和女人，而这些都是硬通货。

克里克苏斯的某些观点也符合军事逻辑。毕竟，理智的人可能会争辩，如果反叛军现在转向北方，瓦里尼乌斯定会紧追不舍，一场大战在所难免。理智的人或许也会指出，秋季穿越阿尔卑斯山困难重重。反叛军将被迫在意大利北部抵抗罗马人的进攻，直到第二年春天，才有机会再次翻越群山。与意大利南部相比，意大利北部既不富裕也不温暖。为什么不在南部的阳光下建个大本营呢？毕竟，远在西班牙和小亚细亚的罗马军在短期内不太可能返回意大利。

从军事行动的角度来看，斯巴达克斯可能是错误的。在北上之前打败瓦里尼乌斯会更稳妥。但从战略角度来看，斯巴达克斯是正确的。反叛军不得不离开意大利，不是今天明天，就是不久的将来。最终，他们不得不翻越阿尔卑斯山。斯巴达克斯没能赢得支持，即便如此，他还是为自己的军队做出了巨大的贡献：他保持了军队的团结。

斯巴达克斯和他的支持者可能已经放弃原定计划。他们原本可以悄悄北上，避开罗马大道，向阿尔卑斯山进发。或者，他们可以用自己劫掠所得购买或贿赂一艘向东航行的船只。但斯巴达克斯是一位拥有武器的预言家，他不想成为一名没有军队的将军。被狄俄尼索斯选中的人是不会退缩的。

这场争执通过妥协解决了。如克里克苏斯所愿，逃亡者继续抢劫并将与瓦里尼乌斯交战。但如斯巴达克斯所愿，他们暂时还不会与他交锋。他们会为即将到来的战斗精心备战。斯巴达克斯说，瓦里尼乌斯定会重整军队。备战时，反叛军需要增加兵力并提高士兵的素质。他们需要精锐的新兵，斯巴达克斯认为最合适的人选是牧羊人。为了找到他们，反叛军必须进入更开阔的乡间，那种更适合放牧的地方。也就是说，他们必须向南进入意大利的牧场。

斯巴达克斯知道自己要做什么。罗马的牧羊人是奴隶，他们吃苦耐劳、坚忍独立。他们是坚强的斗士，因为他们必须在野外生存，那里有狼和强盗，甚至还有熊出没。在伟大的西西里奴隶战争中，奴隶牧羊人曾是核心力量。卢西塔尼亚人（葡萄牙人）维里阿图斯（Viriathus）曾率反叛军与罗马征服者进行了八年的游击战（公元前147—前139年），在此期间，牧羊人一直为他们提供支持和帮助。目前在西班牙的罗马反叛将领塞托里乌斯也吸纳了许多牧羊人。

斯巴达克斯也明白一个问题：容错率。罗马人可以承受无能的将领和被击败的军队。事实上，从阿利亚（Allia）、卡夫丁峡谷（Caudine Forks）到坎尼（Cannae），罗马历史上失败的战役比比皆是。只要赢得决战胜利，罗马不怕输掉多场战役。而罗马稳如磐石的政治体制和丰富的人口资源赋予了它打持久战的意志和人力。

反叛军没有试错的机会。斯巴达克斯知道他的军队很出色，但也明白他们非常侥幸。罗马军的无能导致反叛军可以发起突袭，而无须训练士兵，他们甚至可以争论，而不用直面敌人。

罗马可以抛弃裁判官，而反叛军需要一个领袖。

69

第四章

带路人

　　公元前 73 年秋，斯巴达克斯和克里克苏斯达成协议后，军队向南方转移。为了避开瓦里尼乌斯，他们可能没走易于防守的罗马大道，转而向山区行进。反叛军很可能沿着山脊的旁道前行，取道那些提篮子的赶骡人坐下来小憩的小路和牧群穿过树林踩出的小径。这些牧群夏季被赶到山上，冬季前被赶回平原。重装的罗马军团和补给车辆无法通行，但是轻装的反叛军可以。

　　然而，反叛军自己找不到路。他们需要带路人，无论带路人出于自愿还是遭到胁迫。如果没有当地人带路，告诉他们哪里有食物供给，这些逃亡者早就迷路了。头发花白的农民、蓬头垢面的山民、去山泉取水的年轻姑娘、刚挣脱枷锁的奴隶、腿脚太慢而没能逃过反叛军追捕的肥壮农场主：这些人都是斯巴达克斯在意大利农村地区的眼睛和耳朵。

　　资料中提到，斯巴达克斯的第一个向导是个因犯。他来自皮凯蒂尼地区（Agri Picentini），这个地方位于萨勒努姆以南的肥沃平原。但他可能不是反叛军的第一个当地向导，因为他们已经穿过了崎岖的乡间。离开努凯里亚附近后，他们向内陆行进，经过了诺拉东北约 5 英里远的小城阿贝拉［今作阿维拉（Avella）］。阿贝拉位于密林覆盖的帕泰尼奥山（Partenio Mountains）脚下，处于克拉尼斯［Clanis，今作克拉尼奥（Clanio）］河的上游河谷，周围是植被丰茂、水源充足的农区，盛产榛子，也以强风远近闻名。在多雨多雪的冬季，阿贝拉是一个与世隔绝的乡村，凉爽清新的空气让它远离卡普亚城的炎热。但阿贝拉也曾见证历史。作为一个意大利城市，它与罗马有密切的联系。在阿贝拉的农田里曾发现罗马大道、罗马土地测量痕迹和共和国晚期乡间庄园的遗迹。阿贝拉在同盟者战争（公元前 91 —前 88 年）中一直忠于罗马，作为奖励，苏拉可能授予它"殖民地"地位。现在，据资料记载，斯巴达克斯的军队"偶遇了阿贝拉的农民，他们正守着自己的田地"。[1]（农民这个词也有"殖民者"的意思。）他们与反叛军的会面可能并不愉快。

斯巴达克斯率军向皮凯蒂尼山脉南部前进，直线距离 30 英里左右。如果他们穿过人烟稀少的乡村地区，应该会经过伊尔皮尼亚（Irpinia）山丘，然后爬上皮凯蒂尼山，一直向东南方向走。他们会穿过橡树林和栗树林，翻过近 6000 英尺高的山峰，穿过峡谷，越过激流。这不是一条易行路线，这里也不是富庶之地；他们不时可以看到远处安尼亚大道周围肥沃的平原，但它们都掌握在罗马人手中。行军途中没人能够饱餐。

离开皮凯蒂尼山脉后，反叛军的下个目标是在萨勒努姆东南约 20 英里的锡拉鲁斯［Silarus，今作塞勒（Sele）］河。在古代，锡拉鲁斯河是地区分界线。一旦过河，斯巴达克斯就将率军离开坎帕尼亚，进入卢卡尼亚。再往前走大约 8 英里，他们就会到达山区隘口。穿越隘口，他们将迈入起义的新阶段。

此时他们处于卢卡尼亚的中心地带，犹如在广阔的内海中航行：山丘好似绿色的波浪，沿着高地平原、茂密的森林、偏远的城镇和陡峭的山峰高低起伏。卢卡尼亚崎岖的山脉向南延伸到意大利"靴子跟"地区，在那里变为平坦肥沃的沿海地带，与爱奥尼亚海相邻。

卢卡尼亚有大片森林和牧场，还有大量奴隶，这里是游击队的梦想之地。和西西里岛一样，这里生活着大量奴隶牧羊人和奴隶农工。[2] 他们是叛军理想的招募对象。这里是斯巴达克斯的国度。

面对眼前的一切，斯巴达克斯、克里克苏斯和他们的追随者不得不先从罗马人身边溜走。罗马人肯定在安尼亚大道穿过锡拉鲁斯河的桥上安排了守卫。皮凯蒂尼带路人登场了。一位罗马作家简明扼要地描述了当时的情况："他（斯巴达克斯）匆忙地从皮凯蒂尼的囚犯中找到了一名合适的向导，[3] 悄悄从埃布里安山（Eburian Hills）前往纳雷斯卢卡奈（Nares Lucanae），天刚亮就从那里到达了阿努斯广场（Forum Annii）。"

这里的描写让斯巴达克斯的战术一目了然。他当机立断，利用手下对当地情况的了解，进行了灵活、大胆、有效的战略转移。

这名皮凯蒂尼人对皮凯蒂尼山脉南部以及埃布鲁姆〔Eburum，今作埃博利（Eboli）〕以北的地区非常了解。他可能是牧民，更可能是牧场主，因为他不是新招募的士兵而是囚犯；牧民可能会自愿加入斯巴达克斯的队伍。考虑到被俘的危险，恐吓他合作应该不难。凯尔特人和日耳曼人常以战俘祭神。[4] 骇人听闻的做法被记录并保存下来，比如开膛破肚、取出母亲腹中的胎儿以及喝死人头骨中的血。[5]

无论如何，皮凯蒂尼人带着反叛军越过了埃布里安山，也许一直走到了锡拉鲁斯河中游山谷，在那里他们可能穿过了一个古老的浅滩。然后，他们向南前往纳雷斯卢卡奈镇。罗马人不知道反叛军究竟在哪儿。斯巴达克斯大胜瓦里尼乌斯，而这一切都归功于这个皮凯蒂尼囚犯。

人们不禁要问，这个身不由己的反叛者是否在纳雷斯卢卡奈被赏了杯酒。那里有充足的水源；这个地名可能就是"卢卡尼亚泉"的意思，阿尔伯尼（Alburni）山麓遗址也发现了山泉。这条山脉的指状山峰横跨皮凯蒂尼东南方向的山谷。两座山脉和大海之间都有很好的牧场，所以反叛者可能从周边地区招募了一些支持者。

在纳雷斯卢卡奈，反叛军的路线重新回到了通往里贾姆的安尼亚大道。为了不被发现，他们选择夜间行军，天刚亮，斯巴达克斯的军队就赶到了阿努斯广场小镇。纳雷斯卢卡奈和阿努斯广场的距离约为 15 英里，即便对轻装部队而言，这也是一夜间难以轻松走完的路程，况且队伍中可能还有妇女和儿童。然而那时正值秋季，夜晚越来越长；严寒可能驱使那些行动敏捷的人奔向目的地。最重要的是，他们决心抓住机会，发起突袭。他们做到了。

斯巴达克斯率军赶到了阿努斯广场，而"当地的农民丝毫未察觉"。[6] 阿努斯广场是位于阿蒂纳斯［Atinas，今作迪亚诺河谷（Vallo di Diano）］北端的农业社区，此处是狭长的高地平原，植被繁茂，土地肥沃，塔纳格［Tanager，今作塔纳格罗（Tanagro）］河穿流而过。这里被山丘环绕，形成光影变幻的景致；西部群山如浪，延绵跌宕。这是一个古老的定居区，山谷物产丰饶，低地遍布着农场和乡间庄园，山坡上有很多牧场。在山谷北部的一个山顶小镇，[7] 根据人口普查，至今仍有1300 人和 6000 只羊；在每年 6 月的节庆中，牧羊人会赶着羊群下山，在小教堂周围巡游。

这里的居民可能主要是罗马殖民者和奴隶。也有一些卢卡尼亚人，但几个世纪中，他们被迫向罗马人出让土地，作为支持战败方的惩罚。卢卡尼亚人运气不好，他们总是支持战败方，比如汉尼拔、马略以及同盟者战争中的意大利同盟。罗马殖民者中既有大庄园主（主要是牧场），也有小农场主。一些共和国晚期的墓碑上 [8] 描绘了为主人打理庄园的管理人：他们左手手指上戴着图章戒指，拿着笔和写字板。

公元前 73 年秋季的一个早晨，山谷中清新的空气里传来了喊杀声。斯巴达克斯率军到来了。士兵们马上违背军令，横冲直撞，强奸少女和已婚妇女。任何试图反抗或逃跑的人都会被杀。一些反叛军把火把扔到屋顶上。其他人则跟随当地奴隶，把藏匿起来的奴隶主和财宝搜了出来。一位罗马作家说："在野蛮人的愤怒和他们的奴性面前，没有什么是神圣的或是邪恶的。"[9] 瓦里尼乌斯的军队没有提供任何帮助，他们消失得无影无踪。

斯巴达克斯反对这些暴行，可能是出于骑士精神，或者他有自己的打算。他认为，如果农民受到善待，其中某些人可能会支持反叛者。斯巴达克斯一再试图约束他的部下，但徒劳无功。关于克里克苏斯的立场没有任何记录。后来的事件表明，他既想洗劫意大利，又想与瓦里尼乌斯开战，而缺乏纪律约束会削弱军队的战斗力。

当地奴隶来自不同民族。有些奴隶没等反叛军来到主人的藏身之处，就把战战兢兢的奴隶主拉了出来。这些奴隶主被献给叛军，也许是因为当地奴隶想讨好叛军。或许罗马奴隶想起过往所遭受的惩罚，比如鞭打、囚禁、杖责、石击、折骨、挖眼、踢打、斥责、处决等众所周知的惩罚。或许他们想起那些较轻微的羞辱，比如在额头上文主人的标志，或是因为与其他奴隶发生性关系而不得不向主人支付费用。又或许他们回忆起一些因生病或年老而被卖掉的亲友。

反叛军在阿努斯广场停留了一天一夜。当地奴隶主经历了24 小时的野蛮掠夺和屠杀。对奴隶来说，这是他们的解放日。他们肯定从周边地区蜂拥而至，阿努斯广场地方不大，天亮时，斯巴达克斯和克里克苏斯队伍中逃亡奴隶的数量已经翻了一番。新招募的士兵有些是农民，但如果斯巴达克斯对前景做出了正确判断，他们应该招募了大量牧民。到了秋季，牧民会赶着牧群下山，到更低的牧场放牧，因此他们可能从阿努斯广场得到了消息。

天刚亮，反叛军再次拔营，向"非常开阔的田野"10进发，那里好像是阿蒂纳斯地区中心的某个地方。他们可能看到了走出家门准备秋收的农民。这些农民没能走到自己的田地，他们在路上遇到了来自阿努斯广场的逃亡者。农民们匆匆赶往安全之处，也许躲进了山里。秋收留给了斯巴达克斯和饥肠辘辘的军队。

他们已经智胜了罗马军，恐吓了统治阶层，用新兵扩充了队伍，获取了足够食物，但反叛军离胜利还非常遥远。相反，他们的暴行打开了失败的大门。劫掠和所有的军事行动一样都需要遵守军纪。过度劫掠反而会导致纪律涣散。罗马人明白，寻找食物时不服从命令的士兵在战斗中也不会服从命令。此外，劫掠者还会遭到敌人的突然反击。罗马人向来谨慎，即使是执行搜寻食物和寻找水源这样的简单任务，也会坚守纪律。

斯巴达克斯清楚，他的军队现在开创了一个可怕的先例。他也明白，战争不是靠突袭取胜的。斯巴达克斯徒劳地试图阻止大屠杀，他只能告诫士兵行动要快。瓦里尼乌斯就要来了。

反叛军在阿蒂纳斯取得胜利后，不得不继续躲避罗马人，并寻找新的食物来源。新兵需要配备武器，哪怕仅是临时性武器。在军队行进中，他们不得不接受任何可得的关于战斗的仓促建议。

他们似乎一路披荆斩棘且战绩不错，因为到达爱奥尼亚海时，反叛军已经消灭了瓦里尼乌斯。我们不知道这一切发生在何时何地。意外留存的资料将焦点放在了斯巴达克斯从皮凯蒂尼山脉到阿蒂纳斯一线的行动上。遗憾的是，关于接下来六个月左右的记录寥寥无几。可以确定的是反叛军横扫了卢卡尼亚，以及斯巴达克斯在与瓦里尼乌斯的决战中大胜。除此之外的叙述主要是有根据的猜测。

78　　这片土地吸引反叛军不断南下。不仅仅是阿蒂纳斯，卢卡尼亚的大部分地区都是进行劫掠的好地方。这里有大片牧场、良田、葡萄园和树林，还有大量的绵羊、山羊和猎物。据说，卢卡尼亚的马匹又矮又丑，但很强壮，不是完美的骑兵坐骑，但也可以用作战马。

　　然而起义者会去往哪里，他们又如何到达？只看地图可能会产生误导。卢卡尼亚属于多山地区，斯巴达克斯和克里克苏斯似乎别无选择，只能沿着安尼亚大道向南穿过阿蒂纳斯到布鲁提乌姆，但实际上他们还有其他选择。卢卡尼亚山脊上的小道早在罗马人出现之前就已存在：大多数道路可以用"蜿蜒狭窄"[11]来形容，但起义者经历过更糟的情况。

　　洗劫阿蒂纳斯后，斯巴达克斯的军队可以沿着马德莱纳山（Monti della Maddclena）和今"教皇山"（Monte del Papa）之间的通道前往罗马殖民地格鲁门图姆（Grumentum）。（现在，意大利 103 号高速公路就沿这条路线而建。）在阿西里斯［Aciris，今作阿格里（Agri）］河的高地山谷里，他们会发现一个牧羊人天堂，能够招募大量新兵。往东走，他们可以沿着多条道路到达爱奥尼亚海岸以及梅塔蓬图姆（Metapontum）和赫拉克利亚（Heraclea）城。那里有一条沿海道路向南通往布鲁提乌姆和图里（Thurii）城。

　　值得一提的是，现在民间传言，斯巴达克斯到过卢卡尼亚的多个地方。奥利韦托奇特拉（Oliveto Citra）、罗卡达斯皮德（Rocca da spide）和真扎诺迪卢卡尼亚（Genzano di Lucania）[12]等地都声称斯巴达克斯曾在当地战斗过。在卡斯特尔奇维塔（Castelcivita），有一个斯巴达克斯洞穴和一座斯巴达克斯桥。卡贾诺（Caggiano）、科利亚诺（Colliano）和波拉（Polla）等地都宣称，斯巴达克斯曾途经当地。但这一切都不足为奇，意大利南部历来是盗匪之乡，而斯巴达克斯是所有亡命徒的鼻祖。然而，这并不能证明起义军在公元前 73 年的秋季或者一年后的秋季经过当地，也许他们从没去过。

此外，值得关注的是，反叛军洗劫阿蒂纳斯后几个月的古代资料曾两次提到当地向导。一份资料写道，某些叛军"对这个地区非常了解"。[13] 一个当地人因高超的探路和侦察技能脱颖而出。这个人就是普布里波（Publipor）。

关于普布里波，一本残缺的历史书中仅有一行记录。然而在斯巴达克斯的传奇故事中，他或许是最有趣的配角。在反叛军形形色色的带路人中，普布里波可能是最出色的一位。"在卢卡尼亚地区所有人中，他是唯一了解这里的人。"[14]

普布里波的意思是"普布利乌斯男孩"。他是奴隶，他的主人是个普布利乌斯人。普布里波是常见的奴隶名字。例如，伟大的拉丁剧作家特伦斯（Terence）过去也是奴隶，那时他就叫作普布里波，后来他成为自由人。普布里波不一定是男孩，因为罗马人经常把成年奴隶称为"男孩"。普布里波对卢卡尼亚的地形非常了解，因此他可能是成年人，很可能是名牧羊人。

数万名奴隶与斯巴达克斯并肩作战，但除了角斗士，普布里波是唯一一个留下名字的奴隶。我们不清楚他对当地情况的了解为何如此重要，但既然资料将他单独列出，那他的重要性毋庸置疑。会不会是因为有了他的指引，反叛军才成功地伏击了瓦里尼乌斯？也许普布里波协助斯巴达克斯完成了他迄今为止最伟大的军事行动。

战斗详情不得而知。但反叛军很可能避免与敌人直接对阵，而采用伏击、设陷阱和游击的作战方式。对阵战十分危险，即使反叛军在人数上超过了罗马人，他们的装备也无法与

罗马人的装备相提并论。他们仍然不得不自己制作武器和盔
甲，正如资料记载："他们习惯用藤条编篮子。[15] 当时，他们没
有盾牌，每人都用相同的技艺制作了类似骑兵使用的小圆盾来
武装自己。"他们把兽皮绷紧，然后固定在树枝上当盾面。[16]

反叛军夺取了罗马百夫长的战旗。更厉害的是，他们用
绑在一起的斧头和木棍——"束棒"控制了瓦里尼乌斯的执法
吏。这些束棒是裁判官权力的象征。他们还抢了瓦里尼乌斯的
战马。据资料记载，他们直接从他身下抢走了马，险些将他生
擒。瓦里尼乌斯落荒而逃。而真正的赢家是大战凯旋并缴获战
旗和束棒的人：斯巴达克斯。据普鲁塔克所述，他在那时才真
的变得"无比强大和令人生畏"。[17]

与插着裁判官头颅的长矛相比，战旗、束棒和战马是更好
的征兵工具（尽管喜欢猎取首级的凯尔特人可能会有异议）。
战旗就是图腾，丢掉战旗的损失无法估量。束棒就像皇室的权
杖或主教的权杖，是神圣的象征。战马对凯尔特人、日耳曼人
和色雷斯人来说也是神圣的。在这些圣物的光环下，斯巴达克
斯不仅是冒险家，他几乎成为王者。

有资料记载："此后，有更多人，非常多的人投奔斯巴达
克斯。"[18] 另一份资料记载："在很短的时间内，他们就集结了
大量兵力。"[19] 新兵们蜂拥而至，他们通常赤足，披着粗糙的
羊毛斗篷，有时还戴着锁链。

反叛军的数量很难估量。古代资料的记录差异很大，据
估算，反叛军的人数在 4 万—12 万人。更糟的是，比较可信
的古代"统计数据"通常是近似值，而不靠谱的"统计数据"
往往比较夸张。例如，对斯巴达克斯军队人数的最高估算为
12 万，这个数字在不同战争的古代资料中经常出现，这足以
证明它只是一种修辞，相当于"一个巨大的数字"。更麻烦的
是，目前尚不清楚古代对于反叛军人数的统计是否包括妇女和

儿童。

最谨慎的做法是采信最小数值，在公元前72年的春季，斯巴达克斯和克里克苏斯手下约有4万人，到了秋季人数甚至更多。按照古代标准，这可不是一个小数目。例如，这比汉尼拔翻越阿尔卑斯山时的兵力还要多，大约相当于恺撒征服高卢时的军队规模。就此而言，4万人大致相当于罗马为剿灭斯巴达克斯所集结的最大兵力。

我们无法确定下列事件的发生顺序，大约在反叛军击败瓦里尼乌斯后，他们发现自己来到了卢卡尼亚陆地的尽头。那些曾在卡普亚双手沾满鲜血的人现在把双脚伸进了爱奥尼亚海。准确地说，他们的双脚踏入了塔伦图姆［Tarentum，今作塔兰托（Taranto）］湾，海湾长宽均为90英里左右，青绿色的海水冲刷着意大利"靴子"的拱形处。海岸线大致从塔伦图姆延伸到克罗顿（Croton），其中包括意大利某些最肥沃的土地。这里曾经是"大希腊区"（Magna Graecia）殖民地，繁荣程度甚至远超其宗主国。鼎盛时期，大希腊区孕育了伟大的将军、立法者、医生、艺术家和运动员。古希腊最著名的哲学家毕达哥拉斯就在这里建立了自己的学校。但征服者罗马人结束了这一切。海湾沿岸依旧繁盛富饶，但权势和影响力已然成为过去。

这里位置偏远，但对斯巴达克斯和克里克苏斯大有好处。爱奥尼亚海岸远离罗马，是反叛军的完美基地。这里气候温和、食物充足，还有大量奴隶，反叛军有机会招募大批新兵。农场和城镇都有熔炉，可以熔掉奴隶的锁链，重新锻造为刀剑和矛头。港口可以吸引商人和海盗。如果罗马人来袭，反叛军可以躲进附近崎岖的山地和茂密的森林。简言之，这里是一个组建军队的地方。

但是，这个沿海地区的居民不打算打开大门接纳反叛

82

军，反叛军必须让他们屈服。如一份资料记载，反叛军发起攻击并制造了"可怕的屠杀"。[20] 他们在这里的暴行可能不亚于在阿蒂纳斯的所作所为。梅塔蓬图姆［今作梅塔蓬托（Metaponto）］是反叛军袭击的城市之一。实际上，通过考古可能会发现他们的袭击痕迹。城里一座用作仓库的门廊（stoa）在此期间被毁。有些人认为，这是反叛军所为；不难想象他们穿过护城河，冲破了罗马在梅塔蓬图姆的主要防御工事木栅栏。也许市民们曾尝试用附近庄园制造的弩炮来阻止他们。然而，这对于古罗马时期的梅塔蓬图姆异常艰难，它往昔的辉煌早已不再。先前的大城邦在公元前73年已经沦落为一个小城镇。

鼎盛时期（约公元前600—前300年）的梅塔蓬图姆曾经无比繁华，是希腊最伟大的殖民地之一。肥沃的土地使梅塔蓬图姆成为粮仓，当地金币上骄傲地刻着麦穗图案。随后罗马入侵，压迫—反抗—占领和惩罚的惯常模式随后出现。曾经宏伟的城市空间已经缩小到一个小区域。

与此同时，梅塔蓬图姆农村地区[21]许多希腊时期的小型家庭农场消失了。土地大部分被移交给少数显贵，他们是罗马人或罗马人的当地"友人"。现在，中型或大型乡间庄园零星散布在河谷和沿海大道，有些盘踞在高地上。多样化农业正在衰落，畜牧业尤其是牧羊、牧牛、牧马盛行。也就是说，梅塔蓬图姆在很大程度上是一座大牧场城邦，也是奴隶城邦，是斯巴达克斯招募新兵的好地方。

83 罗马时期，梅塔蓬图姆仅有的城市重建项目之一是对阿波罗神庙（Temple of Apollo）的修复和扩建。在这里，人们对阿波罗的崇拜实际上等同于狄俄尼索斯崇拜，该宗教在城市和农村非常流行。因此，梅塔蓬图姆可能更容易相信色雷斯女先知的预言。

　　赫拉克利亚位于西里斯［Siris，今作辛尼（Sinni）］河谷和阿西里斯（Aciris）河之间的沃土地带，在梅塔蓬图姆以南约 12 英里，是农业和手工业中心，也是著名的集镇。与梅塔蓬图姆不同，赫拉克利亚城深谙与罗马的相处之道。几个世纪中，它一直保留着自治权，享受着非常有利的条件。同盟者战争后，赫拉克利亚人甚至犹豫是否接受罗马给予的公民身份。我们没听说过斯巴达克斯前往赫拉克利亚的消息，这可能表明他预感到会遭遇激烈的抵抗。但是赫拉克利亚人无法确定斯巴达克斯是否会来，所以他们采取了预防措施。

　　我们可以根据一个埋在赫拉克利亚私人住宅下的灰色小花瓶得出这一结论。瓶里塞了一条金项链和 500 多枚罗马银币。项链串着石榴石和玻璃珠，两端是精致的金质羚羊头装饰。这些硬币大约是在公元前 200—前 70 年铸造的，大部分属于公元前 100—前 80 年这 20 年间。有件事透着古怪：将近一半的钱币都是零钱，却和昂贵的项链放在一起。有位学者猜想，填埋花瓶的人过于匆忙，惊慌中没有时间甄别价值。[22] 这些匆忙埋下的物品是否说明斯巴达克斯的队伍已经逼近？或者，赫拉克利亚人害怕自己的奴隶造反。这座城市是狄俄尼索斯崇拜的中心。

　　在赫拉克利亚南部，沿海平原在大海和今波利诺山脉（Pollino Mountains）的山麓间急剧变窄。这条山脉是卢卡尼亚南部边界的标志。再远处是意大利最南端的布鲁提乌姆地区。和卢卡尼亚一样，布鲁提乌姆也是多山地带，当地人同样性格刚强。布鲁提乌姆注定要在斯巴达克斯起义中扮演重要角色，就从海岸线上波利诺山脉的最后一座山丘开始。辽阔广袤的平原从这里展开，甚至比梅塔蓬图姆和赫拉克利亚的土地更广阔、更葱翠、更繁茂。

　　这里是锡巴里斯平原（Plain of Sybaris），几乎是一个独

84

立的世界。平原面积约为 200 平方英里，北部和西部被波利诺山隔开，山峰高耸入云，全年大部分时间白雪皑皑；南部是西拉格里卡（Sila Greca）陡峭曲折的丘陵；东部则面向大海。烈日下，这片肥沃的土地被克拉昔斯［Crathis，今作克拉蒂（Crati）］河和锡巴里斯［Sybaris，今作科西勒（Coscile）］河浇灌着。这里气候温和，以冬季不落叶的橡树而闻名。

这片繁茂的平原相当于古代的加利福尼亚，希腊人于公元前 700 年前后在此建立的殖民地锡里巴斯相当于旧金山。这座城市的奢华充满了传奇色彩，直到今天，"锡里巴斯人"仍是享乐主义者的代名词。美食为万恶之首。为什么不呢？这片土地如此富饶，据说，锡里巴斯人的黏土管道里输送的不是水，而是葡萄酒！除了葡萄酒，锡巴里斯还以橄榄油和羊毛而远近闻名。平原上种着谷物，山坡上种着无花果树和榛子树。木材和松脂是从西拉山的密林里运下来的。大海里到处都是鱼，包括非常珍贵的鳗鱼。锡巴里斯的港口熙攘热闹，吸引了大量来自地中海港口的贸易商。

公元前 510 年，锡巴里斯在与邻国的一场战争中被彻底摧毁，但这片平原沃土不会被荒废。公元前 444 年，一座新的希腊城邦图里在此崛起。公元前 194 年，罗马人来了。他们在图里建立了殖民地，并将其改名为科庇亚（Copia），意为"富足"。但大多数人仍然称之为图里。据说，这里遍布良田，罗马人甚至很难为所有的土地找到买家。但大自然不会留下真空地带。公元前 73 年，克拉昔斯和锡巴里斯的山谷里有许多罗马乡间庄园，有些规模宏大，但大部分都是中型庄园。据说，罗马元老、骑士和苏拉的某个老兵都在这里拥有财产。在这片富饶之地，畜牧业发展起来了，而农业仍然是主要产业。

图里的另一项资源是一群心存不满的奴隶。公元前 70 年前后，当地的一个财主为侵吞财产而武装了自己的奴隶，之后便派他们抢劫了邻居的农场并谋杀了当地居民。大约十年后，奴隶起义军在这里活跃起来。公元前48年，为了在附近的牧羊人中发动叛乱，罗马暴徒米洛（Milo）被派往图里。

然而，布鲁提乌姆的居民以擅长游击战而闻名，一位罗马作家写道，"这是他们的天性"。[23]此外，几个世纪中，图里一直是奥菲克教（Orphic religion）的中心，这是一个带有酒神色彩的异教，因而更容易接受色雷斯女先知和她的预言。简言之，这里是起义军招募新人的天堂。难怪斯巴达克斯和克里克苏斯在公元前73年底盯上了图里。

起义军刚刚进入布鲁提乌姆，就四下散开向山上奔去。毫无疑问，他们冲向了罗马农场。找到食物并招募新兵后，他们向图里城进发。至此，斯巴达克斯和克里克苏斯已经毁掉了多个城邦，但他们尚未征服并占领任何城邦。正如一位古代作家所述，他们的支持者由"奴隶、逃兵和暴民"[24]构成。更客观的描述应该是"乡下人，主要是奴隶，也有一些自由人"。

在图里，他们终于征服了一座城邦。图里面积不大，但建有围墙。起义军可以制作柳条盾牌，但他们没有攻城器械，很难攻入城镇。他们也没有几个月的时间去围城，把敌人饿得投降。关于他们的成功，最为可信的解释是图里城的城墙年久失修，极易被攻破。不然就是城中有人策应，也许有奴隶为反叛军开了城门。结果很可能是一场大屠杀。

可能就在这个时候，反叛军突袭了布鲁提（Bruttii，即布鲁提乌姆——编者注）的首府康孙提亚［Consentia，今作科森扎（Cosenza）］城，一个位于安尼亚大道上的内陆城镇，在图里以南约50英里。康孙提亚坐落在一片丰饶的土地上，拥有很多农场和牧场，能提供更多的补给和支持者。

从梅塔蓬图姆到图里，甚至更远的地方，起义军带来了战火、死亡和自由。他们也正在组建一支军队。在图里，他们

86

终于可以安顿下来进行训练了。他们迫切需要武器，也需要严肃纪律。斯巴达克斯针对这两项需求制定了法律：无论商人出价多少，他的人都不能购买金银，只能购买用来锻造武器的铁和青铜。克里克苏斯或许在这方面也支持斯巴达克斯。逃亡奴隶的锁链可以熔掉再锻造成武器，是武器锻造材料的另一个来源。很难说哪一点更令人惊叹：是斯巴达克斯的军纪严明，还是商人们竟敢与凶悍的起义者做交易的冒险精神？这些"商人"是否真像某些人所说的那样是海盗？或者他们只是相信富贵险中求的赌徒？

拥有武器装备并不意味着就是一支军队。新兵需要训练。公元前 73—前 72 年的冬季，夏季招募的新兵都已成为老手，他们当然会传授实践经验。不过，专业教官是无可替代的。我们可以猜测，先前的角斗士和退伍军人，无论他们曾属于罗马军还是其他军队，都作为训练教官发挥了最重要的作用。

斯巴达克斯当然清楚，组建军队需要一支一流的管理团队。我们可以猜想他在谨慎地选择军队各营和连的指挥官。旧的军事经验非常宝贵。马略的退伍老兵或在罗马边境战争中被俘的士兵可能会脱颖而出。然而，组织能力是指挥官的必备技能，所以奴隶工头完全可以胜任。领导者的道德因素也不容忽视。斯巴达克斯能敏锐地判断一个人的品性，所以他可能会选择一些没有军事经验的人来领导军队。

尽管斯巴达克斯痛恨罗马，但他毫不犹豫地借鉴罗马的经验。至少在某些方面，他的军队以罗马军团为榜样。恺撒谈到反叛军时说："他们学去了我们的经验和纪律。"[25] 与公元前 104 年领导了卡普亚奴隶起义的罗马叛徒维提乌斯一样，斯巴达克斯可能按照罗马军团的百人队形式编制了军队，每个单位由 80 人组成。

反叛军用罗马的标志来标记他们的部队。获胜的反叛军俘获了罗马战旗、银鹰和束棒。银鹰是罗马军团的标志，战旗代表步兵队（每队 600 人）和百人队。束棒是罗马裁判官、执政官、将军或总督的标志。

我们可以想象，反叛军骄傲地举着罗马战旗和银鹰在战场上嘲弄敌人。至于束棒，斯巴达克斯把它们当作自己地位的象征，可能由他的侍卫扛着。这是世界颠倒的标志，但也是纪律的象征。束棒代表惩罚权。有能力的指挥官不仅要能鼓舞人心，而且要很严格。士兵都不想受到惩罚，但多数人接受将惩罚作为胜利的代价。惩罚奠定了纪律的基础，纪律会让军队赢得战争。

几个世纪之后，圣奥古斯丁写道："他们（反叛军）从不值一顾的轻微罪行开始，夺得了一个王国。"[26] 那时，他可能想到了图里。这个描述并不精准，因为尽管斯巴达克斯在意大利一隅获得了统治权，但他并不是国王。早期西西里奴隶起义的领袖曾经建国，但斯巴达克斯没有。他得到了狄俄尼索斯的青睐，正如色雷斯女先知所预言的那样，他很可能在宗教层面激起了某些追随者的敬畏之情，但他没有获得王权。

斯巴达克斯的事业核心存在一个悖论。他的士兵刚刚扔掉了锁链，他们不想戴上新的锁链。他们是习惯独立的牧民、沉醉于新获自由的农民、受过杀戮训练的角斗士。他们几乎没有共同语言，而拉丁语是敌人的语言。他们中间有女人，无疑还有儿童，他们像一支军队，又像一支商队。大部分男人可能觉得与家人的关系比与战友的关系更亲密。没人知道他们是否会服从斯巴达克斯的命令。自由造就了他的军队，自由也可以摧毁他的军队。

他所能做的就是努力使大业顺利推进。锡巴里斯平原回荡着数万人行军的脚步声。这是罗马人的耻辱，但这是奴隶军团的荣耀。正如一位罗马作家所说，奴隶也是人，[27] 如果他们拿

88

起武器，他们很可能像罗马公民一样自由。但是，他又补充，对于罗马人来说，与这样的人作战是更大的耻辱。

他们遇到了不可能出现的奴隶军团，更不可思议的是其中还有骑兵团。与日耳曼的情形一样，骑马作战能为战士带来崇高的地位。反叛军在行进途中捕获了在意大利南部农村游荡的野马。幸运的是，他们来到了马匹之乡。即使今天，在坎帕尼亚东南部山区、卢卡尼亚的阿格里河谷地以及卢卡尼亚和布鲁提乌姆交界处的波利诺山脉，仍然能看到野马的身影。凯尔特人、日耳曼人和色雷斯人都是驯马高手。反叛军的骑兵部队就这样诞生了。

他们需要骑兵。罗马人并没有忘记他们。他们没有忘记自己的惨败、被毁掉的农场和失去奴隶造成的损失。因此，在新的一年，罗马人为平定叛乱选派了新指挥官并增派了士兵。

环绕锡巴里斯的山脉在冬季被冰雪覆盖。公元前 72 年的春季，冰雪融化，汇成湍流，流进平原的河床。满山遍野盛开着鲜艳的黄色金雀花。罗马军团将沿着半岛上铺好的道路向南挺进；反叛军将穿过山丘，按照自己的计划进行战斗。整个意大利都屏住了呼吸。

89

第五章

禁欲者

　　这是一场与荣耀无关的战争。公元前 72 年，罗马需要士兵来对抗斯巴达克斯。约有 15 万名来自意大利各地的罗马公民正在海外作战，远高于公元前 79—前 50 年的参战人数，那时每年约有 9 万名罗马公民参战。然而，征兵者必须招募更多士兵。加图自告奋勇，接受了这项任务。

　　马库斯·波西乌斯·加图·萨洛尼乌斯（Marcus Porcius Cato Salonius）又被称为小加图，他的家世血统让他成为罗马"保守派的代表"。他的曾祖父，监察官马库斯·波西乌斯·加图（Marcus Porcius Cato，公元前 234—前 149 年）倡导罗马式简朴，反对希腊文化，并坚定不移地认为"迦太基必须毁灭"。小加图的舅舅马库斯·李维乌斯·德鲁苏斯（Marcus Livius Drusus）被称为"元老院的保卫者"，因为他曾提议修改法律，试图通过将保守派的挑战者纳入精英阶层的方式拉拢他们。德鲁苏斯的激进计划让他遭遇暗杀，但对于已是孤儿并从小就在德鲁苏斯家长大的小加图来说，这是一场关于勇敢的教育。

　　公元前 72 年，加图 23 岁。他是名爱国者，但没有因为过分的理想主义而忽视自己的家人。加图以母亲第一次婚姻中的儿子、同母异父的哥哥昆图斯·塞尔维利乌斯·凯皮奥（Quintus Servilius Caepio）为偶像。凯皮奥被选为对抗斯巴达克斯的初级军官，在公元前 72 年的执政官卢西乌斯·格利乌斯军中服役，因此，加图跟随凯皮奥一起参军。加图家族在卢卡尼亚拥有土地，所以他们很清楚斯巴达克斯的危险，整个家族很可能沦为斯巴达克斯的受害者。

年轻的士兵加图表现出日后让他功成名就的坚韧品质。例如，一年四季，他都坚持步行。不论天气如何，他从不骑马：这位斯多葛学派的年轻追随者不乘车轿。斯多葛学派宣扬朴素节俭。他们倡导：简朴能培养自制力，自制力成就美德，有美德的人就是好人。加图总徒步而行，甚至有时赤足走在罗马城的街道上。公元前72年，他需要全力以赴地对付斯巴达克斯。这位前角斗士让罗马军几乎沿着整个意大利追逐了700英里。罗马人想重创叛军，而斯巴达克斯却让他们的目标难以实现。

正如资料记载，到公元前73年晚些时候，罗马元老院不仅感到耻辱，更感到恐惧。[1]他们已经没有裁判官可派，不得不把两位执政官派到战场上去。他们在公元前73年最后几个月里组建了四个新军团，大约2万人。候任执政官派出"搜寻员"（conquisitores），也就是征兵官员，到意大利各地招募士兵。他们更喜欢自愿参军的人，但也毫不犹豫地查阅人口财产普查单，强迫男性履行自己的职责。

尽管罗马人不愿承认，但他们要面对的不再是一场治安行动，而是一场战争。[2]但要与斯巴达克斯作战，他们必须先找到他。斯巴达克斯不会让他们轻易得手。罗马人南下，他就北上。他计划沿着意大利的山脊向北行军，让自己的机动部队远离重装的罗马军。他时常停下来劫掠，抢劫容易得手的目标，同时招募新兵。但大部分时间他会继续前进，不断向北进发。有些反叛军骑马或者乘车，但绝大多数徒步行军。毫无疑问，他们经常饥寒交迫，疲惫不堪；大部分人肯定赤足而行，肮脏污秽；当然，他们会因逃跑、疾病和死亡而折损不少士兵。但他们还是坚持向北。

他们雄心勃勃地前往阿尔卑斯山。斯巴达克斯要为军队寻求安全之所，而翻越群山可以前往凯尔特人或色雷斯人的家园。在罗马无法触及的欧洲北部地区，他们还有一线生机。而意大利将是他们的葬身之地。

同时，如果罗马人在行军途中找到了他，斯巴达克斯会与他们战斗，但不会进行常规战。他不会让士兵按部就班地列队，然后踏入罗马人设计好的杀戮区。反叛军的武器是由树枝和生皮制成的盾牌，矛头是木制的，他不会让自己的士兵硬碰敌人的铜墙铁壁。斯巴达克斯明白，非正规军不是罗马军团的对手，即便对手是公元前 72 年不那么强大的新军军团。

然而，有资料记载，斯巴达克斯在那一年至少与罗马人有过一场激战。[3] 在适当时机，他这样做似乎是可行的。丘陵和山地为反叛军提供了有利的地形。伏击、诡战、突袭、速击和心理战都是有效的进攻方式。斯巴达克斯可以利用骑兵优势骚扰敌人侧翼并压制罗马轻装部队。

公元前 72 年，斯巴达克斯战争的一系列大事件在罗马引起了轰动，震惊了整个城邦，也成为反叛军命运的转折点。但除了年底的一两个事件，这一年的大部分活动只以最粗略的形式被记录下来。因此，与此有关的叙述肯定比其他部分更具推测性。

公元前 72 年春季，战争开始时，罗马人得知反叛军已经分裂为两部：一部由斯巴达克斯领导，另一部由克里克苏斯领导。两支部队都在行动。克里克苏斯一部留在意大利南部，但不在图里。他们前往了阿普利亚〔Apulia，今作普利亚（Puglia）〕，这里是富饶的农业区，山峦起伏，山势陡峭。与此同时，斯巴达克斯的军队转向北方。

和罗马人一样，我们无法确定这支部队到底有什么计划。分裂是战术性的还是战略性的，两部之间是友好还是敌对的关

94

系？普鲁塔克说，克里克苏斯之所以离开，是因为他"骄横狂妄"。[4] 也许是吧，但非正规军就像火山土一样容易瓦解。克里克苏斯和斯巴达克斯一年前就在是否留在意大利抢劫的问题上存在分歧。同时，种族差异、竞争对手的野心以及前角斗士天生的嫉妒心都让共事变得困难。友好的分离在政治上是有意义的。

这也是合理的策略。起义军需要食物。他们没有足够的粮食来养活 4 万名士兵和数量未知的妇女儿童。相比于一大队人马聚在一个地方寻找食物，两支规模较小的队伍更容易在不同的地方找到食物。

斯巴达克斯率领大部分士兵。资料记载，他在战争开始时有 3 万人，[5] 而克里克苏斯只有 1 万人。无论克里克苏斯与凯尔特同胞和日耳曼盟友的种族关联有多亲密，这似乎就是事实。斯巴达克斯的支持者追随他，不是因为他是色雷斯人，而是因为他是斯巴达克斯。将士们爱戴他。他们认为，他是善战的将军，又蒙神灵的庇佑，还是一位伟大的角斗士。他那充满活力的姿态打动了他们。他刻苦自律，不断激励将士。他慷慨大度，拯救了他们。他对无辜百姓的关照可能会让他们心存不满，但这正凸显了斯巴达克斯的高尚品格。

斯巴达克斯的权威既不是正式的，也不是强迫的，而是道德上的。正如拿破仑所说："在战争中，精神对物质的比重是三比一。"难怪有 3/4 的军队追随斯巴达克斯。

但他告诉他们要去哪里了吗？他们不能留在锡巴里斯平原。一旦罗马人来了，他们会强行开战。反叛军更希望在山上作战，那里的地形更适合伏击、佯攻和突袭。锡巴里斯被群山环绕，但如果反叛军在那里扎营，他们的食物将在短时间内耗尽。南面是大海，但他们没有船，所以只能向北走。意大利有大片沃土，他们可以大肆劫掠，还可以招募大批奴隶。让罗马人追去吧。

然而，斯巴达克斯清楚追击总有尽头。他可能计划带领军队安全地离开意大利，再翻越阿尔卑斯山前往高卢或色雷斯，或分兵后各自前往不同的地方。面对如此艰巨的任务，反叛军很难保持乐观的心态，一名谨慎的指挥官很可能对这个计划守口如瓶。我们可以推测，斯巴达克斯向北进军时未将实情告知自己的军队。也许他只提到，他们要在意大利的另一个地方发展起义并搜寻战利品。后来，当他们被困在罗马人和阿尔卑斯山之间时，肯定会更容易接受不可改变的现实。所以，这可能就是斯巴达克斯的计划。

军队分裂后，斯巴达克斯和克里克苏斯应该一直保持着联系。即便仅是为了分散罗马人的精力，他们也希望对方能获胜。斯巴达克斯太精明了，他不会切断自己的后路。作为一名经验丰富的士兵，他当然清楚长途跋涉的风险。他必须为自己留条后路，使他能够返回南方并重新与克里克苏斯联络。与此同时，克里克苏斯无意把斯巴达克斯赶出意大利，倘若如此，罗马人会全力对付他。克里克苏斯可能支持斯巴达克斯逐步在意大利中部和北部的受压迫群体中招募支持者。双方可能通过信使保持联系。

公元前72年的春季，罗马肯定对此知之甚少。卢西乌斯·格利乌斯（Lucius Gellius）和格涅乌斯·科尼利乌斯·伦图卢斯·克罗迪亚努斯（Gnaeus Cornelius Lentulus Clodianus）是当时的执政官。他们都是罗马最高级别的官员，两人都曾担任裁判官，即仅次于执政官的高级官吏。有野心的罗马人担任裁判官后就开始谋求执政官之职。伦图卢斯曾在公元前75年担任过裁判官，因此在公元前72年任执政官时，便明白自己的仕途已步入正轨。但格利乌斯自公元前94年担任裁判官后，已经等了漫长的20年。公元前93年，他曾在东

96

方担任罗马官员，后来卷入雅典哲学家之间的争论，颜面扫地。现在，在公元前72年，他的机会终于来了。他准备好了吗？他和伦图卢斯都没有军事经验。格利乌斯已不再年轻，至少已经62岁了。难怪格利乌斯得到了一位高级副将昆图斯·阿里乌斯（Quintus Arrius）的辅佐，他也是公元前73年的裁判官。公元前72年，阿里乌斯原本要接任西西里岛总督一职，但斯巴达克斯战争的爆发导致他被重新委派到格利乌斯的麾下，担任代理执政官（propraetor）的职位。

阿里乌斯出身普通，他毕生的志向是被选为执政官，为家族赢得从未获得的殊荣。作为代理执政官，他已经走上了成功之路。阿里乌斯很可能更想去西西里岛任总督，不愿与斯巴达克斯作战。地方总督可以压榨当地人，并筹集相当于现在竞选捐款的资金。阿里乌斯的强项是法律和政治，而不是军事。不过，西塞罗曾经说阿里乌斯"身强力壮"，[6]还曾把他比作拳击手。[7]如果阿里乌斯被委派与反叛军作战，他肯定会为了推进自己的事业而全力以赴地战斗。

即便如此，罗马政府本该做得更好。面对斯巴达克斯这样的心腹大患，他们应该派出善战的将领。但罗马应对危机时表现平庸。尽管过去曾遭受过汉尼拔的严重威胁，后来类似的危机仍多次发生。

无论在罗马还是在战场上，罗马人都得到了反叛军已经分裂的消息。伦图卢斯的任务是直接对付斯巴达克斯，而格利乌斯则要先进攻克里克苏斯，然后再加入对抗斯巴达克斯的战役。伦图卢斯的任务更艰巨，所以我们可以想象，他计划在格利乌斯到来之前，既避免与斯巴达克斯交战，又紧紧咬住他。后来，格利乌斯带来了一个好消息：罗马在战争中取得了第一次胜利。

在阿里乌斯的协助下，格利乌斯歼灭了克里克苏斯的军队。这场战斗发生在加尔加努斯［Garganus，今作加尔加诺（Gargono）］山附近的阿普利亚。加尔加努斯山有时被称为意大利的"靴刺"，地理位置十分突出，在巴里姆［Barium，今作巴里（Bari）］以北约90英里处突然伸入亚得里亚海。它并不是一座山峰，而是一个岩石密布、森林茂密的半岛，与阿普利亚高低起伏的乡村相连。加尔加诺半岛的岩层高度达到3500英尺，石灰岩带布满了洞穴，在罗马时代，该地区以橡树林而闻名。简而言之，加尔加努斯是天然的游击战区。

加尔加努斯山可以成为召集阿普利亚奴隶起义的大本营。当地的奴隶牧羊人之前曾奋起反抗罗马，比较容易接受反叛军的召唤。如果情况不妙，他们还可以从海上路线逃生。加尔加努斯海角的尽头有几个港口，反叛军可以向海盗求助，很快他们就这样做了。但克里克苏斯没能利用这些有利的自然条件。

罗马人智胜了克里克苏斯：他们出其不意地把他拿下了。加尔加努斯海角旁连绵起伏的丘陵地区有很多农场，克里克苏斯定会忍不住去打劫。或许罗马人在这里抓住了他，或许他们把他困在了海角的高地草甸。

每位执政官通常率领两个军团。公元前1世纪，一个军团的"在册"兵力为6200人，而实际的兵力约为5000人。以上为军团刚成立时的情况；一段时间后，除去战死、伤残和逃亡的士兵，一个军团的兵力约为4000人。因此，当执政官上任并组建一支由两个军团组成的军队时，兵力大约为1万人。军团的实力取决于它的组成单位。军团的基础战术单位是步兵队。每个军团由十支步兵队组成，每支步兵队在册兵力为480人；每支步兵队包含六支百人队，每支百人队在册兵力为80人。军团还配置了一些轻装部队和骑兵。

军团的指挥官被称为军团长。在他下面是六名被称为军事保民官的初级军官。加图的兄弟凯皮奥是格利乌斯两个军团

98

中某个军团的军事保民官，加图很可能是他的幕僚。最低等级的军官是指挥百人队的百夫长。百夫长通常是军团中的无名英雄，因为小团队的领导者可以成就一支军队，也可以毁掉一支军队。

这些军队几乎全是步兵，只有少量骑兵、轻装部队或特种部队。他们缺乏作战经验，远不及罗马最好的军队，但他们的武器装备比起义军好得多，而且对食宿没有后顾之忧。

我们对这场战斗几乎一无所知。没有证据表明格利乌斯或阿里乌斯采用了新战术，我们可以推测他们按部就班地列阵。每个军团都按照三线阵部署，前线有四个步兵队（在册兵力1920人），后面两条线各有三个步兵队（在册兵力1440人）。反叛军可能不得不更仓促地组织起来。凯尔特人以骑术著称，本该拥有一支优秀的骑兵，但他们可能没时间进行合理部署，而罗马军可能在兵力上占据优势。

罗马军队的核心力量是重甲步兵，即军团士兵。每一名军团士兵都有护身铠甲，通常是一件铠甲和一顶青铜或铁质头盔。他们还携带一面长方形的大盾牌，武器为投枪（pilum）和罗马短剑。斯巴达克斯和克里克苏斯的某些士兵从敌人尸体上拿走了类似的武器和铠甲，但多数反叛军只有简陋的武器和轻型护具。

毫无疑问，两军都在战吼中前进，鼓舞自己的士气并震慑对手。罗马轻装步兵通常射箭或用投石器来削弱敌人，某些武器的有效射程可能达到100码。折损一些士兵后，反叛军可能会高呼起义口号并吹响他们的战号。罗马军通常用投枪敲击盾牌并高喊着战斗口号向前推进。[8]军团距离对手约50英尺时，罗马军开始投掷投枪。伴随着指挥官号角那"令人丧胆的呜呜声"[9]和刺耳嘶哑的小号声，士兵们嘶吼着，挥舞着旗帜向敌人发起冲锋。

有时，罗马军表现出的纪律性和他们的装备非常骇人，使敌人转身就逃。但在这一天，注定有一场硬仗。军团士兵用刀剑砍刺敌人，对方会用剑或矛回击。

人们想象中的古代战斗充满高潮：双方正面交锋，然后是多场无序的单打独斗，直到一方占据上风。真正的战斗可能是松散的。就像拳击赛一样，双方先混战，再分开，在各自的角落重新集结，然后再次出击。最后，一支军队会溃败而逃。一场典型的罗马式战斗持续两三个小时，但肉搏战可能每次只持续 15—20 分钟，然后对战双方就筋疲力尽了。

加尔加努斯山之战唯一留存的细节描写是反叛军"作战异常勇猛"[10]：这是一种老套的说法，但可能是真实的。战斗中的凯尔特战士向来勇猛又坚韧。我们可以想象，最勇敢的军团战士在敌人的侧翼盘旋，或尝试突入敌人的防线。最终他们成功了，但可能付出了一定的代价。反叛军可能迫使罗马军团进行了多"回合"战斗，之后罗马军才赢得胜利。反叛军赢得了荣誉，但遭到了大屠杀。据资料记载，克里克苏斯的军队折损了 2/3。[11] 克里克苏斯阵亡。这也符合凯尔特人对战争的愿景。凯尔特战士在战斗中应聚集在首领身边。抛弃自己的首领是一种耻辱；作为首领，除了战斗至死，没有其他选择。日耳曼人遵循同样的原则，在战场后方，战车上的森布里（Cimbri）部落妇女会杀掉企图逃跑的士兵。

这是反叛起义节节胜利后的第一场败仗。如何解释这种命运的逆转？这并不是因为格利乌斯和阿里乌斯具有过人的勇气和能力。后来公元前 72 年的事件证明，他们没有创造出一台胜利机器。失败的原因可能在于克里克苏斯。他的英勇与斯巴达克斯不相上下，但在常识上却不如后者。克里克苏斯是否与斯巴达克斯一样重视纪律，厉行节俭？显然，他在侦察行动和警戒岗哨方面不够谨慎。

　　与此同时，斯巴达克斯向北进军。他正在意大利中北部亚平宁山脉的某个地方。反叛军已经从橄榄之乡进入了盛产黄油的地方，这里比南方凉爽、多雨，植被更丰茂。这里有充足的淡水和成群的绵羊和山羊，但也有狼和熊出没。亚平宁山脉地势陡峭，非常狭窄，难以攀登，所有这些都对反叛军有利。

　　即便如此，罗马人还是想和斯巴达克斯交战。罗马的军事原则要求采取攻势，而克里克苏斯的结局预示他们可以打败敌人。尽管如此，斯巴达克斯的军队有理由持乐观态度。他们有优秀的首领，过去的胜绩应该提高了他们的士气，他们的骑兵应该比罗马骑兵更强大。他们的首领与士兵共同承担风险；他看起来英勇无畏，身体健壮；他具有领袖魅力，行动大胆；他在战场上能够鼓舞人心。反叛军比对手更敏捷，更凶残；他们的行动更迅速，更暴力；他们在人数上更占优势，足以击溃缺乏经验的对手。

　　然而，罗马人仍然找到了敌人，并迫使敌人在看似有利的条件下出战。毫无疑问，执政官伦图卢斯得到了可靠情报，成功阻断了前方的道路。与此同时，打败克里克苏斯的格利乌斯从阿普利亚出发，迅速追击反叛军的主力。斯巴达克斯被困住了。

　　一个看似合理的推论认为，这场冲突发生在佛罗伦萨西北部亚平宁山脉的一个山口。小村庄伦图拉（Lentula）位于卡尔维山（Mount Calvi，高 4200 英尺）脚下的山谷中，向北可以到达摩德纳［Modena，罗马时代作穆提那（Mutina）］。当地人坚称，这个村庄的名字与执政官伦图卢斯有直接关联，斯巴达克斯后来也去了穆提那。这一推论尚未得到证实，但伦图拉周边地区崎岖不平的地形很适合作为战场。

　　斯巴达克斯在此证明，为什么他是伟大的军事指挥官。一名出色的指挥官只要果断、灵活、冷静，就有可能把军队从包围中解救出来。他还必须确保军队的忠诚性和服从性。恺撒也具备这些品质。公元前 46 年，他在鲁斯皮纳［Ruspina，今突尼斯的莫纳斯提尔（Monastir）］之战中拯救了自己的军队。恺撒发现自己被包围后，让军队列为两条背靠背的阵线，各自击退敌人。这为他争取到喘息的时间。他发起了两次协同冲锋，最终成功突围。

公元前 72 年，斯巴达克斯通过不同的策略在亚平宁山脉取得了更大胜利。当然，色雷斯人的处境没有恺撒那么绝望。斯巴达克斯在兵力上超过了敌人：他有 3 万人，而每个执政官集团军最多有 1 万人。事实上，由于在与克里克苏斯的战斗中损失惨重，格利乌斯的兵力可能更少。与恺撒不同，斯巴达克斯有时间也有空间依次攻击敌人。然而，像恺撒一样，如果斯巴达克斯没有赢得手下的信任，就永远不可能成功。我们只能想象他在战前动员演讲中会如何鼓舞士气。但传达的信息就像吹响号角一样清晰：进攻！

仅是进攻这一行动就可能震惊罗马人，他们原本期待被围攻的敌人会采取守势。斯巴达克斯首先追击了伦图卢斯的军队；有资料称，反叛军冲上前去投入战斗。[12] 像斯巴达克斯这样老谋深算的指挥官，可能会把部分军队部署在山丘后面，然后让他们倾巢而出震慑敌人。他可能充分运用了骑兵。如果骑兵适时出击，便能打乱敌人的阵型，尤其是几乎没有防护的轻装步兵。罗马军通常使用箭和投石器来反击骑兵，但并不是次次奏效。例如，骑兵的突袭冲锋可以阻击弓箭手和投石手，避免造成大量伤亡。如果军团能固守阵地，可以结成密集阵型来阻止骑兵的冲锋，这样几乎能形成一堵盾墙，留有足够的空间用长矛突围。马匹不会冲撞硬物或类似硬物的东西。然而，困难在于如何坚守阵地，因为骑兵冲锋足以吓坏没有经验的士兵。在后来的一场战斗中，罗马人似乎对斯巴达克斯的骑兵采

102

取了额外的预防措施，这表明他们曾有惨痛的经历。

无论如何，斯巴达克斯用这种战略削弱敌人的攻击力，之后可能派出了步兵。他们肯定会以凯尔特人、日耳曼人和色雷斯人令人丧胆的狂暴气势出击。我们可以猜测，个别壮士的勇猛表现会带来巨大的回报。只需要让几个敌人陷入阵中，或让一名威猛的骑兵疾驰而过并掠走一名敌军，或与一名敌军成功进行一对一搏斗，就可能使一支军心动摇的军队转身逃跑。

无论反叛军如何进攻，罗马人都惊慌失措地弃阵而逃了，他们侮辱了军团的传统。反叛军的袭击当然可怕，但一支纪律严明的军队会坚守阵地。罗马人通常军纪严明：他们拥有与野蛮人作战的丰富经验，他们经常打败比自己更强大的军队。然而，在公元前72年，他们所接受的训练、他们被赋予的职责以及他们的指挥官显然都做不到让军团坚守阵地。有资料记载，斯巴达克斯打败了伦图卢斯的几员副将，并缴获了他们的辎重。[13] 另有资料说，罗马人乱了阵脚，放弃了阵地。[14] 还有资料记载，斯巴达克斯"彻底歼灭"了伦图卢斯的军队。[15] 然后，他转而攻打格利乌斯的军队并击溃了他们，具体细节没有留存下来。

缴获的辎重为斯巴达克斯提供了各式各样的工具：餐具、炊具、挎包、篮子、铁钩、皮带、铁锹、铲子、锯、斧子、镰刀和手推车等。他们从战俘甚至死人身上拿走了可随身携带的武器装备：备用箭头、长矛、盾和护颈等。斗篷和便鞋可能是珍贵物品。但最珍贵的是装在驮畜拉车里的食物。

在格利乌斯和伦图卢斯的指挥下，罗马军从战场上溃逃。公元前216年，汉尼拔在坎尼战役中大败了罗马军；公元前72年，斯巴达克斯在亚平宁山脉再次羞辱了他们。迦太基人杀害了成千上万的罗马人。那个色雷斯人造成的伤亡要少得多，但他说到做到了。现在，他开始进一步损害罗马人的骄傲。

15年后，西塞罗在公元前57年的一次演讲中提到了斯巴达克斯的侮辱。西塞罗说，没有什么比这"更败坏、更畸形、更变态、更令人不安了"。[16] 斯巴达克斯为奴隶们安排了角斗赛——一项罗马通常为自由人保留的表演节目。斯巴达克斯用角色互换实现了痛苦的扭转：他让奴隶成为观众，让罗马人成为角斗士。[17]

104

角斗赛在克里克苏斯的葬礼中上演了。斯巴达克斯可能从信使或克里克苏斯军中的幸存者那里得到了战友战败身亡的消息。让一对角斗士在伟人的墓前角斗是古老的意大利习俗——这对我们来说是野蛮的，但在古代是尊荣的象征。斯巴达克斯不仅安排了角斗比赛，还用一场宏大的仪式来纪念倒下的凯尔特人。斯巴达克斯调集了300名（另有记载为400名）罗马囚犯，让他们围着火葬堆殊死搏杀，如果没有找到克里克苏斯的尸体，那么火葬堆就是他的象征。这是一场大规模的角斗祭。这简直就是一场人祭：纪念死者的辉煌，羞辱即将死去的罗马人，提升组织者的声望。

对士兵们来说，这是多么鼓舞士气啊！通过这场角斗赛，他们宣示了自己的自由。在罗马，只有凯旋将军、裁判官和执政官才有资格在葬礼上举办角斗赛。斯巴达克斯将这份荣耀给了克里克苏斯，以示平等。他甚至含蓄地声称自己是罗马人。他挥舞着罗马标志，就像他出生在罗马一样。

作为角斗士，斯巴达克斯处于社会最底层。作为指挥者，斯巴达克斯在罗马人眼中具有崇高的地位。因此，正如一位罗马作家所说，斯巴达克斯实际上已经洗脱了先前所有的恶名。[18] 与此同时，他狠狠给了罗马一记耳光。

击败执政官的军队后，斯巴达克斯和他的军队继续向北穿越群山。从亚平宁山脉下来时，他们眼前是帕杜斯[Padus，今作波（Po）]河流域广阔平原的壮美景色。他们进入了山南高卢行省，即罗马人所称的意大利最北端"阿尔卑斯以南的高卢地区"。该行省一直延伸到阿尔卑斯山脉；在这个时代，那里的大部分居民还不是罗马公民。

他们的探子可能会告诉反叛军，麻烦就在眼前。亚平宁山脉以北约 10 英里的地方是穆提那。该行省约有十个古罗马殖民地，穆提那是其中之一，也是地方总督盖乌斯·卡西乌斯·朗吉努斯（Gaius Cassius Longinus）的大本营。作为总督，卡西乌斯有一支包含两个军团（约 1 万人）的常备驻军。他很可能得到了裁判官克奈乌斯·曼利乌斯（Cnaeus Manlius）的协助。

一年前，也就是公元前 73 年，卡西乌斯是罗马两位执政官之一，更早的时候还担任过铸币官和裁判官。卡西乌斯来自世家大族，仕途坦荡，但更出名的是他的儿子，他的儿子也叫卡西乌斯，因谋杀恺撒而广为人知。正如后来莎士比亚所述，他的儿子看上去饥饿消瘦、思虑过多，父亲可能也是如此。他是罗马在斯巴达克斯和阿尔卑斯山之间仅存的一张王牌。卡西乌斯向他发起挑战。一位作家说："当斯巴达克斯向阿尔卑斯山挺进时，遇到了卡西乌斯……的阻击。"[19]

战斗中只有最基本的细节留存下来。罗马人大败于反叛军，损失惨重，卡西乌斯勉强逃脱。从此，他再也没有在公共事务中担当重任。

通往阿尔卑斯山的大门已经被完全打开了，但斯巴达克斯没有继续前行。他突然决定挥师南下。斯巴达克斯的策略让人不解。据推测，他的目标本该是阿尔卑斯山，他也打败了所有阻击他的军队，然而他在有机会穿越阿尔卑斯山时，却折返至意大利南部。如果他一心想要穿越阿尔卑斯山，为什么放弃了呢？人们进行了许多推测，但最好的解释已在古代资料中有所暗示。斯巴达克斯的军队可能否决了他的计划。过去，他们从未想过离开意大利；现在，成功可能让他们得意忘形，激起他们对罗马的幻想。也许斯巴达克斯最开始时隐瞒了真相，在向北行进时告诉自己的军队，他们要在意大利的另一个地方扩大起义并寻找战利品。到达帕杜斯河平原时，他试图说服军队越过阿尔卑斯山，但要改变他们的主意已为时已晚。

对他们的最后一击可能是他们看到了远处的阿尔卑斯山。从平原仰望意大利阿尔卑斯岩壁的人都能感受到群山带来的压迫感。斯巴达克斯军中的大多数人可能从未见过阿尔卑斯山，许多人从未离开过意大利南部或中部。

也许还有其他原因，从色雷斯传来的消息可能让斯巴达克斯停下了脚步。地方总督马库斯·泰伦提乌斯·瓦罗·卢库卢斯战胜了与米特拉达梯结盟的色雷斯人。现在看来，斯巴达克斯想带领军队在色雷斯找到安全之所比以往任何时候都困难了。

也许斯巴达克斯已经染上了日本人后来所说的"胜利病"。[20]一位罗马作家说，斯巴达克斯"因自己的胜利而欣喜若狂"，[21]这或许只是某种推测。也许他愚蠢地相信自己是不可战胜的，也许他忘记了罗马人对待入侵者反应缓慢但毫不留情。他可能给了自己任何将军都负担不起的奢侈：希望。

事件发生了令人惊讶的反转，一些学者认为，斯巴达克斯从一开始就没计划穿越阿尔卑斯山。但古代作家对这个计划非常重视，他们比我们更了解斯巴达克斯的动机。当然，他们可能在一定程度上进行了猜测，因为我们尚不清楚罗马人是否仔细地盘问了被俘叛军。两者相比，我更倾向于他们的推测。

于是，叛军再次南下。他们有了新目标，他们说：我们要去罗马。一位古代作家记录："正如当年汉尼拔兵临城下，恐惧在罗马城蔓延。"[22]毫无疑问，罗马人被吓坏了，但我们可能会怀疑：他们需要如此恐惧吗？斯巴达克斯真能威胁到一座连汉尼拔都无法撼动的城市吗？十年前，也就是公元前82年，在马略和苏拉进行的内战中，一支试图占领罗马的军队彻夜鏖战。天亮后，这支军队全军覆没。斯巴达克斯怎么能赢？

首先，他轻装行军，烧掉了不必要的物资，屠杀了驮畜，并杀光了所有战俘。杀掉战俘可能是为了震慑敌人。其次，斯巴达克斯拥有一支庞大的军队。

斯巴达克斯在开战时兵力有3万，人数超过了迄今为止所有的对手，但这还不足以进攻罗马。每场胜利都提升了斯巴达克斯的声誉，因此可能不断壮大了他的队伍。新兵可能来自意大利中部和北部，而克里克苏斯战败后的残兵也可能会投靠斯巴达克斯。他肯定会欣然接纳其中的大部分人。

据古代资料记载，斯巴达克斯打败卡西乌斯后，赶走了"许多投靠他的逃兵"。[23]这些"逃兵"的身份是个值得探讨的问题。他们有可能是军团士兵，更有可能是为罗马军提供支援的奴隶。赶走他们不仅是一种蔑视的姿态，或许也是经过客观评估后的决定，斯巴达克斯认为他们很可能会从事间谍活动，根本不值得信任。

斯巴达克斯不可能拒绝优秀的士兵，因为罗马人即将再次发起进攻。两位执政官格利乌斯和伦图卢斯已重新集结军队并联合起来。除去死伤者和尚未补充的兵力，他们现在拥有四个军团，约2万人。如果斯巴达克斯当年以三比一的优势战胜了对战的第一支罗马军，在公元前72年末，面对执政官集团军时，他的兵力应该有6万人。

基于所有的假设，根据以上所述，结论都很明确：我们不清楚斯巴达克斯有多少兵力。但可以进行有据推测，公元前72年末，起义高峰时期有6万名士兵。[24]这个数字是合理的，甚至是保守的。事实上，6万是古代资料中对斯巴达克斯全盛期军队规模的最低估算；其他数字还有9万、10万多和12万。[25]

除去士兵，还有数量不详的平民：妇女、儿童，甚至可能还有老人。

斯巴达克斯和执政官集团军的决战发生在意大利中北部的皮克努姆（Picenum）。这场战斗也缺乏细节记载。但有资料称，这是一场激战。显然，斯巴达克斯一路奏凯，他有信心以自己的方式与罗马人交锋。关于这场战役或更早由执政官伦图卢斯指挥的一场战役留下了一小段记载，但无法确定具体是哪一场。记载如下：与此同时，伦图卢斯（放弃了）高地，他曾牺牲大量士兵，以双重战线守卫这里。在士兵的行囊附近看到了军官斗篷，增援步兵队的身影依稀可辨。[26]

这似乎意味着伦图卢斯在一座小山上占据了防御阵地，他把军队分成了多条防线。如果恺撒在高卢，也会采用同样的策略。尽管反叛军不得不从山下往上进攻，他们还是给伦图卢斯的军队造成了重大伤亡。显然，伦图卢斯曾请求支援，但直到增援部队到达附近时，他才骑马离开。或者，这个支离破碎的记录可以被重新构建。

简短的句子充分说明了古代战争的情况。伦图卢斯被孤立在一座小山上，只能依靠肉眼寻找前来增援的军团。军团并非一下子出现，而是分散出现。首先看到的是指挥官们的紫色斗篷，然后是一些分散的步兵队。"士兵的行囊"应该指的是增援部队正向伦图卢斯的士兵丢掉行囊之处附近行进。

这个场景表明，反叛军正处于最佳状态。他们孤立了一支敌军。上山进攻属于很难的战术移动，在这一行动中，轻型装备增加了他们的机动性。反叛军在增援部队到达之前没有消灭伦图卢斯的军队，但重创了他们。也许伦图卢斯希望援军能扭转战局，但事实并非如此。或许山上的反叛军依然强大，出其不意地攻击了援军并压制了他们，或许斯巴达克斯派出了新部队来对抗援军，这也显示出他在战场上的指挥和掌控能力。

罗马人输掉了这场战斗，再次从战场上逃离。斯巴达克斯可以感到心满意足，但也应该重新考虑攻打罗马是否可行。正如古代资料所述："他改变了前往罗马的想法，他的军队不适合这种作战行动，士兵们也没有做好出战准备（因为没有城邦与他协同作战，他的军队只有奴隶、逃兵和暴民）。"[27]

罗马的石头城墙厚度超过 13 英尺，有些地方高达 30 多英尺。城墙周长近 7 英里，墙内面积约 1000 英亩。斯巴达克斯没有攻城器械，也没有能操控器械的射手。他的士兵几乎没有攻略城池的经验。

斯巴达克斯在公元前 72 年的战绩不容乐观。他一路奏凯，但同伴克里克苏斯的军队全军覆没，克里克苏斯也死了。与此同时，罗马人拒绝接受失败。无论斯巴达克斯如何重创罗马军，罗马人没有停止反扑。他们当然会卷土重来。比起开辟一条前途渺茫的新战线，为下一场战斗做好准备是更明智的选择。于是反叛军重返意大利南部，很可能回到了图里。

在那里，起义军再次遭遇了可能由代理执政官曼利乌斯指挥的罗马军。他们打败了罗马军，缴获了丰富的战利品。至此，他们的征程还算圆满，然而他们应该思考自己究竟得到了什么。

综合古代军队的行进速度以及停驻休息、搜寻食物和战斗所需的时间，他们大约完成了 1200 英里的艰苦行军，至少花费了四五个月的时间。他们打了四场仗，哀悼了他们在第五场战斗中战败的同伴，同时还囤积了战利品。他们埋葬了老战友，吸引了新成员。

他们可以为成为意大利最具优势的军队而自豪。然而，大部分人会把这一切归因于诸神，也许主要归功于狄俄尼索斯。事实上，反叛军的真正实力取决于他们能否击败下一支罗马军。自负的反叛军和悲观的罗马人还没看到他们的踪影，然而罗马军肯定会来。

到夏末，公元前 72 年的意大利经历了两件大事：一件是斯巴达克斯的远征，另一件是罗马的耻辱。一支武装起来的乌合之众打败了一支正规军。

加图是为数不多的杰出人物之一，但他也曾被人蔑视。年末，加图的指挥官向他颁发军事奖赏，可能是花冠、颈饰、金袖章，也可能是罗马最优秀的军团士兵才能获得的勋章。然而，加图拒绝了。家族自豪感不允许他在自己的军队受辱时接受荣誉。

加图的曾祖父监察官加图曾讥笑一位指挥官，因为他的士兵通过挖沟或凿井就能得到花冠作为奖赏。[28] 监察官加图说，在罗马还有相关标准的时候，想得到这些奖赏至少要烧毁敌人的营地。加图的叔叔德鲁苏斯也曾拒绝接受荣誉。他很清楚接受荣誉会遭到矮化和恶评。[29] 如果加图接受奖赏，而他的兄弟没有，那么他会被敌视，而资料并没有提到凯皮奥曾受到嘉奖，所以加图拒绝了所有荣誉。

没有几个罗马人像加图一样哀叹国家的失败。他生活简朴，以公共利益为重，坚守道德。大多数罗马政治家，包括他的盟友，最终没有达到加图的标准。加图的朋友西塞罗感受到加图的痛苦，他曾经愤懑地写道，加图以为自己生活在柏拉图的理想国里，而不是罗慕路斯（Romulus）的阴沟里。[30] 公元前 72 年，加图确实有理由愤懑不平。

第三部分

溃败

第六章

嗜血者

公元前 72 年秋，罗马军团迎来了一位新指挥官。他决心整顿军纪，恢复了一种残酷又古老的惩罚方式。50 名临阵脱逃、使军团蒙羞的士兵被罗马军俘获、定罪并处决。每个人都死在其余 9 名战友的棍棒之下，处死之人由抽签产生，下一个被处决的可能就是行刑者。共有 500 名士兵因渎职被抓，每十人抽签杀一人，因此这种惩罚方式被称为"十一抽杀律"（decimation，英语是 decimal，指 1/10）。新上任的罗马指挥官希望士兵畏惧自己更甚于畏惧斯巴达克斯。这位指挥官就是马库斯·李锡尼·克拉苏（Marcus Licinius Crassus）。

一尊幸存下来的大理石半身像[1]很可能是克拉苏的肖像，我们可以从中读出大量信息。正视这尊半身像，你会看到他的果敢与决心：他的面部肌肤紧致，嘴唇上扬，下巴紧绷，双眉向下，颈部肌肉充满张力。然而，从侧面看，他有双下巴，眼角鱼尾纹非常明显。他的五官充满力量，还透着谨慎和多疑。

这尊半身像发现于罗马李锡尼家族墓地，李锡尼家族是罗马最显赫的家族之一。然而，这尊半身像还有多尊复制品，这表明它们刻画的是位重要人物。雕像风格与罗马共和国晚期风格相吻合。学界一致认为，这尊半身像就是马库斯·李锡尼·克拉苏。

克拉苏在元老院的授意和人民的支持下接管了指挥权。此举显示了他的政治胆略和赏罚公正。克拉苏以自己的方式复刻了斯巴达克斯的行事之道。这并不意味着克拉苏想要颠覆罗马：事实也远非如此。然而，克拉苏和斯巴达克斯一样，不会墨守成规。他要以自己的方式登上罗马的政治巅峰。克拉苏不想或无法赢得旧贵族的认可，但他博取了平民的支持，并与新崛起的政治力量达成交易。那些自称"贵人"（optimates，字面意思为"好人"）的罗马保守派不赞同这种做法。若有其他选择，元老院保守派绝对不会起用克拉苏这种人。然而，来自斯巴达克斯的巨大压力使克拉苏成为风云人物。

克拉苏来自罗马最为显赫的家族之一，但在腐朽年代，家族的荣光已然黯淡。克拉苏在与其他罗马人的作战中展现了优秀的指挥才能，他尤其擅长利用他人的痛点和苦难。他不是一个严守道德的人，会选择性地作恶。例如，他摆脱了一项勾引维斯塔贞女的指控，声称自己仅是贪婪而非不敬，只看中了她的财产而非她的贞操。

他大约出生于公元前 115 年，在 40 岁出头的年纪，已经成为意大利最富有但最朴素的人。他生活节俭，在他眼里，大理石建起来的罗马比不上泥砖建成的罗马。克拉苏拥有一支私人灭火队，他经常"趁火打劫"，诱骗房主在房子烧光前以极低的价格出售房屋。然而，他从未给自己置办过度假别墅。赚取巨额财富是克拉苏的首要目标，他想要的不是安逸生活，而是政治权力。克拉苏是一名优秀的将领，但没有庞培（或者后来的恺撒）那样的军事天赋，他明白要想取得政治成功必须购买选票。他利用钱财到处施恩：给富人借贷，给穷人施舍，给权贵利益。虽然克拉苏身上不乏罗马贵族那种刻薄和傲慢，但他赢得了人们的支持。

公元前 72 年，他高涨的人气带来了回报。据我们了解，为了对付斯巴达克斯，元老院和罗马人民赋予仅为普通公民身份的克拉苏一项特殊指挥权（罗马人称之为"proconsular imperium"），这是一种几乎没有限制的权力。此举实属罕见，因为指挥权通常仅授予公职人员。更令克拉苏欣喜的是在西班牙抗击塞托里乌斯的庞培也拥有类似的指挥权。庞培是罗马的最高将领，也是罗马最有野心的政治家。克拉苏将庞培视为自己最主要的政治对手，而今自己已与他势均力敌。战败受辱的执政官伦图卢斯和格利乌斯都属于庞培阵营，这无疑更增加了他的胜算。

　　克拉苏统率的军队必将奋力向前。克拉苏意志坚定，但命运多舛。就在 30 岁生日前，克拉苏亲眼看到父亲的头颅被砍下，悬挂在罗马广场的讲坛上。马略攻占罗马时，这位骄傲的老人宁愿自杀也不愿投降。克拉苏当时无足轻重，因而逃过一劫。两年后，也就是公元前 85 年，内战再起，形势紧急，克拉苏被迫逃亡。

　　他一路逃到了西班牙。为了躲避支持马略的行省政府，在一位世交好友的庇护下，克拉苏在一个山洞里藏了八个月。最终，位高权重的马略去世了。克拉苏一听到他的死讯，立刻出面行动。

　　他募集了一支 2500 人左右的军队。正如克拉苏后来所言，一个无力用自己的财产维持一支军队的人算不上一个富人。克拉苏的军队是从朋友和家族支持者中挑选出来的精兵。然后，他搜集了一些船只，与这些人一起渡海到非洲投奔反对马略的总督昆图斯·凯西里乌斯·梅特卢斯·皮乌斯（Quintus Caecilius Metellus Pius），但随后两人反目。克拉苏并未气馁，他来到希腊，加入了苏拉领导的对抗马略的军队。公元前 83 年，他跟随苏拉和军队一起回到了意大利，讽刺的是斯巴达克斯当时可能正在罗马军的辅助部队里服役。公元前 82 年的春季，苏拉派克拉苏在意大利中部招募士兵，克拉苏大获成功。他还攻占了托迪（Todi）城，在那里，他被指控独吞了大部分战利品。如若属实，这与后来斯巴达克斯平分战利品的做法形成了鲜明对比。

年轻的克拉苏在罗马城墙外迎来了决定命运的时刻，这是意大利半岛上一系列血战的最后一场战斗。苏拉在罗马城墙东北部的科林门（Colline Gate）袭击了马略的军队。这场战斗始于公元前82年11月1日傍晚，一直持续到深夜。马略将苏拉的中路和左翼军队困在了城墙边。苏拉只有右翼军队获胜，而这决定了整场战斗的胜败，因为他们又击溃了敌人的左翼，并继续追击了两英里。苏拉右翼军队的指挥官正是克拉苏。

根据我们仅有的信息，苏拉是使科林门战役胜利的决策者。克拉苏只是执行了战略计划，但他完满完成了任务，而且胆识过人。这足以让他财富剧增。随着苏拉大胜，此后十年，克拉苏放下了手中的剑，专心致志于敛财和政治活动。

苏拉上台时，500多名非富即贵的马略支持者被宣布为公敌。这些人的名字被列在公开的名单上，因而罗马人称之为"公敌宣言"。被宣布为公敌的人遭到追捕，并被杀害。他们的财产被没收，或被像克拉苏这样的人以低价收入私囊。十年后，斯巴达克斯战争爆发时，克拉苏的资产已包括以下内容：意大利农村和罗马城的房产；矿山，很可能是西班牙行省的银矿；数目庞大的奴隶，其中一些可能已被租借出去。出身富贵的克拉苏成为超级富豪。

克拉苏的机遇出现在公元前72年的秋季，罗马委派他担任特殊指挥官，与斯巴达克斯作战。克拉苏想要这项指挥权的原因不难理解，这将会成就他的事业。到那时为止，他的政治建树没有满足他的雄心壮志。他似乎担任过裁判官一职，但一直没有出任过罗马的最高职位——执政官。特殊指挥权给他打开了通往军事荣耀的大门，让他在仕途上更具优势，击败斯巴达克斯将会是克拉苏对抗庞培的王牌。另外，克拉苏在经济上也面临危机。他在意大利南部拥有奴隶经营的大庄园，而这正是斯巴达克斯的攻击目标。镇压叛乱不仅会给克拉苏带来荣耀，还会拯救他的投资。

毋庸置疑，罗马人一定会选择克拉苏。他战功赫赫，极具声望，而且富可敌国。因为财力雄厚，克拉苏可能以向国库发放长期贷款的方式，用自己的财富支付了一部分军费。罗马的军费预算已经花费在西班牙、色雷斯和小亚细亚的军队以及克里特岛附近的海军身上。

克拉苏已经证明了自己拥有集结军队的能力。目前的紧急局势下，急需一名经验丰富、可以迅速充实军队的征兵指挥官。此外，克拉苏曾是苏拉麾下的将领，应该能够说服某些曾跟随苏拉的退伍老兵重回军中服役。他们中的许多人已经不再年轻，但与新兵不同，有经验的老兵不会在敌人冲锋时逃跑。斯巴达克斯战争遗存下来的资料中有这样一句话："即便身体老去，仍然具有战士的品格和勇气。"[2] 我们不知道这句话指的是什么，但如果把它设想为克拉苏的征兵口号，将会多么振奋人心。

克拉苏不是亚历山大大帝，但他知道如何战斗。克拉苏在西班牙对叛军的非常规战术有所了解，那里的叛军曾与罗马军顽强地对抗了两个世纪。

公元前93年，大约20岁的克拉苏见证了父亲普布利乌斯击败卢西塔尼亚人并庆祝了凯旋，而卢西塔尼亚人特别擅长非常规战。普布利乌斯曾担任远西班牙（Hispania Ulterior，今葡萄牙和西班牙西部）的总督，任期为3—4年（公元前97—前93年）。年轻的克拉苏陪伴在父亲身边，在那场战争中，他可能曾在父亲军中服役。由普布利乌斯指挥的战争的细节没有保存下来。既然举办过凯旋式，他肯定取得过一次或多次胜利，但我们可以怀疑他能否应对敌人的快速袭击和诡计。罗马人极少与卢西塔尼亚人对战。

卢西塔尼亚人向来善于掠夺和偷盗。他们最伟大的首领维里阿图斯利用游击战与罗马人缠斗了八年（公元前148—前139年）。维里阿图斯十分精明，没有遂了罗马人的心愿，与他们进行一场激战。陷入困境的罗马人袭击了支持维里阿图斯的城中平民，并最终将他暗杀。失去首领的卢西塔尼亚人媾和了，但和平并没有持续下去。卢西塔尼亚人一次次起义，一次次遭到罗马人的报复。例如，在普布利乌斯担任总督之前的十年间，有两位罗马将领因战胜了卢西塔尼亚人而举行了凯旋式。更近些的年份，卢西塔尼亚的轻步兵和骑兵成为塞托里乌斯在西班牙半岛叛乱（公元前80—前72年）的核心力量。维里阿图斯和塞托里乌斯都擅长速击、机动战、诡战、伏击、夜袭以及其他非常规战术。

121　　　卢西塔尼亚人对罗马采取了刁滑的战争策略。就在普布利乌斯与维里阿图斯作战的时候，罗马在近西班牙附近面临更胶着的战况。围攻是主要战术，持久战与诡战并重。这场战争给了克拉苏残酷的教训。

公元前98—前93年，在普布利乌斯的同僚提图斯·狄第乌斯（Titus Didius）担任近西班牙总督期间，为了剿灭当地土匪，他将发生叛乱的西班牙小城围困了九个月。最终，他以赠与土地的方式成功劝降。然而，狄第乌斯刚刚掌权，就下令进行大屠杀。男女老少都被赶到峡谷里，惨遭杀害。

罗马在西班牙规模最大的围攻发生在努曼提亚（Numantia）。努曼提亚是一座防御坚固的城市，公元前154—前133年的20年间，大部分时间都在与罗马作战。至少有五六名罗马指挥官在努曼提亚经历了失败和屈辱。最后，在公元前134年，罗马委派西庇阿·埃米利亚努斯（Scipio Aemilianus）出战，他曾于公元前146年征服了迦太基。西庇阿组建并训练了一支新军。然后，他切断了努曼提亚的粮食供应线。之后，他在努曼提亚城外筑起了一道巨大的防御工事，并在七个堡垒派驻了日夜巡逻的罗马军。西庇阿需要做的只剩下耐心等待。整座城市慢慢水尽粮绝，甚至到了人人相食的地步，努曼提亚最终投降了。50名幸存者在西庇阿的凯旋式中游行示众，其余的被卖为奴隶。努曼提亚被毁，领土被邻邦瓜分。

西庇阿的策略粗暴又直接。6万名罗马和联盟士兵才能击败4000名努曼提亚守军。即便如此，克拉苏备战斯巴达克斯时，可能参考了西庇阿的战略。像西庇阿一样，克拉苏也拥有特殊指挥权。像父亲普布利乌斯一样，他也要面对敏捷又狡猾的敌人。如果与斯巴达克斯正面交锋，他很可能会像先前几名指挥官一样有战败的风险。为何不把斯巴达克斯引入陷阱，然后围攻呢？为何不以智取胜呢？我们姑且把这种策略称为努曼提亚策略。

这也是镇压叛乱的经典策略：先定位，再包围，最后消灭。[3]打败斯巴达克斯后，克拉苏必须把他赶入罗马人可以断其援助和补给的绝境。之后，克拉苏就能把他赶尽杀绝。

若要如此，需要对意大利南部的地形非常了解。幸运的是，克拉苏恰恰对那里的情况了如指掌。公元前90年，他的父亲普布利乌斯回到意大利，与罗马叛军联盟在卢卡尼亚交战。当时，年仅20多岁的克拉苏很可能曾与父亲并肩作战。虽然普布利乌斯输掉了战争，但克拉苏对这片土地有了相当的了解。克拉苏在卢卡尼亚的权势延伸到赫拉克利亚，他的父亲曾授予当地一位重要居民罗马公民身份。卢卡尼亚的南面是布鲁提乌姆行省，克拉苏的势力也曾延伸至此。公元前82年，苏拉获胜后，克拉苏曾从马略派手中夺取了一处庄园。

公元前72年的夏末或初秋，克拉苏从执政官格利乌斯和伦图卢斯手中接过指挥权。11月前后，[4] 他们回到罗马，主持元老院会议。根据普鲁塔克的记载，盛怒下的元老院剥夺了他们的指挥权，但没有罢免他们的职务。[5] 另一种可能是，执政官们达成协议，自愿辞职，克拉苏会支持他们竞选监察官——也就是说，他们接受了这种明升暗降的安排。

事实证明，这两位执政官更适合成为立法者而不适合做将军。他们通过了一项法律，允许指挥官以罗马公民权来奖励表现英勇的士兵。克拉苏新招募的军团士兵都是罗马公民，但在山南高卢的士兵还没有公民身份。如果斯巴达克斯折回，这项新法律会激励罗马军奋勇作战。

克拉苏新招募了六个军团：约3万名士兵。他现在拥有六个军团的兵力，还有先前格利乌斯和伦图卢斯麾下四个军团的残部——约1.6万人。如此，克拉苏手下约有4.5万名军团士兵。这是一支庞大的军队，与恺撒后来征服高卢的军队规模相当，是罗马人先前为剿灭斯巴达克斯所派兵力的两倍。如果斯巴达克斯有6万人左右的兵力，那么他的兵力超过了罗马兵力，但这对克拉苏来说不是问题。罗马军事原则注重的不是军队规模而是军队素养，他们经常以寡敌众，尤其对手是那些他们眼中的野蛮人。此外，在打垮色雷斯人之前，克拉苏没有与斯巴达克斯开战的计划。

与此同时，克拉苏出任统帅为战争注入了活力。许多罗马精英，尤其是克拉苏的朋友和盟友，都投到这位科林门之战的英雄麾下效力。克拉苏的支持者主要是元老院的普通成员，他们不是元老院的上层掌权者。他麾下的五名军官是：昆图斯·玛尔西乌斯·洛福斯（Quintus Marcius Rufus）、穆米乌斯（Mummius）、凯乌斯·庞普提努斯（Caius Pomptinus）、卢西乌斯·昆克提乌斯（Lucius Quinctius）和克奈乌斯·特雷梅利乌斯·斯克罗法（Cnaeus Tremellius Scrofa）。昆克提乌斯出身寒微，据我们所知，洛福斯和庞普提努斯也来自普通家庭，家族中没人担任过公职。特雷梅利乌斯·斯克罗法来自名门望族：这个家族出过六位罗马裁判官，但没人担任过执政官。

只有穆米乌斯的家族广为人知。卢西乌斯·穆米乌斯·阿凯库斯（Lucius Mummius Achaicus）曾在公元前146年担任执政官，并洗劫了科林斯。然而，我们不清楚克拉苏军中的穆米乌斯是否和他同出一族。即便同属一宗，穆米乌斯并不具备这位先辈的天赋。他在战争初始就犯了一个让克拉苏陷入困窘的错误。

罗马军再次南下。在埃布鲁姆，皮凯蒂尼山脉像块石碑，在平原上突然拔地而起。我们可以想象，克拉苏的大军在此安营扎寨。安尼亚大道穿过埃布鲁姆，克拉苏可以从这里控制锡拉鲁斯河谷和通往卢卡尼亚的隘口。前往皮森提亚（Picentia）必须经过这里，而皮森提亚又是坎帕尼亚和卢卡尼亚之间的门户。皮森提亚仿佛处于文明世界的边缘地带。它的南部在斯巴达克斯的掌控之下，那里山峦起伏、崎岖不平，克拉苏的新军无法安全穿越。皮森提亚非常适合安营扎寨，萨勒努姆和帕埃斯图姆（Paestum）之间的土地物产丰盈，足以养活克拉苏的大军，如今那里还出产意大利最著名的马苏里拉奶酪，宽广的地域也方便训练士兵。

而斯巴达克斯似乎已经从图里向北进入卢卡尼亚西北部，或许又回到了阿蒂纳斯，一年前他们劫掠过这个地方。现在又到了收获季，一年前他们正是在收获季袭击了这里，粮食再次吸引了斯巴达克斯的军队。此外，对于斯巴达克斯这样精明的指挥官来说，阿蒂纳斯还具有其他优势：这里是威慑恐吓克拉苏的好地方，同时他的侦察兵可以在这里观察罗马新军。克拉苏也在给对手施压。他派出了两个军团迂回尾随斯巴达克斯。例如，他们可能向北进入锡拉鲁斯河上游的山谷，然后向东，再向南折返到沃尔塞伊［Volceii，今作布奇诺（Buccino）］。这条路绕过了安尼亚大道，而且相对平坦。

克拉苏把两个军团的指挥权交给了穆米乌斯。据文献记载，这两个军团先前由伦图卢斯和格利乌斯指挥，不是克拉苏招募的新军。[6]克拉苏下达了明确的军令：穆米乌斯要紧跟斯巴达克斯，但不能和他交锋，也不许进行小规模散兵战。显然，这个计划是为了向斯巴达克斯施压，同时规避被久经沙场的军队打败的风险。然而，穆米乌斯没有服从命令，遇到看似有利的时机就挑起了战斗。也许他已经占据了有利地势，也许他的侦察员说敌人已经放松了警惕。无论如何，穆米乌斯吃了败仗。据记载，"许多士兵被杀，另一些则丢掉武器逃命"。[7]在古代世界，为了活命而丢弃武器是极大的耻辱：这是懦夫所为。逃兵悄悄撤回了皮森提亚的罗马营地。

如果罗马人能保持紧密阵型，形成墙阵，就有可能挡住敌人的冲锋。然而，罗马人临阵脱逃。对叛军来说，这是野蛮人的最佳作战方式。

克拉苏将这场惨败转变为整顿军纪的好机会。罗马新统帅的原则就是摒弃失败主义。首先，他痛斥了穆米乌斯——具体如何，我们不得而知。接着，克拉苏重新武装了丢弃武器的士兵，让他们发誓绝不丢掉手中的武器。然后，他率领部队进攻敌人。

克拉苏命令最先逃跑的500名士兵返回营地，普鲁塔克用古斯巴达术语称他们为"颤抖者"。[8]这500名士兵或许属于同一个步兵队，克拉苏将他们十人一队分为50队，用抽签的办法从每队中抽出一人处死。共有50人受到了十一抽杀律的惩罚。

十一抽杀律是一种已被废止的古罗马军事惩戒手段，克拉苏将其恢复了。根据传统的行刑方式，行刑者们活了下来，但

125

只能在主营的防御工事外扎营。他们不能吃小麦，要吃饲养牲畜的大麦。资料没有记载克拉苏的军队经受了多长时间的羞辱。这是一种象征性的羞辱，但也非常危险，因为他们没有任何防护地暴露在反叛军的袭击之下。

克拉苏在军中确立了自己的地位。如古代资料所述，他让自己比敌人更可怕。[9] 这是一种极为严苛的军事纪律。十一抽杀律可能把士兵的注意力从斯巴达克斯身上转移到克拉苏身上。或许，现在有人想起，克拉苏的祖父曾有个绰号叫"不笑的人"（Agelastus）。无论是固执己见还是过于残暴，克拉苏无可争议地掌控了权力。

也许是为了显示权威，克拉苏现在采取了攻势，率军主动出击。斯巴达克斯穿过卢卡尼亚向南撤退。我们现有的资料暗示，[10] 斯巴达克斯和高层指挥官在没有受到任何攻击的情况下做出了这个决定。他们显然了解克拉苏的实力，认为无法与之匹敌。与其冒险与罗马人在皮凯蒂尼平原上正面交锋，不如把他们引入卢卡尼亚山区。

但很难想象，斯巴达克斯如何说服他庞大的军队在战胜穆米乌斯后放弃前进。此外，权衡罗马军队的变化需要具备难以想象的远见。当然，反叛军在醒悟前必须付出血的代价。这让我们注意到其他资料和更可信的记载，至少部分内容更可信。

在这个版本中，克拉苏的军队很快就遇到了斯巴达克斯的一支分遣队。[11] 这支分遣队约有 1 万人，独自扎营。这些人在做什么尚不清楚。也许他们被派去追踪罗马人，也许是寻找补给，也许这是一支从反叛军阵营中分裂出来的派系。无论如何，罗马人袭击了他们。凭借人数上的巨大优势，克拉苏的军队大获全胜。据资料记载，他们歼灭了 2/3 敌军，仅俘虏了 900 人。这些数字令人难以置信，但如果属实，这表明反叛军不惧死亡，几乎没人弃战逃生。

127　　　　这是反叛军的一次巨大失败，也是克里克苏斯死后最大的挫败。更糟糕的是，罗马人现在有了一位可以不断施压的指挥官。克拉苏现在转向对付反叛军的主力。我们可以猜测，两支军队在卢卡尼亚北部的某个地方相遇了。斯巴达克斯指挥反叛军，克拉苏领导罗马军。据资料记载，两位大将首次在战场上相遇。这定是充满戏剧性的一战，可惜资料记载非常有限。消灭敌人的支队之后，克拉苏"轻蔑地"[12]向斯巴达克斯发起进攻。克拉苏"赢了，并奋力追击逃亡的敌人"。[13]另有资料记载，"最终……李锡尼·克拉苏保住了罗马人的荣耀；敌人……被重创，逃往意大利最南端"。[14]

　　　　这读起来像是官方记录。然而，像克拉苏这样谨慎的人绝不会轻视斯巴达克斯。再者，如果克拉苏大获全胜，那就无法解释他的下一步行动，他没有恋战，而是撤退并试图截断斯巴达克斯的部队。

　　　　克拉苏和斯巴达克斯更像是发生了小规模冲突。这并没有导致斯巴达克斯的大败，但足以说明：克拉苏建立了一支全新的罗马军。斯巴达克斯长期对自己军队提出的警示成为现实。反叛军充满斗志，但斯巴达克斯知道他们胜算不大。他明白，罗马军在激战中具备压倒性的优势。先前的罗马军会弃阵逃亡，但克拉苏的士兵会战斗到底。他们可以采用伏击和其他诡计战术来对付先前的罗马指挥官。然而，克拉苏不会轻易上当。除了战败，斯巴达克斯的侦察员可能还发现克拉苏为军队带来的其他变化。例如，他们可能注意到，克拉苏的军队与他们先前侦察过的军队不同，他们行军井然有序，不敢肆意搜掠或抢劫。这些罗马人知道如何作战。与其冒险在平原上与之正面交锋，不如把他们引入卢卡尼亚山脉。

128　　　　此外，我们可以想象，斯巴达克斯仍在寻找出路。克拉苏的崛起为他提供了千载难逢的机会。他的军队宁愿冒险与伦图卢斯和格利乌斯作战，也不愿翻越阿尔卑斯山。然而，面对克拉苏，他们可能愿意重新评估形势。

于是，斯巴达克斯率军前往意大利半岛的另一个出口。他把军队带到了海边。如果占得先机，他们可以沿着安尼亚大道向南进入里贾姆城。沿路走下去，他们会途经阿蒂纳（Atina）、纳鲁姆（Nerulum）、康孙提亚和泰瑞那（Terina），最终到达第勒尼安海（Tyrrhennian Sea）。

这条道路紧贴意大利南端的山腰，转弯后，可以看到雾蒙蒙的蓝色大海中巍然矗立的西西里岛全景。西西里岛与意大利大陆仅隔着狭窄的墨西拿海峡（Strait of Messina）。西西里岛是地中海最大的岛屿，从这里可以看到岛屿三个侧面中的两个侧面。想到岛上的财富和沃土，古代旅人就会对眼前的景象惊叹不已。

西西里岛是罗马在海外建立的第一个行省，也是最重要的行省。在古代，该岛因土壤肥沃而闻名于世，为罗马提供了大量的粮食；当地还盛产牛。西西里岛物产丰富，确实是一块宝地。斯巴达克斯可能认为，这里能养活罗马军团，那么也能养活他的军队。在很长一段时间内，西西里岛也是意大利逃亡奴隶的目的地，他们在那里寻求庇护。此外，颠覆该岛的时机似乎已经成熟。斯巴达克斯认为，只要播下不多的火种就可以燃起刚被扑灭不久的奴隶战争的烈焰，威胁罗马的粮食供应，动摇维持社会秩序的支柱。只要把军队从意大利调到西西里岛，就可以把军队从克拉苏手中解救出来，哪怕仅是暂时脱困。斯巴达克斯或许意识到克拉苏可能会随他渡海。然而，西西里岛可能会给他一个喘息的机会，让他找到船只并继续前进，去往距离西西里岛南部海岸仅仅 90 英里的北非。

公元前 72 年底，斯巴达克斯率军到达里贾姆附近时，可能正是如此打算的：他们要做的仅是穿过一片狭窄的水域。

第七章

海盗

　　如果贪腐的古罗马总督盖乌斯·维尔列斯（Gaius Verres）尚未将雅典娜神庙洗劫一空，海盗船驶近古罗马西西里岛首府锡拉库萨（Syracuse）时，舵手们可以根据神庙正面金色盾牌反射的阳光来判断方位。即便神庙已被毁坏，也没关系，像他们这种能够乘风破浪的人依然可以找到航道，前往古代世界最著名的城市。他们乘坐四艘快船，这种快船船体轻巧，船型流畅，特别适合航行。海盗通常会避开罗马军港，而现在，他们毫无顾忌。前天夜里，他们驱逐了罗马舰队的一支中队，迫使罗马军在南边约 20 英里处上岸，火焰照亮了整个夜空。他们就是由赫拉克莱奥（Heracleo）[1]带领的海盗。

　　那天，他们驶入了锡拉库萨港口所在的碧蓝海域，或许还欣赏了右舷一侧的老城区大理石建筑。他们径直驶向码头。在远处当地人充满惊讶和恐惧的目光中，他们停了下来，挥舞着野生棕榈根。这简直就是赤裸裸的嘲讽。这些棕榈根是海盗们前一天从罗马舰队那里抢来的。罗马水手通常吃谷物，不吃野生棕榈根，但维尔列斯出兵时人手不足，粮食短缺，而且领导不力。赫拉克莱奥和手下挥舞着棕榈根，嘲讽罗马人的无能和耻辱。然后，得胜的海盗们驶出了港口。

　　如同大部分关于维尔列斯的记载，这些细节可能被夸大了。此处记载来自西塞罗，公元前 70 年，他成功起诉了维尔列斯敲诈勒索，然而在后来发表的演说中有些言过其实。即便在锡拉库萨发生的事件非同寻常，海盗出没也并不罕见。海盗在古代世界中是劫持者和绑架者，当时他们正处于全盛时期。

公元前72年末的那一刻，赫拉克莱奥或像他这样的海盗掌握着斯巴达克斯的命运。如果反叛军搭乘海盗船穿过墨西拿海峡，就可以占据西西里岛所提供的战略优势。更重要的是，海盗可能乐意合作，因为他们在罗马有一个共同的敌人。斯巴达克斯被罗马军逼到了意大利"靴子脚趾"的位置，他可能有了一个迄今为止最大胆、最雄心勃勃的计划。

自公元前75年起，海盗一直在意大利海岸肆虐。此前几十年，他们还活跃在地中海的其他区域。被他们掠走的罗马名流包括两位紫袍司法官、马克·安东尼的姑姑、还有著名的尤利乌斯·恺撒。公元前75年前后，年轻的恺撒被海盗绑架，关押40天后才被赎回。后来，他实现了当年立下的承诺，亲自率领舰队将先前绑架他的海盗全部抓获，并把他们钉上了十字架。

几个世纪中，人们对海盗充满钦佩，但他们不是罗宾汉。他们的主要收入来源是奴隶贸易。起初，罗马人一直默许这种行为，他们很乐意购买海盗奴隶贩子从东部省份掠走的自由人。最终，罗马盟友和邻国怨声载道，情况发生转变。从公元前102年开始，元老院派出指挥官镇压海盗，但收效甚微。

斯巴达克斯对此了然于心。或许他还知道，当罗马向他们开战之后，海盗们也在向罗马开战；他们在东方为米特拉达梯作战，在西方为塞托里乌斯作战。公元前72年末，斯巴达克斯率军在墨西拿海峡的意大利一侧扎营，此刻向海盗求助合情合理。现在，反叛军被山脉和大海夹在了一块狭窄的土地上，西西里岛近在眼前。他们已经穿越了整个意大利半岛，从阿尔卑斯山麓一直向南到达海峡。但他们已经走到了尽头。

此时正值冬季，意大利南部确实有冬季。与面向爱奥尼亚海的东海岸相比，面向第勒尼安海的西海岸环境更恶劣；布鲁提乌姆的反叛军可能错过了在图里附近度过温暖冬季的机会。12月和1月，墨西拿海峡沿岸的平均气温在48—58℉；可能经常风雨交加。有时候，汹涌的海浪猛烈地拍打冲击着海峡沿岸。山脉从海岸迅速攀升；高海拔地区还会下雪。这是一年中旅行或作战最艰难的时期，因此，海盗们的航海经验特别宝贵。

斯巴达克斯在海峡遇到的海盗最初来自安纳托利亚地中海沿岸的西里西亚（Cilicia），那里是海盗主要滋生地之一。克里特岛是另一个滋生海盗的地方。我们不清楚赫拉克莱奥是不是斯巴达克斯在海峡遇到的海盗，但他肯定是个非常典型的海盗：指挥一支小型快船队，瞧不起罗马人，但对罗马人仍有一定的恐惧。毕竟，普通海盗的突袭不像赫拉克莱奥在锡拉库萨的冒险那样容易。也不是每位古罗马总督都像维尔列斯那样门户大开；但即便是维尔列斯，有时也会迎难而上。

幸好有西塞罗，有关维尔列斯的信息在他充满恶意的描述中幸存下来。在这位演说家的笔下，维尔列斯忽略了西西里岛的防御，却以煽动奴隶起义这种莫须有指控来勒索当地富人。西塞罗从未提及斯巴达克斯，但提到过"伟大的意大利战争"[2]或"意大利逃亡者之战"[3]，从而淡化了维尔列斯所面对的严峻形势。

好在其他作家的描述和西塞罗作品中的暗示勾勒出一幅更准确的画面。斯巴达克斯逼近时，维尔列斯并非毫无准备。维尔列斯对即将到来的危险了如指掌。实际上，有资料记载，元老院将维尔列斯的任期从通常的一年延长至三年。[4]由此，作为一名经验丰富的裁判官，他可以充分做好西西里岛的安全防御。这并没阻止维尔列斯对公共艺术品和私人艺术品的掠夺和对富裕地主的勒索，但他的确遏制了叛乱。

圆形竞技场

坎帕尼亚阿维拉 [Avella，古作阿贝拉（Abella）] 的竞技场是意大利现存最早的角斗竞技场之一。（图片来源：Barry Strauss）

角斗士大理石浮雕

左侧，一对挑战者角斗士正在搏斗；二人的右侧是一名莫米罗角斗士，斯巴达克斯也是莫米罗角斗士。莫米罗角斗士的对手在最右侧，只能看到一个小长盾，这表明他很可能是色雷斯角斗士。（图片来源：Erich Lessing/Art Resource, NY）

奴隶买卖

这是公元前1世纪卡普亚墓碑上的浮雕特写，描绘了奴隶站在拍卖台上的场景。

维苏威火山

从庞贝城广场可以看到远处高低起伏的火山，那里曾是斯巴达克斯和起义军的藏身之地。(图片来源：Barry Strauss)

酒神巴克斯与维苏威火山
这幅古罗马湿壁画描绘了全身覆满葡萄的酒神巴克斯，他站在维苏威火山旁边。画中的大蛇象征着生育力。(图片来源：Scala/Art Resource, NY)

色雷斯女子
酒神狄俄尼索斯的女祭司双臂都有纹身。此刻，她正挥舞着剑。(图片来源：Erich Lessing/Art Resource, NY)

色雷斯骑士
色雷斯的镀金银盘刻着马背上的猎人，这是色雷斯男子的英雄形象，年代可追溯到公元前 4 世纪。(图片来源：Erich Lessing/Art Resource, NY)

凯尔特人与罗马人对决
在这幅罗马石刻浮雕中，一名长发、大胡子的凯尔特人挥剑刺向罗马军团士兵。(图片来源：Erich Lessing/Art Resource, NY)

罗马军团士兵

图中的罗马石棺刻画了几位准备向战神马尔斯（Mars）献祭的战士。请留意他们的长盾、铠甲和羽饰头盔。（图片来源：Erich Lessing/Art Resource, NY）

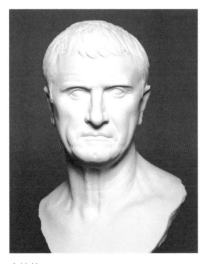

克拉苏

学术界普遍认为，这尊大理石半身像是克拉苏，他就是那位打败斯巴达克斯的将军。（图片来源：Ny Carlsberg Glyptotek, Copenhagen）

庞培

这尊大理石半身像是克拉苏的对手庞培，他率军屠杀了 5000 名溃逃的斯巴达克斯士兵。（图片来源：Bildarchiv Preussischer Kulturbesitz/Art Resource, NY）

梅利亚山脊
向西望去,可以看到崎岖的山脊,公元前 71 年冬,克拉苏和斯巴达克斯很可能在此交战。(图片来源:Barry Strauss)

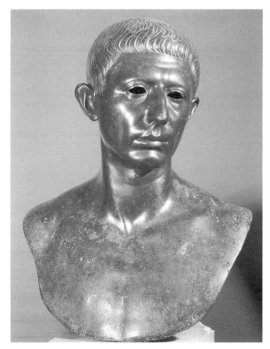

小加图
这尊铜制半身像是小加图,他崇尚俭朴的斯多葛学派,在公元前 72 年与斯巴达克斯作战。(图片来源:Erich Lessing/Art Resource, NY)

墨西拿海峡

从意大利大陆（前景）向西望去，可以看到西西里岛（远景），此处是海峡中最狭窄的部分。（图片来源：Barry Strauss）

阿皮亚大道

在卡普亚西北部的明图尔诺，阿皮亚大道两侧可能竖着许多十字架，上面吊着战败的斯巴达克斯士兵。（图片来源：Barry Strauss）

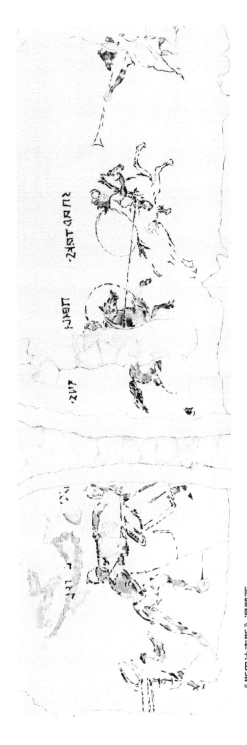

《斯巴达克斯》湿壁画

最右侧的号手发出信号，两名角斗士在马背上交锋。右边骑兵标注主的名字为 "斯巴特克斯"（"SPARTAKS"，从右向左读），这是拉丁语 Spartacus 在奥斯坎语中的拼写。骑兵的左侧有两名正在对战的角斗士，他们左侧的矩形物体可能是祭坛。（图片来源：Jon Reis）

西塞罗同时代的历史学家萨卢斯特明确指出："盖乌斯·维尔列斯加固了靠近意大利的海岸防线。"[5] 作为总督，他可以调遣两支罗马军团。维尔列斯可能已下令修建海岸防御工事，并在海岸地区设立哨所。他们一定向西西里主要城市墨萨拿 [Messana，今作墨西拿] 的海峡岛民寻求帮助，了解当地信息。维尔列斯一直善待这座西西里城，这可能不是巧合，而是因为他早已预见即将到来的危险。

同时，维尔列斯声称，要对岛上的奴隶进行严厉镇压。他说，他调查了对岛上各地图谋不轨的指控，从西部的利里巴伊姆 [Lilybaeum，今作马尔萨拉（Marsala）] 和帕诺木斯 [Panormus，今作巴勒莫（Palermo）] 附近地区到东北部的阿波罗尼亚 [Apollonia，今作圣弗拉泰洛（San Fratello）] 以及西西里岛中部的伊马哈拉 [Imachara，恩纳（Enna）附近]。某些地方曾是先前起义叛军的据点。他下令逮捕并审判了有嫌疑的奴隶，其中包括农场工人、牧羊人、农场管理人和牧主。这一切都没打动西塞罗，他指责维尔列斯该严厉的时候却很宽容，该宽容的时候却很严厉。西塞罗指控维尔列斯收受贿赂后释放有罪的奴隶，并向无辜的奴隶主勒索钱财，还威胁要以莫须有的罪名逮捕奴隶主：他计划指责他们以懈怠的态度对待有可能造反的奴隶。最骇人听闻的是，维尔列斯在墨萨拿把一个罗马公民当作逃亡奴隶和斯巴达克斯的间谍钉上了十字架。事实上，只要经过简单的调查，就能证明他是罗马公民。这里提到的这个人是普布利乌斯·加维乌斯（Publius Gavius），他来自卢卡尼亚的康普萨 [Compsa，今作孔扎（Conza）] 城或布鲁提乌姆的康孙提亚。罗马公民可免受十字架酷刑；即使有罪，也有权获得较轻的惩罚。

为什么一个罗马公民会支持斯巴达克斯，这是个值得探究的问题。难道加维乌斯是参与叛乱的"田间自由人"吗？也就是说，他是一个贫穷但拥有自由身份的人？或许他属于顽固的反罗马精英阶层，坚持意大利民族主义，进而支持反叛的奴隶将军？或者他只是为了获取酬劳而为斯巴达克斯效力？或者加维乌斯是无辜的，我们对此只能进行猜测。

看来，维尔列斯的确剥夺了加维乌斯作为公民的权利，但没人能说清楚西塞罗的其他指控是否属实。我们能确定的是，一些西西里人确实担心斯巴达克斯起义会在岛上蔓延。这并不奇怪，因为古罗马人对此有深刻的记忆。公元前 72 年，许多西西里人经历了第二次西西里奴隶战争（公元前 104—前 100年）。在此前 30 年，第一次西西里奴隶战争（公元前 135—前 132 年）爆发，现在，历史的车轮似乎又有了不祥的转向。造成叛乱的根源无疑仍然存在。毕竟，每场战争都是在虐待和羞辱奴隶以及容忍奴隶牧民武装团体的背景下爆发的，而这些奴隶最终对主人进行了报复。

奴隶起义曾使这个岛屿遭受重创。每次起义都大约持续了四年时间，涉及数以万计的反叛军。每次起义都在岛内富饶的农田地区爆发并蔓延。每次起义中，反叛的牧民团伙都发挥了重要作用。每次起义中，城市奴隶和大部分贫困的西西里自由人都加入了来自农村的反叛军。

每次罗马的反应都很迟钝，应对不力。在第一次起义中，经历过多次惨败的执政官普布利乌斯·鲁皮利乌斯（Publius Rupilius）围攻了两个主要的叛乱城市，每次都找到叛徒为他们打开了城门。然后，他在岛上进行清剿行动。几位碌碌无为的将军未能平定第二次叛乱，执政官马尼乌斯·阿基利乌斯（Manius Aquillius）挺身而出。他在决斗中手刃了反叛首领。如果他的对手是自由人而不是奴隶，这将为他赢得罗马最高的军事荣誉。

现在，另一位反叛者斯巴达克斯正在等待海盗的到来。他们的快船将载他渡过海峡，去打破西西里奴隶的枷锁。古代的西西里岛农产丰富。那里的土壤比布鲁提乌姆的土壤更肥沃。饥肠辘辘的反叛军日复一日地看着西西里山丘后的落日和云层中闪耀的余晖，他们可能梦想在岛上开始新生活。海盗可以帮他们实现梦想，当然，任何帮助都是有代价的。如果与罗马人在海上交锋，他们将付出难以承担的损失。海盗们还要求预先付款。斯巴达克斯显然对此早有准备，并向他们献上了"礼物"（gift）。"Gift"这个词在古代的使用非常灵活，还包含"贿赂"等多种意思。

按计划，海盗将把 2000 人送往西西里岛。这仅是斯巴达克斯军队的一小部分，但在当时的情况下，这可能是最好的选择。海盗的船只很小，无法运载大量人员。这 2000 人可作为先遣队。如果经过精挑细选，他们将是最精锐的战士，擅长秘密行动并能与西西里奴隶取得联系。一旦他们建好据点，就可以从意大利带更多的人过来。与此同时，斯巴达克斯的大部队可以在布鲁提乌姆的山间驻扎。

但事情没能按原定计划进行。正如资料所言："西里西亚人在讲好条件并接受了他（斯巴达克斯）的厚礼之后，竟然欺骗了他，扬帆而去。"6 维尔列斯或克拉苏是否与海盗接触过，并开出了更高的价格？还是因为赫拉克莱奥虽然同情起义军，却被罗马强大的军力震慑？或者海盗贼性不改，背信弃义？

无论如何，他们离开了。斯巴达克斯的西西里远征似乎在开始之前就已经结束了。然而，这位色雷斯人再次展示了他的人格力量。他既没有绝望，也没有惊慌失措，而是看似毫不费力地改变了策略。他的追随者可能就不那么平静了。如果斯巴达克斯的确需要他的色雷斯女先知来激发军队的信仰，那就是现在。

西西里岛和意大利大陆之间有一片水流湍急、海潮汹涌的

137

水域，是世界上最危险的水域之一。希腊历史学家修昔底德写道："这段海道极为狭窄，大量海水从宽广的第勒尼安海和西西里海不断涌入，让这里成为险地。"[7] 墨西拿海峡长约 19 英里。海峡最宽处约为 9 英里，北端最窄；在意大利一侧，有一块狭长地带叫卡尼斯角［Cape Caenys，今作佩措角（Punta Pezzo）］，属于现在的圣乔瓦尼镇（Villa San Giovanni）。此处的海峡宽度不到 2 英里，我们因此可以想象到斯巴达克斯的沮丧。

138 从卡尼斯角向海峡对面望去，人们可能会在眼前的景色中看到反叛者的命运。西西里岛就在前方，似乎触手可及。北面狭窄低洼的地带就是西西里岛的尽头佩罗鲁斯角［Cape Pelorus，今作佩洛洛角（Peloro）］。在海角东南大约 1 英里处，西西里岛的山脉开始缓缓隆起，像一个慢慢苏醒的人的躯体。雄伟的山脉延绵向南，通向视野之外的埃特纳火山（Mount Aetna）。

意大利一侧的地势则更为险峻。亚平宁山脉的最后一段在卡尼斯角骤降入海，阶梯状山脊布满沟壑，曲折的小路从中穿过。再向上，一座巨大的山丘巍然耸立，就像一只紧握的拳头。1 英里外，陆地就从海平面急剧上升到 2000 英尺。此处是阿斯普罗蒙特山脉（Mountains Aspromonte）的山麓丘陵。Aspromonte 意为"险峻的山脉"或"白色的山脉"，白色指的是雪，也可能是裸露岩石的颜色。无论如何，这里地势非常险峻。

安尼亚大道从卡普亚通往古代的斯塔蒂奥姆［Statio ad Statuam，今作卡托纳（Catona）］，那里距离卡尼斯角的海峡约 3 英里，顺流让这里在古代成为首选渡口。如今，附近每小时有一班发往西西里岛的汽车渡轮。也可以在这里划艇渡峡，夏季会举办横渡游泳赛。而那时，游泳渡峡根本行不通。即便能成功登上西西里海岸，赤身裸体、浑身湿淋淋的反叛军也会落入维尔列斯的士兵手中。水性不好的人可能会觉得尤为艰难。洋流以每小时 6 海里甚至更快的速度（取决于潮汐）流经海峡，经常伴随着急流和旋涡。此外，时值寒冬，而非盛夏。海峡里灰绿色的海水在冬季冰冷刺骨，不适合游泳。

古人在斯库拉和卡律布狄斯（Scylla and Charybdis）的神话中把危险的海峡水域做了拟人化的处理。卡律布狄斯是只海怪，巨嘴能吞吐海水，形成致命的旋涡。斯库拉是只狗形怪物，盘踞在海峡另一侧的巨岩上，吞食过往的水手。根据希腊神话，只有最优秀的舵手才能同时避开斯库拉和卡律布狄斯。希腊人和罗马人将这两只怪物设定在墨西拿海峡。实际上，海峡造成的挑战是可以应对的，斯巴达克斯决定正面应对。他下令搭建木筏。

这个决定有一定的风险，但也合乎情理。乘木筏渡海不容易，但也并非无法实现。传说中，岛上的史前定居者西库尔人[8]就是这样渡峡的。修昔底德是古希腊历史学家，也是强硬的前海军指挥官，他认为，如果西库尔人等待风浪平息时渡海，那么这种方法是可行的。最近，一位罗马将军和执政官曾乘木筏成功渡海。公元前 250 年，卢西乌斯·凯西里乌斯·梅特卢斯在西西里岛打败迦太基后来到墨萨拿，试图从这里渡海回意大利。他从敌人手中缴获了 120 头大象，打算把这些异国动物带回罗马，去参加他的凯旋游行。一位古代作家描述了梅特卢斯如何将它们运到海峡对岸：

> 他们搭建了木筏，下面绑上许多巨大的罐子，罐子之间用木撑隔开，罐子既不会散开又不会彼此碰撞。木筏上面搭好横梁，再铺上泥土和树枝，四周围上栅栏，看上去像一座农家院子。然后，这些野兽被赶到木筏上，不知不

觉中就渡过了海峡。[9]

也许斯巴达克斯招募了当地人做帮手，因而使用了类似的木筏建造技术。海峡水域鱼类丰富，肯定吸引了大量造船工人。一份同时期的资料描述了反叛军搭建的木筏："他们将广口大罐子放在横梁下，再用藤枝或皮条将它们绑在一起。"[10]

140

建造木筏需要寻找罐子、木材、藤枝和皮条，而这又意味着需要劫掠。住宅、商店、地窖、仓库、农场和森林都可能被搜刮一空。反叛军似乎没有充足的时间来全力完成搜寻工作。一部分人必须专心寻找食物，剩下的人必须时刻保持警惕，以防克拉苏突袭。

我们不清楚斯巴达克斯在哪里放下木筏。斯塔蒂奥姆渡口的海流较平缓，但罗马人也知道这一点，他们肯定在对岸布防。卡尼斯角的渡口更狭窄，[11] 他们也许还有机会在西西里岛的海滩突袭敌人。卡尼斯角的海流很危险，从那里出发极为冒险，但斯巴达克斯是位冒险家。从卡尼斯角出发可以解释接下来发生的事情，但我们不能确定这就是事实。一份古代资料讲述了这件事："他们试图把用横梁、灌木、树枝以及大罐子捆扎成的木筏推到海峡湍急的水面上，但都徒劳无功。"[12] 此外，"缠在一起的木筏阻碍了救援"。[13]

大自然似乎不让反叛军渡海。在湍急多变的海流中，木筏相互缠住，无法解开。他们肯定失去了船只和粮食，有些人淹死了。梅特卢斯做得更好，但无疑他选择了最安全的渡口。与斯巴达克斯相比，他的后勤保障更完备，拥有更多有经验的舵手。反叛军几乎没有驾船经验，但他们可能已经说服或强迫当地人提供帮助。此外，梅特卢斯可以在夏季渡海，若非如此，也可以等待好天气，而这一切对斯巴达克斯而言都是奢望。

斯巴达克斯穿越海峡的尝试失败了。现在他不得不调转军队，强行穿越罗马意大利。他要面对的对手是克拉苏，这位将军已经为他的军团创造了奇迹，但还没把他们训练成可以追击并摧毁斯巴达克斯军队的力量。相反，克拉苏似乎没有试图在海峡上阻击斯巴达克斯。他撤退了，把这项任务留给了维尔列斯。这位西西里岛总督要么有海神庇佑，要么有了好策略。

在一份古代资料中，西塞罗对此给予了肯定。这位演说家称赞马库斯·克拉苏"是最勇敢的人。他的勇敢无畏和敏锐的判断力让逃亡者无法将木筏绑在一起穿越海峡"。[14] 西塞罗提到，为阻止反叛军渡峡，他们做出了巨大努力。然而，他并没有描述细节。克拉苏是否在海滩上对斯巴达克斯发起了攻击？斯巴达克斯有骑兵守卫自己的阵地；克拉苏在接下来一个月的行动表明，他不愿与斯巴达克斯正面交锋。

此外，西塞罗如此描述的动机令人生疑。公元前70年，写下这些文字时，他正在起诉维尔列斯，指控他作为西西里岛总督的不当行为。西塞罗所有的言辞都针对维尔列斯，讥讽这位总督妄自尊大地声称自己是压制斯巴达克斯的功臣。西塞罗打赢了官司，维尔列斯一败涂地。然而，如果维尔列斯确实应对得当呢？大量证据表明，他在最佳渡海口的对岸部署了军队，他为赢得海峡之战所做的努力不亚于其他任何罗马人。

事实上，我们很难不怀疑克拉苏故意诱导斯巴达克斯渡海。克拉苏肯定与维尔列斯互通消息，了解这位总督为阻止反叛军上岛所做的准备。考虑到季节因素，敌人正在建造木筏的探报可能不会让克拉苏忧心。总之，克拉苏可能认定斯巴达克斯终会失败。

克拉苏不想冒险在海峡攻击反叛军。狭窄的沿海地带几乎没有他需要的激战空间。此外，即便斯巴达克斯应战，他也会下令军队进山，不会正面交锋。他的骑兵会不断骚扰罗马军，步兵会在当地众多山丘和沟壑中设下埋伏。最重要的是，冬季

141

142

不是作战的好时机。克拉苏不想冒险交战，他制订了另一个计划：将叛军逼入海峡和山脉之间。

斯巴达克斯现在别无选择，只能撤退。毫无疑问，他们必须离开意大利，但墨西拿海峡是条死路。这位色雷斯人必须想出新策略。然而，那是未来的事；此刻，他的首要任务是喂饱军队。南方十几英里处的里贾姆有食物，但该城设有围墙，防守严密。另一个相对容易的选择是沿着安尼亚大道北上，但罗马人肯定把这条路堵得严严实实。于是，斯巴达克斯和他的追随者们选了最不可取的逃生路线，他们爬上了阿斯普罗蒙特山。

我们不知道，在行军路上，斯巴达克斯的士兵是否会转身回望慢慢消失在西西里山后的太阳。但如果有人这样做了，他们可能会停下来思考将来可能发生的事情。

第八章
渔人

那是公元前 71 年初的一个冬日清晨。在海拔 3000 英尺的高山上，冬天通常一片寂静，牧民都会搬到地势更低的地方。然而，这一天，在大约半英里宽的山脊上，两支军队即将相遇。其中，数以万计的反叛军严阵以待，武器已经就位，我们可以想象，他们的心被酒温暖了，他们咆哮着，热切期待开始冲锋的命令。罗马人并不惊讶，他们的侦察员已经从瞭望塔上看到了敌人。

罗马人在壕沟组成的防御网后等待着。壕沟安置了削尖的杆子和木栅栏，最前面是坝体路障，坝体上还有一堵至少 25 英尺高的干石墙。罗马人的阵地封锁了山脊的三个侧面，甚至阻断了反叛军可能包抄的骡道。他们只留下了南面的通道，迫使进攻者只能从这个方向冲锋。随着他们的推进，反叛军被引入一个狭窄的空间。就像渔夫把大鱼赶进渔网一样，克拉苏为他们设好了陷阱。

突然，罗马人的反击开始了，他们射出了骤雨般的箭和橡子形铅弹，箭和铅弹都是守军有条不紊地在附近野外的熔炉中锻造的。这轮攻击让反叛军的冲锋陷于停滞。许多士兵冲到防御工事前，发起猛攻，但始终无法突破防线。最后，斯巴达克斯的军队要么逃要么死，没有其他选择。

对罗马人来说，这是美好的一天，而这仅是开始。反叛军将在傍晚再次出击，而他们会再度失败。战后，罗马人声称，反叛军遭受重创，死亡 12000 人左右，而罗马军死亡 3 人，受伤 7 人。[1] 古代战场经常出现极不均衡的伤亡率，但这听起来像是自我吹嘘。历史学家对这种不确定性非常无奈，但我们最好明确一点：这些数字和交战的细节都属于推测。事实上，我们对本章所涉及事件的了解极为有限，主要有以下几个原因。不同资料的记载差别巨大，相互矛盾。也许，对于发生在寒冬时节又远在意大利偏僻山区的事件来说，这种情况并不意外。

此外，对于罗马人来说，国内政治风险几乎与军事风险一样高。克拉苏把一切都赌在了山区防线上。巨大的防御工事展示了他在房产买卖中积累的巨额财富。他想利用这些工事打败斯巴达克斯。有人认为，克拉苏之所以让军队修建工事，只是为了让他们在冬季忙碌起来，因为冬季是战争的淡季。这种说法似乎过于保守。克拉苏太在乎他的指挥权了，不会把它浪费在无用的工程上。他明白，布鲁提乌姆战役将决定他的成败。

145 克拉苏希望能打败斯巴达克斯，但如果希望落空，他必须掌控对罗马公众的叙事方式。为此，他需要有影响力的朋友，而他肯定做到了。有实力购买军队的人当然有能力为增进友谊支付酬金。例如，有资料声称，罗马人能重整旗鼓主要归功于克拉苏的十一抽杀律，[2] 我们怀疑这是他的公关团队放出的消息。事实证明，布鲁提乌姆战役具有很大的争议性。我们永远无法确定那里发生了什么，但可以谨慎地从证据中找到线索。

尽管伤亡数字被夸大了，但猜想罗马人在那天大胜是合理的。罗马人赢了。克拉苏率领的军队已经花了几周甚至一两个月的时间准备大肆杀戮。如果罗马人的对手不是这位智勇双全的色雷斯将军，他们可能当天就平定了叛乱。但现在做出如此推断还为时过早。

对斯巴达克斯来说，事件始于他率军从墨西拿海峡向阿斯普罗蒙特山进军的那天。他不能走海岸沿线的安尼亚大道，因为罗马人肯定会封锁那里。此外，斯巴达克斯还要养活军队。若要如此，就必须深入内陆抢劫并寻找新的支持者。这里是放牧的好地方，有大量的牛、羊和猪。这里还能猎到野兔和野猪。反叛军从海峡向东北方向行进，穿过阿斯普罗蒙特的高地平原时，可能从奴隶牧羊人那里骗取了某些他们需要的东西，其余的都要靠抢。无论走到哪里，反叛者都会洗劫乡村。

考古学可能会提供他们大肆破坏的证据。最近，在卡尼斯角以北约 25 英里，靠近第勒尼安海的一片橄榄树林中发现了一处宝藏。两块大石板掩盖着一盏陶灯和一组银器：水罐、杯子、勺子、茶匙和一枚带有美杜莎半身像的徽章。一幅涂鸦可能提到了一个富有罗马地主家族的名字。这些物品的年代大约可以追溯到公元前 100—前 75 年，很容易将它们与斯巴达克斯联系起来。这些物品在古代被埋在了如此远离城镇中心的偏远地方，也许是地主为了不让叛军得手而把它们掩埋了，也许它们就是反叛军自己藏起来的战利品。

离开沿海大道后，斯巴达克斯取道了布鲁提乌姆中心地带的另一条道路，这条道路与第勒尼安海岸和爱奥尼亚海岸之间的距离大致相同。几个世纪中，移民们沿着这条路从塞尔山脉（Serre Mountains，现代名）向北迁移，取道这里是有原因的。这条路沿着阿斯普罗蒙特山脉的山脊高地蜿蜒而上，风景壮美。从远处看，阿斯普罗蒙特山脉就像云中的平台。旅人进入高原时，好似已经踏入了地峡。如今，它被称为德索内德拉梅利亚（Dossone della Melìa），即梅利亚山脊（Melia Ridge），海拔在 3000—4000 英尺。古道沿着山脊向南北方向延展开来。在 18 世纪，它被称为"大道"（Via Grande），现代公路也是沿着这条古道修建的。这条大道具有重要的战略意义，沿着东西方向的分支路线通过高山峡口（约 3000 英尺高），可以到达爱奥尼亚海和第勒尼安海。

146

洛克里斯（Locris）城位于横向道路的东端，靠近爱奥尼亚海。作为前希腊殖民地，洛克里斯城长期处于罗马的掌控之下。横向道路的西端是沿着第勒尼安海延伸的梅陶罗斯〔Metauros，今作焦亚陶罗（Gioia Tauro）〕平原。这片平原物产丰富，尤以橄榄园和葡萄藤蔓闻名。克拉苏的防御工事将其与斯巴达克斯和他的劫掠者们隔绝了。

控制了梅利亚山脊，就控制了意大利最南端的十字路口，难怪克拉苏会在这里坚守。资料记载，克拉苏观察地形后决定封锁半岛。[3] 洛克里斯人很可能提供了关于地形的详细情报。克拉苏防御工事的中心位于梅利亚山脊，靠近现代的111号公路，这是一条东西方向的公路，在里贾姆东北约50英里（按现代方式计算）处。此处，意大利半岛两端海岸间的距离仅约为35英里。普鲁塔克写道，克拉苏在半岛修筑了一道300斯塔狄昂（stades，希腊长度单位，1斯塔狄昂约合180米——编者注）长的防线，[4] 约为现在的35英里。这是夸张的说法。事实上，罗马防御工事的主要部分只覆盖了半英里。但普鲁塔克暗示，克拉苏有效地封锁了35英里宽的整个半岛。

斯巴达克斯向北前进时，侦察兵警告前方可能会有麻烦。据说，这位色雷斯人的反应是轻蔑的，他一定怀疑罗马人能否在山地环境中阻止他。许多学者似乎也持有相同的观点。他们怀疑罗马人能否在这里设立防线。尽管罗马人善于工事，但要穿山修建一条长达35英里的防线绝非易事。此外，如果克拉苏在里贾姆东北约50英里处切断斯巴达克斯的退路，势必会让反叛军控制南方的大片领土，这片土地面积约有1000平方英里，大致相当于美国的罗得岛州或英国的汉普郡。人们不禁要问，如果斯巴达克斯能统治这样一个王国，那为什么要离开呢？

某些历史学家将克拉苏的计划描写得更符合实际：他没有

修筑35英里长的防御工事，也不愿意把1000平方英里的土地交给敌人。他们认为，克拉苏从一开始就与斯巴达克斯正面对峙，一直向南进军，几乎追到了斯巴达克斯在海峡上的营地。罗马人在海岸上方陡峭的山丘沟壑中修筑了防御工事，切断了反叛军的退路，双方的距离只有一两英里。倘若如此，他们修筑的防御工事不会超过一英里。斯巴达克斯的军队在与海盗谈判以及建造木筏时，他甚至可以看到附近的罗马人。

但斯巴达克斯不太可能坐以待毙，任由克拉苏把他逼到绝境。克拉苏若想为敌人设下陷阱，就必须远离敌人的视线，而不是在敌人的眼皮底下行动。因此，当斯巴达克斯在海岸扎营时，克拉苏的军队聚集在几十英里外3000英尺高的高山上。

当然，如果不考虑地形，短时间内建成35英里长的防御工事的确让人难以置信。实际上，半岛约35英里宽的大部分地方都无法通行，几乎不需要修建防御工事。梅利亚山脊以东经过一片岩石峡谷，斜插入爱奥尼亚海，而山脊以西是面积巨大且难以穿越的峡谷。可以轻松通行的地方是两块沿海狭地和梅利亚山脊，而梅利亚山脊只有大约半英里宽。罗马人已经占领了沿海地区，斯巴达克斯很可能进山，因而克拉苏有机会在山脊上阻击他。

斯巴达克斯身后的大片土地并不丰饶。与富饶的西西里岛相比，这里是多山地带，大部分土地比较贫瘠。当时并不是收获季。反叛军很难在这里长期生活。古代资料中记载，斯巴达克斯的军队开始缺粮。克拉苏决定修建防御工事，正是为了切断敌人的补给。

虽然无法证明，但考古学证据趋于支持这种观点。梅利亚山脊上发现了古代战壕和城墙，附近山上也发现了三个炼铅炉遗址，内壁上挂着氧化铅。罗马人用熔炉来制造投石器。没有科学的考古发掘就无法确定这些遗址的确切年代。但它们符合资料中关于壕沟系统[5]的描述，也使我们对普鲁塔克关于罗马人在两片海之间挖出战壕[6]的说法提出了合理怀疑。此外，意大利南部的一位当地历史学家对这些遗址进行了勘察。他是一位业余爱好者，业余历史学家对当地的了解通常比专业人士更全面。本章开篇的段落是按照这位历史学家合理但尚未得到证实的记录进行的重现描述。

众所周知，地名的起源极难确定。然而，梅利亚山脊及周围地区的名字都能引发人们的联想。通向马尔科山脊（Marco's Ridge，马库斯·李锡尼·克拉苏？）的一段被称为马尔科平原（Plains of Marco）；西边有一座名为斯克罗法里奥的城镇（Scrofario，克拉苏的副将斯克罗法？）；东边有几座名为凯斯罗曼诺（Case Romano）和康特拉达罗曼诺（Contrada Romano，意为"罗马房屋""罗马社区"）的小村庄，还有一个名为托雷洛斯基亚沃（Torre lo Schiavo，"奴隶塔"）的地方。

也许最有趣的地名是梅利亚山脊中心地带的托纳拉（Tonnara），如今那里被一片巨大的蕨类植物林和零散的山毛榉树群覆盖着。托纳拉即"金枪鱼陷阱"。托纳拉以西的山坡被称为"乔萨"（Chiusa）或"乔萨格兰德"（Chiusa Grande，意为"围场"或"大围场"）。"托纳拉"是地中海地区捕捞金枪鱼的传统方法，即用复杂的固定渔网系统来阻挡鱼群的洄游路线，古代渔民经常在意大利南部和西西里岛海岸用这种方法捕鱼。把反叛军北上途中被困的地方称为"托纳拉"非常贴切。

斯巴达克斯未能突围，其军队也有伤亡，但并未陷入绝境。他可能认为，自己远非困兽，反而让克拉苏陷入一场决定生死的战斗中。他明白，自己的增援部队正在赶来的途中。骑兵也还没到，他们一定正在乡间搜寻食物，寻求支持者。一旦

他们赶到，骑马便可以突围。与此同时，如果斯巴达克斯不能 150
在梅利亚山脊生存下来，那么克拉苏也不能。

斯巴达克斯的主要问题是后勤补给，他要养活自己的军
队。山脊上几乎没有食物。夏季，这里是牧牛的好地方，气候
潮湿，盛产蘑菇。然而，现在是冬季，军队只有下山抢劫，才
能获得食物。

克拉苏的主要问题是政治问题。罗马希望他尽快镇压敌
人，而克拉苏倾向于逐步扼杀，而这需要时间。斯巴达克斯拉
长了战争时间，使罗马人越发沮丧。他分散了敌人的注意力，
激怒敌人，拖延战争时间。有资料记载，斯巴达克斯"不断突
袭骚扰防御工事中的士兵；把一捆捆点燃的木头扔进战壕，这
让罗马人在匆忙灭火的同时还要艰难应战"。[7]

在斯巴达克斯等待骑兵时，这种心理战术是有效的。然
而，山区作战也让他自己的军队付出了代价。这是自去年11
月克拉苏参战后，反叛军在几个月间遇到的最大的困境。回想
夏季，在击败两名执政官和山南高卢总督时，反叛军绝对想不
到事情会发展至此。几周前，尽管形势艰难，至少他们还有机
会逃到西西里岛。现在，他们在云雾缭绕、严寒偏远的意大利
山脉中为生存而战。条件艰苦加上食物短缺，使有些人当了逃
兵。这位色雷斯人决定让他们摆脱恐惧。

资料记载："他在两军间的空地上把一名罗马战俘钉上了
十字架，以此向自己的士兵展示，战败会有什么下场。"[8]这种
做法非常残忍，但绝非夸张。罗马人从未打算饶过他们。他们 151
通常把逃跑的奴隶钉上十字架处决。此外，那是一个盛行屠杀
的时代。苏拉曾对富人实施剥夺政策，并处决了数千名战俘。
米特拉达梯在安纳托利亚屠杀了上万名意大利商人和税吏。

显然，斯巴达克斯达到了他的目的。他的军队没再显现软
弱之势，至少没在罗马人面前表现出来。如果我们采信资料记

载，那么除去梅利亚山脊上的罗马军，其他罗马人动摇了。罗马人被钉上十字架的情景反而让罗马军的意志更加坚定。反观罗马，人们在广场上发泄自己的挫败和失意。[9] 他们对陷入僵局的战事备感失望，投票召回了击败塞托里乌斯后正在重建西班牙秩序的庞培。

庞培在公元前 73 年底至前 72 年初赢得了对塞托里乌斯的战争。庞培从未在战场上击败过塞托里乌斯，但他造成的破坏诱发了兵变。反叛军中出现了异见者，他们联系了罗马人，罗马人鼓动他们刺杀首领。塞托里乌斯被盟友出卖，在自己的帐篷中举行宴会时被谋杀了。那是公元前 73 年的夏秋季节。叛军的首领马库斯·佩佩纳（Marcus Peperna）试图继续对抗罗马，但公元前 72 年冬季或春季败于庞培并被处决。西班牙暴动至此结束。

罗马公民大会投票决定召回庞培。元老院可没有这种热情，因为这意味着庞培无须像其他指挥官那样在边境上解散军队，他可以率领整支军队进入意大利。苏拉留下的回忆给庞培的到来蒙上了不祥的色彩。斯巴达克斯一定让元老们更为恐慌。

然而，没人比克拉苏更痛恨对庞培的召回。他希望通过赢得斯巴达克斯之战为自己的事业铺路，而不是壮大庞培的势力。然而，现在他不得不与庞培分享胜利荣耀。普鲁塔克声称，克拉苏曾写信给元老院，[10] 要求他们召回庞培，这听起来荒谬，但很可能就是事实。也许克拉苏在罗马的密探已经嗅到了政治风向的变化。也许他们意识到公民大会投票是不可避免的，也许他们建议克拉苏直接给元老院写信，这样表明他还是事情的主宰者。

除了庞培，克拉苏在信中应该还要召回另一位将军马库斯·泰伦提乌斯·瓦罗·卢库卢斯。马库斯是公元前 72 年的

152

马其顿总督，刚击败了一支极为凶残的色雷斯人——贝息人，有记载描述贝息人比冰雪还冷酷。[11]不要混淆马库斯·卢库卢斯[12]和他的兄弟卢西乌斯·李锡尼·卢库卢斯。卢西乌斯当时正在安纳托利亚指挥罗马军与米特拉达梯作战。而今天人们更熟悉的是他对美食的热爱——这就是"lucullan"（意为"奢侈宴会的"）一词的由来。为了削弱庞培的重要性，克拉苏请求两位将军同时增援。

这是一个阴谋计划，但斯巴达克斯的下一步行动更加阴险。显然，他得知庞培即将到来。我们可以想象，罗马士兵站在城墙上，嘲讽敌人：庞培要来了，你们要小心了。庞培在苏拉时代就声名显赫，有"少年屠夫"[13]的绰号。他的名号可能确实吓坏了一些反叛军，但斯巴达克斯可不会上当。

如果斯巴达克斯将庞培视为威胁，那么同时他也看到了机会。庞培成为克拉苏和斯巴达克斯的共同敌人。他们都不希望庞培参战，这也解释了斯巴达克斯的下一步行动：他向克拉苏提出缔结和平条约。他特别提出了一种非常罗马化的要求，即请求罗马接纳他为"fides"。[14]fides 是一个重要的拉丁词语，有丰富的含义。它有"信仰"或"信任"的意思，而在这里是"保护"的意思。如果罗马接纳某人为"被保护者"，意味着罗马要承担一系列相互义务。我们可以理解为结为联盟，但罗马人不这么认为，因为双方之间不存在法律契约。将双方联系在一起的是道义。罗马人认为被保护者仅是受保护的一方，他们不是盟友；罗马自认为是被保护者的保护者。

保护关系可能确实具有一定的约束力。例如，第二次布匿战争（公元前218—前201年）是古罗马历史上最惨烈的战争，起因是汉尼拔出兵攻打西班牙的萨贡图姆（Saguntum，今萨贡托——编者注）。萨贡图姆并没有与罗马结盟，两者仅是保护关系。不论罗马如何看待这种关系，缔结保护关系的谈

153

判者通常是一位将军，他往往更看重这层关系。他会成为罗马被保护者的私人保护者，两者之间有特别紧密的联系。如果克拉苏接受了斯巴达克斯的提议，他就会成为这位色雷斯人的保护者。

这样做会令人反感。罗马把"请求成为被保护者"视为正式的投降行为，即便如此，"被保护者"也被赋予一种"最体面的尊严"。[15] 如果接受这位色雷斯人成为被保护者，克拉苏不仅要尊重斯巴达克斯的尊严，也必须接受斯巴达克斯拥有把军队安全安置在某处的权利。那是绝对不可能的。叛逃的奴隶和角斗士不可能得到如此优待。罗马人不想和斯巴达克斯握手言和，他们想要的是斯巴达克斯的人头。克拉苏傲慢地拒绝了这个提议。

然而，斯巴达克斯的提议是多么的大胆！他没有认输，坚信自己有权得到尊重。即便仅是一种战术，它也可能会鼓舞士气。虽然被克拉苏困住了，但斯巴达克斯表现得不像身陷囹圄。事实上，他马上就展现了自己的脱困能力，他的骑兵部队终于赶到了。那时大约是 2 月。

斯巴达克斯在等待暴风雪天气。他选择了一个朔风凛冽、大雪纷飞的夜晚。古代资料记载，像他这样富有经验的人可能会猜测，在这种情况下，罗马守军会"军力不足，且没有戒备"。[16] 对于如何发动袭击，古代资料有不同的记载。一位作家说，斯巴达克斯用骑兵打头阵，冲开了薄弱的防线。另一位作家记录，他用泥土和树枝填平了一小段壕沟，率领部分人马冲出了包围线。还有一位作家认为斯巴达克斯确实填平了部分壕沟，但用的是被处决囚犯的尸体和死亡的牲畜。公元 26 年，在色雷斯军队袭击罗马军营的一场战斗中，他们曾用灌木、栅栏和尸体填充壕沟，所以我们可以想象斯巴达克斯使用了多种物品。[17]

关于斯巴达克斯所取得的胜利，史料也有不同的记载。一位作家说，在罗马人再次封锁防线之前，他只撤出了1/3的军队。另一种说法是斯巴达克斯撤出了整支军队。某位学者曾解释，一旦斯巴达克斯带领部分军队冲破防线，克拉苏就必须放弃整座防御工事，否则他会陷入两面夹击的境地。因此，其余2/3的军队也得以逃脱。无论如何，资料中提到，在战争的下一阶段有大量反叛奴隶在逃；他们还提到克拉苏担心斯巴达克斯会进军罗马。这表明，不管用什么方法，斯巴达克斯从克拉苏的围困中救出了大部分士兵。

克拉苏赌了一把，然而他赌输了。斯巴达克斯付出了血的代价，但他成功突围。奴隶们大胜，罗马人惨败。罗马人现在别无选择，只能放弃他们辛苦建成的防御工事，继续追击奴隶军。斯巴达克斯再次发动了一场自己特别擅长的机动战。

斯巴达克斯展示了他在战略战术上的精湛技艺。攻破固定防线往往非常困难，尤其对手是罗马人这样擅长防御工事的防御者。因此，斯巴达克斯突围后理应感到自豪，但不该抱有不切实际的希望。克拉苏正在追击他们，庞培大军也马上就会赶到，起义军的战略前景依然暗淡。现在，斯巴达克斯和过去一样，只有一个可以实现的目标：离开意大利。但如何实现呢？他们面对的是无法越过的阿尔卑斯山和背叛他们的海盗。斯巴达克斯也许考虑过在某处找到可以信赖的海盗，他甚至试图说服军队向北进军，再次尝试穿越阿尔卑斯山。但此时不是好时机，受到重创的军队肯定需要休养。无论如何，这种推论或许可以解释史料中他想前往萨姆尼乌姆（Samnium）的说法。[18]

155

萨姆尼乌姆属于亚平宁山脉的中南部地区，位于卡普亚北部和东北部。那里环境恶劣，并且与罗马为敌。公元前82年，苏拉的军队在科林门战役中消灭了萨姆尼乌姆的精锐部队，所以那里的自由人几乎不可能支持斯巴达克斯。然而，在当地奴隶的帮助下，反叛军可能已经撤退到萨姆尼乌姆的偏远山区。也许，他们在公元前 72 年春季向北进军时，已经在那里找到了援助。斯巴达克斯对萨姆尼乌姆的了解甚至可以追溯到他在卡普亚的瓦提亚之家的日子。因此，斯巴达克斯率军向北穿过布鲁提乌姆，回到卢卡尼亚，前往萨姆尼乌姆。

但事情并没按原定计划进行。反叛军再次分裂。有资料称，"他们内部开始产生分歧"。[19] 和先前一样，这次分裂也有民族因素。一支由凯尔特人和日耳曼人组成的大部队决定独立行动。他们的首领是卡斯图斯（Castus）和坎尼库斯 [Cannicus，或甘尼库斯（Gannicus）]。有资料记载，这支队伍的人数远远超过 3 万人，但具体人数仅是有根据的猜测而已。目前尚不清楚是否所有的凯尔特人和日耳曼人都加入了他们，也不清楚是否有其他民族也加入了这支分裂出来的队伍。

无论如何，我们不应下结论，认为分裂仅是出于部族政治问题。理智的人可能会认为，斯巴达克斯失败了，应该被取代；他的西西里战略浪费了宝贵的时间和兵力。即便他曾在梅利亚山脊拯救了军队，当初也是他把军队带到了那里。据资料记载，克拉苏得知反叛军分裂之前，十分惧怕斯巴达克斯会率军再次前往罗马。这可能正是卡斯图斯和坎尼库斯的计划。也许他们不屑于撤退到萨姆尼乌姆，还想对敌人的要塞发起猛攻。

因此，反叛军第二次分裂。克拉苏肯定重拾信心。

第四部分
死亡

第九章
凯尔特女人

大约公元前 71 年 3 月，两个女人爬到卢卡尼亚北部丘陵的山腰时，可能感受到了空气中的寒意。天刚蒙蒙亮，光线还很昏暗。山中嫩枝与青松交替出现，山顶甚至还有积雪。这两个女人是凯尔特人，属于卡斯图斯和坎尼库斯领导的奴隶反叛军分裂部队。行军中，隐秘活动是一种难得的奢侈。不过，这天早上，她们需要远离人群，进行每月一次的仪式。她们可能是德鲁伊教的女祭司，而隐秘性、神圣的树林和精确的时间安排是凯尔特宗教活动的基本要素。

我们不清楚她们要进行何种仪式。凯尔特仪式种类繁杂；正如恺撒所述，"高卢人都热衷于宗教事务"。[1]凯尔特女人通常以小团体的形式聚集在一起召唤神灵。"女人的魔力"[2]激励了很多凯尔特人。至于山上的两个女人，萨卢斯特说她们是在"履行每月的职责"。[3]有些学者认为这里指的是月经，有些学 者则认为是月相，因为凯尔特宗教非常注重历法。（黎明前的月光仍然清晰可见。）普鲁塔克说，女人们"为敌军送祭品"[4]（此处敌军是指罗马的敌人：女人们自己的队伍）。这些推论并不相互排斥。许多宗教将月经周期和月亮周期联系起来；许多社群认为，胜利与妇女的生育能力息息相关。

这两个女人偶然发现了罗马士兵的踪迹，6000 名士兵正在绕过敌人，悄悄占领她们正在攀登的卡马拉特鲁姆山（Mount Camalatrum）。克拉苏派凯乌斯·庞普提努斯和昆图斯·马尔库斯·洛福斯指挥这支军队，而自己准备从另一个方向发起主攻。为了躲过反叛军可能派出的侦察兵，庞普提努斯和洛福斯的士兵费尽心思地伪装了他们的头盔。罗马军即将发起全面战略突袭，而这两个女人发现了他们。如果她们能发出警报，罗马人的作战计划就会失败，克拉苏的计策也会落空。

克拉苏没那么幸运，这两个女人有随机应变的能力。古代证据表明，她们并没有惊慌失措，而这并不稀奇。一位罗马作家说，凯尔特女人时刻准备为陷入困境的丈夫冲上战场，与敌人厮打战斗。[5] 考古发现，凯尔特杰出女性的陪葬品中有战车和武器。所以，在公元前71年的那一天，她们能迅速赶回营地，向自己的军队通风报信。

这件事表明，虽然反叛军存在严重问题，但他们仍然难以对付。分裂出来的部队更关注宗教，而不是自身安危。然而，正如凯尔特女人的所作所为，宗教激励了他们的反抗精神。

早些时候，反叛军分裂的消息可能让克拉苏欢欣鼓舞。克拉苏原本十分担心斯巴达克斯会带领整支队伍冲向罗马，现在他认为，自己有机会逐步消灭规模较小的新队伍。克拉苏很可能沿着安尼亚大道从布鲁提乌姆尾随他们，首先选择更容易拿下的目标。这支分裂出来的队伍在卢卡尼亚的一个湖边安营扎寨。

古代资料中可以找到关于这座湖的记载，因为这里的湖水具有不同寻常的特性，忽而可以饮用，忽而发苦。这似乎是座海滨湖泊，可能位于卢卡尼亚的沿海城市帕埃斯图姆附近。实际上，这座"湖"可能是帕埃斯图姆和锡拉鲁斯河口之间的沼泽，20世纪30年代的土地开垦项目把它抽干了。

多支军队曾穿过帕埃斯图姆。卢卡尼亚人在公元前400年前后征服了这座城市，当时这里还是希腊殖民地，被称为波塞冬尼亚（Poseidonia）。公元前273年，卢卡尼亚的帕埃斯图姆因支持罗马的仇敌皮洛士（Pyrrhus）而被罗马军团吞并。这座古城的遗址在1943年协约国军队登陆的海滩附近，当时盟军正在前往北方约35英里外的萨莱诺。德军在帕埃斯图姆打了九天才撤退。考古学家在帕埃斯图姆发现了数万枚橡子飞弹，有人认为，它们可以追溯到公元前71年克拉苏的战役。橡子飞弹因其大小和形状类似小坚果而得名，由石头、烤黏土或铅制成。投石器是对付骑兵的首选武器，斯巴达克斯精心部署了骑兵，所以克拉苏配备了投石器。

陡峭的索普拉诺山（Mount Soprano）高耸在今奇伦托（Cilento）山脉的边缘地带，在帕埃斯图姆以东约5英里，位于现在的卡帕乔（Capaccio）市以北；有些人认为，它就是古代的卡马拉特鲁姆山。山脚下的平原土地肥沃，离安尼亚大道不远，是寻找补给的好地方。在西北方向约10英里处，锡拉鲁斯河下游经过平原。每年这个时候，山上的径流汇入，河水上涨，水波粼粼。强劲的海风吹过平原，反叛军可能已经感受到了自由的气息。湖周围回荡着"Riyos"[6]的呼喊声，许多学者认为这个词在高卢语里是"自由"的意思。

其实，这座湖也可能是位于卢卡尼亚内陆城市沃尔塞伊附近的一座山区湖泊（现已干涸），在帕埃斯图姆东北方向约40英里处。由于汇入了融雪径流，湖水在春季可以饮用，但在夏季会变咸。然而不久后，反叛军似乎已经到达卡帕乔附近，因此湖的位置应该在卡帕乔附近。

就在湖边，两个凯尔特女人上山开始了她们至关重要的登山之旅。资料表明，她们又下山了，并警告自己的军队：危险即将到来。资料称，罗马军的处境"岌岌可危"。[7]但克拉苏扭转了局势。他从另一个方向赶到，并把敌人打了个措手不及。凯尔特人要应对率军进攻的克拉苏，便无暇顾及庞普提努斯和洛福斯率领的罗马军，那时他们正藏匿在山坡上。那些罗马人怒吼着，从山上冲下来，从后方夹击凯尔特人。反叛军腹背受敌，惊慌失措的士兵纷纷逃命。如果救兵没有赶到，罗马人定会追击并屠杀他们。

斯巴达克斯来了。尽管卡斯图斯和坎尼库斯与他分道扬镳，但他还是赶来了。帕埃斯图姆和沃尔塞伊都离安尼亚大道通往萨姆尼乌姆的岔路口不远；分离出来的队伍会继续沿着安尼亚大道前往卡普亚，再取道阿皮亚大道前往罗马。显然，这位色雷斯人并没有放弃那些冲动的伙伴。实际上，为了争取他们归队，或许他一直留在附近。他的及时出现迫使克拉苏放弃追击，拯救了这支分离出来的队伍。

然而，克拉苏又发起了第二次进攻。第二场战斗发生在坎特纳（Cantenna）。卡帕乔以南3英里处是现在的准加诺（Giungano），[8] 它的后面是坎特纳山。也许这就是古代资料中提到的坎特纳；和卡马拉特鲁姆一样，具体位置不详，但所有迹象都表明坎特纳位于卢卡尼亚北部。

当克拉苏第二次进攻时，斯巴达克斯和他的军队还没离开。但克拉苏设法分散了他们的注意力，使卡斯图斯和坎尼库斯的军队不得不独自应战。勉强挺过第一次进攻后，反叛军非常疲惫，或许也丧失了斗志。没有血战到底完全违反了凯尔特和日耳曼文化的规则；现在他们为自己贪图的安全而付出了耻辱的代价。

在进攻前，克拉苏已经做了充分准备。他把军队分为两个行军营，每个营地都有战壕和土垒。他将两个营地都布置在敌人附近，以示自信和威慑。克拉苏把指挥营帐设在较大的那个营地。在某个夜晚，他撤出了所有军队，在山脚下重新驻扎。为了骗过敌人，他把指挥官帐篷留在了营地。

然后，克拉苏把骑兵分为两队。副将卢西乌斯·昆克提乌斯带领一支军队佯攻，引诱斯巴达克斯。昆克提乌斯出色地完成了精妙的作战计划，展现了自己的军事才能。先前，穆米乌斯的军队曾用类似的策略对付斯巴达克斯，失败后受到重罚，这无疑让昆克提乌斯的军队更加警觉。无论如何，他们执行了命令，在避免伤亡的同时，解除了斯巴达克斯军队造成的威胁。

另一支军队的任务也需要讲究策略。他们的任务可能更艰巨。他们必须接近卡斯图斯和坎尼库斯率领的日耳曼人和凯尔特人军队，诱敌出战，然后佯装撤退。他们的目标是将敌人引入陷阱。克拉苏和步兵团也许正在山丘的转弯处等待时机。反叛军追着克拉苏的骑兵冲进了伏击圈。此刻，罗马骑兵退回到两翼的位置。反叛军的对面是列成战斗队形的罗马铁骑。

这是克拉苏的梦想，这也是斯巴达克斯的噩梦：一场与罗马军的决战。反叛军最大的希望是逃到安全的地方。既然已踏入陷阱，那他们还有机会吗？此外，即便还有机会逃生，卡斯图斯和坎尼库斯的军队也不太可能会逃。他们想洗刷在卡马拉特鲁姆溃逃的污点。他们要血战到底。

对凯尔特人来说，战斗是一种宗教行为。开战前，他们向战神立誓将会获得战利品。他们获胜后会祭献俘获的牲畜，埋藏敌人的武器，砍下被杀死的敌军首领的头颅。如果他们战败，那么最后献给诸神的祭品是他们自己的身体，而虔诚的凯尔特人会很乐意献祭自己的身体。

他们对克拉苏的胜算不大。克拉苏的军队可能人数更多，武器更精良，军纪也更严明。卡斯图斯和坎尼库斯虽然都有良好的领导指挥能力，但他们的战略天赋无法与斯巴达克斯相提并论。最重要的是，凯尔特人的战斗方式阻碍了他们获胜。

罗马人强调战斗的协调和纪律，而凯尔特人认为战斗就是英雄式的决斗。在战斗中，凯尔特人和日耳曼人会聚在首领周围与他并肩作战，直至胜利或死亡。作为一名罗马老兵，斯巴

165 　达克斯明白，这种作战方式根本无法与罗马军团抗衡。毫无疑问，他竭尽全力想要让自己的士兵放弃这种观念。但是，斯巴达克斯失败了。

　　罗马军在坎特纳大胜。他们的死伤人数无从考证，而反叛军的死亡人数也存在不同记载。有资料称，反叛军的死亡人数为 30000 人 [9] 或 35000 人 [10]，而普鲁塔克的记录是 12300 人 [11]。数字越大越不合常理，可以忽略；而最小的数字也不可采信。最谨慎的说法是反叛军损失惨重。两份资料都认为，卡斯图斯和坎尼库斯都死在了战场上。普鲁塔克认为，这是克拉苏参与的 "最激烈最顽强的战斗"。[12] 作者此处描述的是凯尔特人和日耳曼人的顽强抵抗。据他记载，12300 名反叛军阵亡，事后发现仅有两人伤在背上。其余的人都和罗马人血战到底，坚守阵地，捐躯沙场。

　　如若属实，这就是一个非常凯尔特式的结局。凯尔特人认为，英雄理应战死沙场，他们鄙视临阵脱逃。例如，恺撒注意到，公元前 58 年，在比布拉克特［Bibracte，靠近今法国的欧坦（Autun）］战役中，没有一个高卢人逃跑。[13] 事实上，凯尔特人认为，与其投降，不如自杀。从著名的古希腊雕像《自杀的高卢人和他的妻子》到不列颠女王布狄卡（Boudicca）自尽，凯尔特人一直奉行战败自尽的原则。卡斯图斯和坎尼库斯以及成千上万的凯尔特人保住了自己的荣耀。但高卢人和日耳曼人的荣光却消逝在卢卡尼亚的田野上。

　　我们没有关于战俘的消息，但可能有人被俘。其他人也许逃回了斯巴达克斯的军队。我们不禁会想，那两位登上卡马拉特鲁姆山的凯尔特女人是否也在坎特纳？也许她们就在战场边，为她们的男人祈祷。倘若如此，她们是不是死了，或许自杀了？

　　克拉苏有权享受胜利的喜悦。现实中，没有军队能像机器

一样运转，即便如此，克拉苏还是训练了军队，让他们拼力厮 166
杀。严苛的纪律终于有了回报。马基雅维利认为，君主受人敬
爱不如被人惧怕。他肯定赞同克拉苏的做法。克拉苏报了梅利
亚山脊大败之仇。他一夜诡战的战果远高于花费几周时间、搬
运大量泥土所取得的战绩。

战后，罗马人从战败的军队那里获得了大量战利品，有些
珍贵的战利品极大地鼓舞了士气。根据李维的记载，他们找到
了五柄由木棍和斧头组成的束棒。这是罗马官员的权力象征，
意味着他们拥有打人和砍头的权力。束棒一般由执政官的执法
吏扛在肩上，丢掉束棒对他们来说是巨大的耻辱；找回束棒是
克拉苏军队的无上荣耀。更重要的是，他们找回了五枚罗马鹰
徽和 26 面罗马战旗。战旗在罗马军队具有重要的象征意义，
通常是在一根长棍顶端装饰着不同符号和徽章。每支百人队、
每个步兵营、每个军团都有自己的战旗。罗马军团的标志是一
只银鹰。战斗中扛着战旗的军官被称为掌旗官，他们经常扛着
战旗冲进敌人内部。公元前 168 年，在皮德纳战役（Battle of
Pydna）中，掌旗官将战旗掷入敌军，许多战士为了夺回战旗
而丢了性命。可以说，每一面罗马战旗都染着鲜血。

罗马战旗代表着整个军团。士兵们崇敬甚至膜拜他们的战
旗。在战斗中丢掉战旗是奇耻大辱，而夺回战旗，尤其通过武
力夺回战旗则是无上的荣誉。屋大维·奥古斯都（公元前 29—
公元 14 年在位）没有通过战争手段而是经过外交斡旋从帕提
亚（Parthia）人（伊朗人）手中夺回了罗马失去的战旗，为此
他感到无比自豪，甚至铸币来纪念这一壮举。克拉苏夺回了罗
马人的荣誉，实际上等于赢得了第二场战役。

斯巴达克斯肯定还有在先前战役中缴获的罗马战旗，但在
这一天，他可能没赢得任何具有象征意义的战利品来凝聚自己 167
的部队。他不得不通过其他方式来发挥自己出色的沟通技巧。

他当然会像哀悼克里克苏斯一样哀悼卡斯图斯和坎尼库斯。然而，这次他没有时间举办葬礼，或强迫罗马战俘充当角斗士。与凯尔特人和日耳曼人一样，色雷斯人也非常崇尚荣誉，但斯巴达克斯已经非常罗马化，他首先考虑的是生存问题。他认为，活下去改日再战并不可耻。

斯巴达克斯说服部下"退到佩特林（Peteline）的山里去了"。[14] 关于这座山的具体位置存在很大争议，它可能是帕埃斯图姆东南部的奇伦托山，可能是阿蒂纳佩特利亚［Atena Petilia，今作阿蒂纳卢卡纳（Atena Lucana）］周围的山脉，还可能是皮凯蒂尼山（"佩特林"可能是手稿错误）。最简单的解释是，"佩特林山"是佩特利亚城周围的山脉，可能就是历来匪徒出没的西拉山脉。佩特利亚是布鲁提乌姆的一座城邦，可能是现代的斯特龙戈利（Strongoli），靠近克罗顿，在帕埃斯图姆东南约 200 英里。也就是说，为了到达佩特利亚，斯巴达克斯不得不把疲惫的部队一路撤回梅利亚山脊。但所有迹象表明，在战争的最后阶段，多场战事接踵而至，斯巴达克斯的军队不可能来回行军 200 英里。

另一份资料提供了缺失的部分。据说，斯巴达克斯在锡拉鲁斯河的源头附近扎营，[15] 距离现在的卡波塞莱（Caposele）不远。锡拉鲁斯河上游的河谷环绕着西面的皮凯蒂尼山脉。卡波塞莱位于古代的卢卡尼亚西北部、阿普利亚西南部和萨姆尼乌姆东北部之间的边界地区，在帕埃斯图姆以北约 45 英里，行军仅需要几天时间。卡波塞莱离皮凯蒂尼以及萨姆尼乌姆（斯巴达克斯到达梅利亚山脊之后的目的地）的周边地区都不远，很可能成为"前往佩特林山"的所经之地，接下来的事件就在这里展开。

无论斯巴达克斯要率军去哪里，可能他没走多远就被罗马人追上了。克拉苏派他的副将卢西乌斯·昆克提乌斯和克奈乌斯·特雷梅利乌斯·斯克罗法带领一支派遣队追击他们。斯克罗法是财务官，昆克提乌斯是骑兵指挥官，曾在坎特纳给斯巴达克斯设过陷阱。我们并不清楚，为什么克拉苏没有亲自上阵执行这项重要任务。可能他希望在投入大量兵力之前，先让手下摸清敌人的意图。

克拉苏又一次信错了人。在追击斯巴达克斯的过程中，昆克提乌斯和斯克罗法都不够谨慎。他们紧紧尾随着反叛军，没有意识到斯巴达克斯有回师反击的可能。斯巴达克斯突然反攻了，罗马军慌忙逃窜。尽管最近的败仗让人沮丧，但这位经验丰富的战士仍然有勇有谋。罗马军的处境非常艰难，斯克罗法受伤，士兵们几乎来不及把他抢救到安全的地方。他们可能会想，在营地等待他们的会是什么：是勋章还是屠杀？

关于斯巴达克斯的下一步行动，资料记载了两个不同的版本。这并不稀奇，因为在古代，记录者只能从极少数亲历事件又幸存的反叛军和罗马指挥官的说法中拼凑出真相。最终，他们只能猜测斯巴达克斯的计划。

第一份资料记载，斯巴达克斯开始带领军队向布伦第西乌姆城进发。[16] 现在，他只有一个最迫切的目标：离开意大利，而且越快越好。布伦第西乌姆是意大利南部亚得里亚海沿岸的港口城市，是通往东方的海上门户。例如，公元前83年，苏拉结束第一次米特拉达梯战争返回意大利时，就在那里登陆，准备沿着阿皮亚大道开始血腥的征服之旅。从布伦第西乌姆到罗马，阿皮亚大道全长约为364英里。也许斯巴达克斯希望在布伦第西乌姆找到船只，把他和他的色雷斯同胞带回家乡；也许这次他会遇到信守承诺的海盗。倘若都行不通，布伦第西乌姆所处的阿普利亚地区有丰富的食物，还可以在那里招募新军。于是，反叛军继续前进。

从帕埃斯图姆到布伦第西乌姆要经过卡波塞莱（如果军事

169

史完整又合乎逻辑，这也是把卡波塞莱与"通向佩特林山"的地方联系起来的一个原因）。从意大利的第勒尼安海岸通往亚得里亚海的古道会穿过锡拉鲁斯河的上游河谷。在距离河流源头不远的阿奎洛尼亚（Aquilonia）城附近，斯巴达克斯应该已经到达阿皮亚大道。从那里往东南方向走 175 英里，就可以到达布伦第西乌姆。这大概就是他战胜昆克提乌斯和斯克罗法后的行军路线。

但坏消息打断了他们的行动。布伦第西乌姆的局势发生了变化。斯巴达克斯得知，刚在色雷斯取得胜利的马库斯·卢库卢斯带着部队从那里登陆了。现在去布伦第西乌姆还不如下地狱。

第二份资料的记录也许是从那时开始的。[17]记录从行军的部队开始。他们全副武装，也许时刻准备应对罗马人的再次进攻。他们刚战胜了克拉苏的副将，变得狂妄又自信。普鲁塔克写道："这次胜利却断送了斯巴达克斯，因为那些奴隶都充满了狂妄的自信。"[18]他们不再认为战略性撤退无损尊严，也不再服从首领的命令，反而手持武器威胁首领。简言之，反叛军兵变了。

兵变通常由不想作战的士兵发动，普鲁塔克对兵变动机描述得越详细就越不可信。上述因素让兵变的真实性变得可疑，但我们有理由相信确实发生了兵变。打了胜仗的军队不愿意撤退，特别是那些由普通人组成的军队，军中的普通士兵习惯发表自己的意见。宁死不屈是古代战争尤其是对色雷斯人的记载中常见的主题。斯巴达克斯本人也曾推崇这种思想。起义之初，他在瓦提亚之家时说过，自由好过被当众羞辱。有一名反叛军——也许就是维苏威火山上的斯巴达克斯——曾说，宁可战死也不愿意饿毙。

此外，兵变者的目标也有一定的合理性。他们刚刚成功地伏击了克拉苏的副将，尝试伏击克拉苏本人也是合理的。庞培即将到来，与其让罗马不断壮大军事力量，不如迅速地结束战事。斯巴达克斯可能会反驳说，克拉苏现在已经积攒了经验，不会再上当受骗。但士兵们坚持己见。

斯巴达克斯的军队很可能已经到了阿皮亚大道。如果他们向南行军，很快就会跨过奥非都斯〔Aufidus，今作奥凡托（Ofanto）〕河上的一座桥。奥非都斯河长 100 多英里，流经坎尼城附近，最终咆哮着注入亚得里亚海。在那里，大约 150 年前，即公元前 216 年，汉尼拔让罗马遭受了历史上最惨烈的失败，一天之内约有 5 万人丧生。

历史、战略、荣耀和背叛都萦绕着斯巴达克斯。华丽的说辞也许能改变叛乱者的想法，但只有认真反思才能找到正确的道路。斯巴达克斯犹豫了片刻，然后调动了军队。

第十章
斯巴达克斯

　　这个色雷斯人实际上已经兵临城下。他的奴隶和角斗士已经来到了阿皮亚大道，再走 50 英里就能到达维努西亚［Venusia，今作韦诺萨（Venosa）］。这座古城建在雄伟的死火山沃尔托［Vultu，今作武尔图雷（Vulture）］山附近。维努西亚在 200 多年前就已经成为罗马殖民地。在公元前 71 年的春天，这座城市应该已经加固了城墙，因为外围农场肯定已被劫掠的队伍洗劫。

　　劫掠可能仅是反叛军最轻微的暴行。人们这样描述反叛军："他们无恶不作，杀人放火，偷盗强奸。"[1] 他们囚禁罗马公民。据说，一名罗马妇女被强暴后痛苦地自杀了。[2] 基于最近的遭遇，维努西亚人可能会遇到更艰难的处境。维努西亚在同盟者战争中加入了反叛阵营，公元前 88 年被罗马军队攻占。

　　公元前 71 年，霍拉图斯（Horatius）是一名维努西亚的自由人。尽管以前曾为奴隶，但霍拉图斯不太可能支持斯巴达克斯，因为他代表了一个成功的群体。如果古代传记可信，[3] 他已经靠卖咸鱼起家。西塞罗认为，这种小商贩只有通过坑蒙拐骗才能发财。[4] 然而，目前他是一名拍卖捐客，从事这个职业获利丰厚却并不体面。富裕的自由人可能和贵族一样惧怕斯巴达克斯。

　　但霍拉图斯无须忧虑。斯巴达克斯的乌合之众不会阻挡他的成功之路。公元前 71 年，或此后不久，霍拉图斯就会拥有一座农场和一栋城中大宅。六年后，即公元前65年，他的妻子（名字没有记录）将生下他们的儿子昆图斯。历史会证明，这是一个极具才华的孩子。霍拉图斯不仅把孩子送进维努西亚最好的学校读书，而且后来又送他去了罗马更好的学校，最后还把他送到雅典的大学——在那里，他居然与西塞罗的儿子同堂。昆图斯将成为罗马最杰出的诗人——昆图斯·霍拉图斯·弗拉库斯（Quintus Horatius Flaccus），他更广为人知的名字是贺拉斯。

最终，霍拉图斯及其家族如愿以偿，但在公元前71年的某段时间，他经历了惊心动魄的一刻。或者，我们可以这样想象：诗人贺拉斯的父亲霍拉图斯是一个真实的历史人物，但关于他在斯巴达克斯到达维努西亚时的处境仅是有根据的推测。就此而言，斯巴达克斯的到来本就是从一些来源不足、相互矛盾的资料中推断出来的，因此，我们无法确定战争最后阶段的情况。无论如何，斯巴达克斯似乎离开了维努西亚，转而去了南方。他率军沿着锡拉鲁斯河上游河谷向罗马人的营地进发——这也是一条看似合理但并不确定的路线。有一点很明确，正如资料记载，"他放弃了所有（其他计划），决定与克拉苏作肉搏战"。[5] 这是为什么呢？

古代资料对斯巴达克斯的动机有不同的记录。一种说法是手下强迫他率部回师去打罗马人，[6] 另一种说法是这是他自己的选择。[7] 是因为兵变，还是因为布伦第西乌姆传来的坏消息？从历史上看，只有一种说法是正确的，但这种相互矛盾的记录说明斯巴达克斯有复杂的动机。根据斯巴达克斯对罗马人的了解，他肯定知道战斗的胜算不大。不过，作为色雷斯首领，他愿意为了自由进行一场生死之战。

与此同时，克拉苏成了一个难以捉摸的对手。只要收到斯巴达克斯出现的消息，克拉苏就亲自出征。他渴望战斗。克拉苏和许多反叛军一样，希望在庞培到来之前与对手交锋，这不仅出于政治原因，也有军事原因。克拉苏渴望胜利的荣耀。

他当然想赢。他也有理由相信自己能赢。自从克拉苏在秋季掌握了指挥权，罗马军的胜算越来越大。他在卢卡尼亚北部、梅利亚山脊和坎特纳多次让敌人遭受重创（死伤、被俘）。此外，凯尔特人和日耳曼人的军队已与斯巴达克斯分裂，反叛军的形势更为艰难，或许还有其他人叛逃。鼎盛时期，斯巴达克斯的军队约有 6 万人。据资料记载，反叛军依然"规模庞大"，[8]但兵力确实大量减少。他可能还有三四万名士兵，但这仅是有根据的猜测。

罗马军的情况似乎要好一些。克拉苏在梅利亚山脊以及向"佩特林山"推进的战斗中大约损失了 4.5 万名军团士兵。叛乱结束后，罗马人解放了 3000 名被反叛军囚禁的罗马公民；[9]不能确定其中有多少士兵。据估算，克拉苏现在有 4 万名军团士兵。也就是说，罗马军在规模上与反叛军不相上下，甚至可能超过了反叛军。

这对斯巴达克斯的军队来说可不是好兆头。罗马军善于与规模更大的军队作战，并凭借其（特别是百夫长级别）出色的训练和指挥能力在不利的条件下击败对手。他们拥有更好的武器和盔甲，当然也有更好的伙食。他们知道增援部队正在从两个方向赶来，但他们相信仅靠自己也能打败敌人。

反叛军清楚当前的形势，然而，他们并不在乎结局如何，因为他们期待的不是一场普通的战斗，而是一场恩怨之战，他们要为死去的战友复仇。他们想要实现色雷斯人、凯尔特人和日耳曼人战死沙场的夙愿。他们想消灭罗马军，因为反叛的奴隶知道如果被俘会面临怎样的结局。例如，在第二次西西里奴隶战争（公元前 104—前 100 年）中，一群西西里奴隶自尽拒降；[10]据资料记载，另一群奴隶被俘后宁可自相残杀，也不愿被罗马人送进斗兽场。斯巴达克斯的军队可能会想，如果即将到来的战斗是奴隶们的温泉关之战，那就接受吧。

公元前 71 年，大概在 4 月，反叛军向南穿越锡拉鲁斯河上游山谷时，罗马军在向北进军。事件发生的地点具有一定的对称性。斯巴达克斯与罗马军的第一次冲突发生在意大利最危险的火山——维苏威火山一带。现在，根据对证据的合理解读，最后一战在意大利最危险的地震带——锡拉鲁斯河上游河谷展开。公元 79 年，维苏威火山喷发，摧毁了庞贝和赫库兰尼姆。1980 年，孔扎（古作康普萨，阿皮亚大道附近的城市）地震造成 3000 人死亡，1 万多人受伤，30 万人无家可归。[11]

锡拉鲁斯河从北部源头平缓地流出，蜿蜒经过迷宫般的山丘。然后，沿着规则的河道向南流淌 20 英里，两岸矗立着高达 5000 英尺的山峰。皮凯蒂尼山脉在西部的岩石高地上崛起，而马尔扎诺（Marzano）山和奥格纳（Ogna，现代名）山的山峦则将山谷的东侧隔离开来。山与山之间的最宽处不超过 3 英里。山谷的大部分地区是丘陵；平原最宽处约为 2 英里。山谷在南部突然消失，山脉如悬墙般突然出现在平原上，锡拉鲁斯河的中游和下游沿着河道奔向大海。从平原回望锡拉鲁斯河上游时，山脉似乎在山谷的入口处优雅地相互避让退缩，仅在河流转弯处再次形成一道石墙。

山谷绿意盎然，水源充足，空气清新湿润，云雾缭绕。如果没有大片的橄榄树，这里看起来不像是地中海地区，更像是纽约北部或魁北克。毫无疑问，在罗马时代，奴隶负责照料这片橄榄林。如果从平原进入山谷，经过孔图尔西泰尔梅（Contursi Terme）温泉时，会闻到明显的硫黄气味。向北大约 10 英里，奥利韦托奇特拉坐落在一座可以俯瞰河流的小山上。

奥利韦托奇特拉地区的人声称，斯巴达克斯的最后一战就

发生在这里。距离帕埃斯图姆附近山区 50 英里的准加诺地区
的人也声称，当地是斯巴达克斯最后一战的战场。这两种说法
都没有确凿的证据支持，但我们可以排除准加诺。事实上，那
里可能发生了另一场战役，克拉苏在这场战役中击败了卡斯图
斯和坎尼库斯。奥利韦托奇特拉位于一片平原的西南部，这片
平原绵延约 2 英里，确实是交战的好地方。交战双方可能在相
对狭窄的空间中各占优势：兵力占优势的罗马军无法从侧翼包
抄反叛军，而斯巴达克斯的骑兵只能在有限的空间里回旋作
战。如果古代的环境和今天的环境一样，这个山谷里就有橄榄
林和深耕过的土地。在西侧，皮凯蒂尼山凹凸不平的悬崖形成
深邃的峡谷，而在东侧，矗立着奥格纳山脉绵长的山脊。在这
些地方发现过罗马人的胸甲。不过，一块胸甲并不能说明这里
就是战场：更准确地说，最后一战可能发生在锡拉鲁斯上游河
谷的某个地方。

只要克拉苏的侦察兵发现反叛军，无论在哪儿，克拉苏都
会马上靠近敌人，并在附近扎营，这是一种挑衅，也表达了他
对战斗的渴望。这也是冒险之举。有资料批评克拉苏太急于出
战，[12] 这样做仅仅是为了在庞培赶到之前结束战争，他们可能
指的就是这一行为。

资料记载，"他（克拉苏）让士兵挖一条壕沟，奴隶们跑
进壕沟和正在干活的士兵厮杀起来"。[13] 这里提到的壕沟可能
是环绕罗马军营地的壕沟，但更可能是为了阻止斯巴达克斯的
骑兵从侧翼包抄军团而挖掘的壕沟。公元前 85 年，苏拉在希
腊地区奥科墨努斯（Orchomenus）发动的战役中曾修筑类似
的沟渠。正如罗马将军科尔布罗（Corbulo）后来所说："胜利
靠鹤嘴锄获得。"[14] 克拉苏的军队也可能在壕沟尽头修建了堡
垒，安置一种被称为"蝎弩"的轻型机动弩炮。15 年后，恺
撒在入侵高卢时使用了同样的战术。顾名思义，蝎弩发射类似

蝎子毒刺那种短而重的箭矢。据说，有一支蝎子箭刺穿了一名骑兵指挥官的身体，把他钉在了马背上。[15]

反叛军袭击了战壕。倘若是在斯巴达克斯起义的前两年，罗马人可能会转身逃往更安全的地方，但克拉苏的军队会坚守阵地。罗马军和奴隶军都不断派出有生力量，此时是一场混战。

没有迹象表明两位将军参与了战壕中的战斗。苏拉的老兵们可能会回想起在奥科墨努斯战役中，当挖沟的工兵遭到米特拉达梯的袭击时，他们的首领是如何应对的。[16]一旦有士兵逃跑，苏拉就会立刻从马上跳下来，抓起一面旗帜，穿过逃兵，大声咒骂着冲向敌人。他愿意以光荣的方式战死；当士兵们被问及在哪里背叛了自己的首领时，他们可以说"在奥科墨努斯！"。他让逃跑的士兵转身战斗，并在激烈的搏杀后扭转了战局。

錫拉鲁斯的情况就不同了。普鲁塔克讲述的故事听起来是斯巴达克斯率军主动攻击了挖沟的罗马军，强迫他们的首领采取行动。普鲁塔克写道："斯巴达克斯看到他必须亲自出战，便集合全军准备开始战斗。"[17]但斯巴达克斯可能有意派军出击。斯巴达克斯这样的老将应该能预见克拉苏会修壕沟及其对反叛军骑兵的威胁。反叛军骑兵成功的侧翼进攻可以击溃罗马轻装步兵，而罗马轻装步兵的任务是持续不断地向敌人投掷石头和箭矢。在斯巴达克斯的作战计划中，骑兵肯定会扮演重要角色，而他很可能已经有了作战计划。起初，斯巴达克斯可能不想开战，然而一旦意识到战斗不可避免，他定会认真布局。像他这样的人不会让困境束缚自己。他很可能会召开战前会议，与副将们商定作战计划。

斯巴达克斯可能希望先用骑兵破坏罗马军的阵型，伺机脱困。骑兵若能成功出击，便能让罗马军丧失使用远程武器的机

177

会。然后，他的步兵将发起进攻。斯巴达克斯不会发起激烈的冲锋，他期待能干掉敌人的首领，让敌人群龙无首。

克拉苏肯定也有作战计划。显然，他打算压制敌人的骑兵，确保自己的轻步兵可以向反叛军密集发射远程投掷武器。最常用的投掷武器可能包括轻投枪、投石、蝎弩箭、普通箭矢，甚至火箭。与此同时，他的军团将击退预料中的敌军冲锋。然后，军纪更严明的军团会发起更猛烈的反击冲锋，从而赢得这场战斗。

178 　　现在，两位将军都在备战。这是一个复杂又烦琐的过程，需要花费相当长的时间。罗马军从营地开拔到战场部署都在保民官的严格监督中。在没有其他证据的情况下，我们可以想象，军团按照标准的三线阵排列。如有必要，最后的横列将作为增援部队。反叛军的备战可能没那么有条不紊。尽管如此，斯巴达克斯的军队没有像罗马人希望的那样陷入混乱，他的副将们很可能采取了更严密的措施。如果每一队列都长约 1 英里，那也不足为奇。

反叛军的前线可能是一些经验丰富的老兵，他们知道如何沉着应战。罗马人的武器可能已被擦拭得锃亮。毕竟，直到最后一刻，军团士兵才从护罩中取出盾牌。反叛军的武器和铠甲可能相对暗淡，质量也参差不齐。然而，许多武器和铠甲都是从罗马士兵的尸体上取来的。反叛军的旗帜也在意大利的阳光下升起，从维苏威火山到穆提那再到布鲁提乌姆，一路奏凯。

战前，每位指挥官都对自己的部队发表演说，至少部分士兵能够听到。克拉苏的讲话没有流传下来。斯巴达克斯做了一个大胆的举动。他下令把战马牵过来，然后拔出剑，对士兵们讲话。根据普鲁塔克的记载，他说："如果得胜，他将从敌人那里得到很多良马，如果失败，他也就不需要马了。"[18] 说完，他就把马刺死了。

　　为了鼓舞士气，古代的将军偶尔不骑马，徒步参战。然而，斯巴达克斯更为激进，他以面对死亡的庄严姿态进行了一场宗教仪式。这种姿态备受瞩目，不是因其对神圣性的追求，而是因为充满了戏剧色彩：古人都认为战争是一种宗教行为，战前会求得神谕。例如，罗马人出征总会带上一群鸡。这些鸡被尊崇为神物。战前喂鸡，如果鸡吃得津津有味，食物从鸡喙中掉下来，他们就认为这是吉兆。凯尔特军队在战前会请示祭司和吟游诗人。我们可以假设斯巴达克斯的军队总会在战前举行仪式，然而除了锡拉鲁斯之战，没有任何细节留存下来。

　　像凯尔特人和日耳曼人等许多古代民族一样，色雷斯人视马为神物。一起发生在罗马与色雷斯的战争中的事件呼应了斯巴达克斯的行为。大约在公元前 29 年，一支入侵色雷斯的罗马军准备与色雷斯部落摩西亚人开战。在最后一刻，摩西亚指挥官在阵前献祭了一匹马。[19] 然后，他发誓要把罗马统帅作为人祭屠杀，还要吃掉他们的肠子。斯巴达克斯显然没有发誓要把克拉苏的肠子献祭。

　　斯巴达克斯杀了自己的坐骑，并许下了希望获胜的誓言。他还针对战术和军队士气做出了相应决策。将军们通常骑马作战。为了鼓舞士气，斯巴达克斯杀了自己的战马，但代价是限制了自己的视野和机动性。没了战马，开战后，斯巴达克斯便无法改变计划，也不可能在情况恶化时逃跑。但士兵们可能只看到了他的勇气和无畏。战前，也许他们会像色雷斯人一样，在敌人面前载歌载舞；[20] 凯尔特人会不遗余力地嘲讽他们的宿敌。双方指挥官都发出了信号；士兵们挥舞着旗帜，吹响号角。战争打响了。

　　两军在锡拉鲁斯的交锋也是两个世界的对撞。这是一场军事科学与英雄主义的冲突，正是这种战斗孕育了传奇。幸存的资料中细节描写极少而且比较夸张；持怀疑态度的读者可以完全忽略。这个故事虽然有些离奇，但并非完全不可信。此外，从现存资料里也可以获得关于罗马战争的一些真实细节。

当战斗信号发出时，我们可以设想双方的步兵都发动了进攻。反叛军很可能呼喊着发起了冲锋。罗马军受过严格训练，会缓慢推进。当他们距离敌人约 50 英尺时，便会投出投枪。然后他们会拔剑冲锋。军团士兵会高声呐喊，既为了鼓励自己，也为了恐吓敌人。

所有这些都是推测，并且忽略了关键问题。古罗马的战争非常复杂。指挥官派出骑兵，召集预备队，调度士兵，撤退并调整战线，寻找敌人阵地的缺口——所有这些都需要在适当的时机进行。我们对这场战斗的细节了解甚少，甚至难以猜测。锡拉鲁斯之战是一场史诗般的战斗，参战人数超过 6 万人，但古代世界最关心的是斯巴达克斯在那天做了什么。当他把战斗变成一场决斗时，人们怎能不关注呢？斯巴达克斯的战略目标是克拉苏。有资料写道："他冒着飞矢，越过遍地的伤员，直向克拉苏杀去。"[21]

克拉苏可能骑着马，在靠近军队前线的位置，这是罗马将军在战场上的通常位置。他在这里观察战况，鼓舞士气，指挥作战。他离前线很近，可以激励军队，调遣预备队，并在需要时做出决策。克拉苏没有选择后方安全的位置，有资料记载："他临危不惧。"[22] 然而，斯巴达克斯冒着更大风险，因为他就在前线，并且徒步作战。

将军冲在最前线极为罕见，但并非没有先例。例如，公元前 216 年，汉尼拔在坎尼战役中就冲在前线。在斯巴达克斯起义后的几十年里，恺撒和喀提林（Catiline）都曾亲临最前线。然而，将涉及数万人的战役转变为两位将军之间的较量在古代战争中确实罕见。斯巴达克斯实现了过去色雷斯人的理想：男人要执剑上阵。

181

不仅色雷斯人如此，斯巴达克斯单挑敌军将领，就像一位在争取罗马最高军事荣誉的罗马人。这项被称为"辉煌战利品"（spolia opima）的殊荣在整个罗马共和国历史上只有一人有幸获得。公元前222年，马库斯·克劳迪斯·马塞勒斯（Marcus Claudius Marcellus）因手刃高卢首领而获得了这项荣誉。更近一些，在公元前79—前76年，反叛的罗马指挥官塞托里乌斯曾在西班牙向地方总督梅特卢斯要求进行战场决斗；梅特卢斯没有应战。然而，塞托里乌斯并没有像斯巴达克斯那样率领忠诚的军队冲向梅特卢斯的军队。

直接杀向克拉苏的做法既勇敢又鲁莽。深入敌人防线向来充满危险，更何况罗马军会为了保护指挥官不惜一切。斯巴达克斯身边一定有一群护卫，也许是一支精锐的卫队，然而为了保护克拉苏，军团士兵会蜂拥而上，并最终突破他们的防线。斯巴达克斯必须在速度上赌一把：在罗马人杀死他之前，先杀了克拉苏，然后希望罗马军团得知将军阵亡后崩溃。这是孤注一掷的举动，但在当时的情况下，也可以说是明智之举。袭击克拉苏要冒着死亡的危险，而冲向整个军团必死无疑。

斯巴达克斯的冲锋是古代战争中令人难忘的事件之一。用罗马人从希腊语中借来的词语形容，这就是现实版的英雄壮举（aristeia）。"aristeia"一词形容的是史诗戏剧中的传统场景，指英雄在战斗中的辉煌时刻。罗马人赞叹他的勇气。一位作家写道，斯巴达克斯"以无比的个人勇气，奋勇作战"。[23]他冲向克拉苏时，"杀死了迎面奔来的两名百夫长"。[24]百夫长总是身先士卒，坚守阵地，"绝不能让他们冲破防线"也许是他们的座右铭。和军团士兵一样，他们知道如何近距离作战。百夫长用巨大的矩形盾牌保护自己，同时那双敏锐的眼睛可以在敌人的头部或躯干中找到出剑目标。但百夫长并没有接受过与角斗士对抗的训练。

斯巴达克斯没能接近克拉苏。关于他的终局有两个不同的版本。一份资料记录："最后，他的同伴都逃跑了，他仍独力奋战。在敌人的重重包围下，他被砍倒时还抵抗不止。"[25] 另一份记录写道："斯巴达克斯的大腿被短投枪刺伤了。他单膝跪下，拿盾牌挡在身前，继续和那些攻击他的人战斗，直到自己和周围大部分人被包围并被杀死。"[26]

两个版本差异明显。一个版本记录斯巴达克斯的战友抛弃了他，而另一个版本记录他们并肩战斗直至死亡。一个版本提到，斯巴达克斯大腿被投枪刺伤，他不得不跪在地上；而另一个版本对此只字未提。短投枪（希腊语 doration；拉丁语 iaculum 或 telum）正是罗马轻装步兵使用的投掷武器。斯巴达克斯的军队曾试图阻止罗马人挖掘对付骑兵的战壕。显然，罗马工兵占了上风，阻挡了敌人的骑兵，并让一名罗马轻装步兵完成了百夫长无法完成的任务：击倒斯巴达克斯。对角斗士来说，没死于肉搏战是奇耻大辱。

我们很难在这两个版本之间做出选择，所以只能关注那些相同的细节：斯巴达克斯被包围了，顽强战斗，战死沙场。

尽管罗马作家对角斗士和反叛奴隶充满了恐惧和厌恶，但他们对斯巴达克斯那天的勇气充满了敬畏。历史学家萨卢斯特首先提到了这一点，他评论说："他坚持了很久，尸体也没被糟蹋。"[27] 弗洛鲁斯称赞斯巴达克斯"像 imperator 那样战死"。[28] 在拉丁语中，"imperator"的意思是指挥官，也是一种特殊的荣誉头衔，象征着将士同心。凯旋后，军队会对他们的指挥官欢呼"元首"（imperator）。苏拉、庞培、恺撒和奥古斯都曾使用这个头衔。到了弗洛鲁斯的时代，这个头衔已用于在任皇帝。总之，斯巴达克斯死得其所。

与斯巴达克斯相比，战场上的数万名士兵在史料中的记载很少。显然，他们打了艰苦又漫长的一仗。有消息来源称：

"无数陷入绝望的人拼死战斗，这场战役时间很长，异常惨烈。"[29]一场艰苦的古罗马战役可以持续五个小时。

战斗激发了士兵的斗志，让他们恐惧，让他们迷失了方向。战斗的声响在山间回荡，人们无法确定战斗的位置。指挥官们也许只能通过观察冲锋部队扬起的尘土来猜测他们的行动路线。

一份资料使用了竞技场的隐喻来描述反叛军的斗志："一支由角斗士领导的军队不能离场（sine missione），直到死亡。"[30]"离场"是一个专业术语，指的是在角斗赛中组织者不给战败角斗士生存机会。罗马人知道，最危险的敌人莫过于没有生还希望但还能杀戮的人。[31]

罗马人杀了斯巴达克斯，成功扭转了战局。显然，斯巴达克斯的士兵受到了重大的心理冲击，而这正是斯巴达克斯试图带给罗马人的。斯巴达克斯被杀后，他的余部陷入了混乱。在决战中丧失凝聚力是致命的。我们可以想象，罗马军团向反叛军的防线推进，一路砍杀，到处开辟出小战场。最勇敢的反叛军士兵会坚持战斗，其他人如果有机会很可能会弃阵逃亡。有份资料记载："他们被成群地屠杀了。"[32]另一份资料对他们更为赞赏："他们像勇士那样死去。"[33]

他们的勇气有可能来自他们的女人，她们很可能站在后方队伍中。据说，彪悍的色雷斯部落特里巴利（Triballi）曾在一场战斗中安排了女人。她们用呐喊和奚落来嘲讽胆怯的男人。这是他们应受的屈辱，但至少这些女人没有杀了他们，据说森布里妇女在类似情况下会下杀手。

战斗结束时，罗马人击溃了斯巴达克斯的军队。罗马人也为胜利付出了代价：据估算，反叛乱军大约杀死了1000名罗马士兵。克拉苏军队的死亡率约为2.5%，这可能低于罗马步兵战中获胜方的平均死亡率（基于有限的留存证据）。而罗马军对反叛军进行了大屠杀。

一份资料声称，反叛军有 6 万人死亡，[34] 但这个数字是荒谬的。对于反叛军的伤亡情况，更诚实的评估是"一场无法计数的大屠杀"。[35] 尽管如此，我们还是可以大胆地设想。伤亡比失衡在古代战争中并不罕见；溃逃的士兵将任由追击者处置。我们知道古罗马历史上出现过这样的情况，战败的军队据说有超过半数的士兵被杀或被俘。或许这些数字有夸大的成分，但获胜的骑兵会追击逃散的敌人，步兵会对他们进行围剿。如果胜利的罗马军死亡率为 2.5%，那么被击败的反叛军死亡人数可能是罗马军的数倍：3 万—4 万名反叛军中应该有5000—1 万人死亡。

事实上，大量滑腻的尸体和散落的武器可能会减缓罗马人对败军的追击。尸体可能堆积了两三层，空气中可能弥漫着血腥味。许多反叛军成功逃入了附近的山区。我们可以假设，任何能够逃脱的人都会带上妇女和儿童，不会把他们留给罗马人。克拉苏胜利后必须开展大规模的清剿行动。幸存者进一步扩大了这场战争的冲击，在北方和南方继续抗争。

斯巴达克斯并没有像传说中描述的那样被钉上十字架。克拉苏从未问过让人们齐声喊出"我就是斯巴达克斯！"的那个问题。这种桥段是好莱坞电影的精妙安排，但完全是虚构的。

斯巴达克斯战死了，然而他的尸体从未被找到。这对于一个如此有名的人来说似乎很难想象：肯定有人认出了他。但这位奴隶指挥官可能穿着普通的盔甲：一个禁止使用金银、平均分配战利品并杀掉自己马匹的人不可能穿着华丽的服饰。最后一战后，斯巴达克斯可能只留下了一具身着普通盔甲、面容严重损毁的尸体。战斗的浪潮淹没了他的尸体，最终让他变得面目全非。克拉苏没有机会将斯巴达克斯的武器和盔甲作为战利品展示出来。

斯巴达克斯失败了。他解放了数以万计的奴隶，并把他们组建成一支军队，甚至有些自由人也加入了这支军队。他颠覆了意大利南部的大部分乡村地区。他击败了多支军团，在两年多的时间里耗费了罗马大量的资源。但最终，斯巴达克斯和汉尼拔以及后来的克利奥帕特拉一样，走上了灾难之路。斯巴达克斯的失败既是才智上的失败，也是思想意识上的失败。有远见的分析者都会得出结论：罗马军迟早会镇压意大利的叛乱。然而，大多数反叛军无法想象，他们能在阿尔卑斯山外的陌生乡间过上安稳幸福的生活。斯巴达克斯建立了一支勇猛的军队，如果在处于优势时退出，便能保住战果。然而，他们远见不足，看不清形势。

斯巴达克斯是否具备卓越领导能力，这是一个难以回答的问题。只要他在战场上坚持比较保守的目标，他就是一名出色的指挥官。在训练和鼓舞军队方面，他也没有失败。斯巴达克斯并没有试图彻底废除奴隶制，也没有真正尝试征服罗马城，但他提出了宏伟的理想。他给追随者们设定了现实但崇高的目标：自由、平等、荣誉、勇气、复仇、掠夺，甚至神的眷顾。然而，即使是狄俄尼索斯的宠儿也无法说服追随者接受他的最终战略目标：斯巴达克斯未能说服军队翻越阿尔卑斯山。任何人都无法说服他们。绝望的人容易被鼓舞，但难以被安抚。他向自己的军队证明，众神已经放弃了罗马及罗马军团；但他无法说服他们，如果不逃离意大利，灾难即将来临。

斯巴达克斯遭受了谨慎的革命者常常遭受的命运：他点燃了一团无法扑灭的火焰。他还发现，让反叛军成功的那种强大力量也使他们变得非常脆弱。新组建的反叛军反复无常且任性妄为。斯巴达克斯军中的意大利本土人和移民之间，尤其是不同种族和民族之间，存在重大分歧。他的军队由色雷斯人、凯尔特人、日耳曼人和意大利人混合而成，这种组合并不稳定，

186

然而也只能如此。他别无选择，只能与他们一起抗敌。

考虑到种种限制条件，面对克拉苏带来的不可避免的危机时，斯巴达克斯的表现是出色的。渡峡前往西西里岛也是明智之举。斯巴达克斯不应因海盗的出卖而受到指责，尤其是这些海盗可能已被西西里岛的罗马总督维尔列斯收买或威胁。斯巴达克斯搭筏渡峡算是失策吗？还是除了装备最好的军队，其他军队都没有实现这一点的能力？

斯巴达克斯在对抗罗马的战争中失败了，但他成功地缔造了一个神话。毫无疑问，他可能更希望取得相反的结果，而历史总是让我们不得不接受现实。今天，谁还记得克拉苏？谁还记得庞培？甚至西塞罗也被人遗忘。但每个人都听说过斯巴达克斯。

但奇怪的是，人们记忆中的斯巴达克斯往往不是真正的斯巴达克斯。真正的斯巴达克斯既不是叛乱煽动者，也不是理想主义者，他希望实现理想又行事谨慎。最终，有人猜测，他会很乐意在罗马之外开辟一片小天地，在色雷斯的一隅以君主或领主的身份隐退。但历史给了他一个惨痛的教训：与竞技场上的游戏不同，革命是会失控的。

同时，数千具尸体散落在锡拉鲁斯河附近。我们可以合理地推测这些尸体会被如何处置。军官的尸体可能会被运回罗马。依照惯例，阵亡的普通罗马士兵会在战场上火葬，骨灰会被埋进一个集体坟墓。尸体被烈火焚烧时产生了浓厚的烟雾，弥漫着令人不适的甜味。点燃柴堆前，军团士兵会向阵亡的战友们致以最后的敬礼。在号角声中，他们身着全副铠甲绕着火堆行进。武器和铠甲可能会被扔进火堆中。最后以大量的动物献祭结束仪式。

反叛军可能没有类似的待遇。木材太贵了，不能浪费在他们身上，所以他们的尸体很可能被扔进了乱葬坑。斯巴达克斯的尸体很可能被混进无名的尸堆，埋入填满泥土的战壕里。

　　也许在锡拉鲁斯河的源头和河流从山区流入平原的某个地方，也许在意大利两海间古道沿途的某个地方，也许在通往坎尼的道路和协约国军队将来登陆的海滩之间的某个地方，斯巴达克斯被埋葬了。

第十一章
胜利者

　　春天属于掌管爱情与果园的女神维纳斯。卡普亚著名的玫瑰盛开着。香水市场里人潮涌动，空气中弥漫着异国香气。同时，在公元前 71 年，距罗马传说中的建城时间已经过去了 681 年，在普布利乌斯·科尼利乌斯·伦图卢斯·苏拉（Publius Cornelius Lentulus Sura）和克奈乌斯·奥菲狄乌斯·俄瑞斯忒斯（Cnaeus Aufidius Orestes）的共同执政下，罗马政府机器继续运转。在 4 月 1 日——古罗马历中四月的第一天——一个名为弗拉库斯的卡普亚奴隶[1]正在检查一袋硬币。他是卡普亚的商业望族诺维乌斯家族的奴隶。奴隶确认好硬币数量，封好袋子，将自己的名字刻在袋子的象牙棒上，完成了向罗马人缴税这项复杂工程的一小步。税收和盛开的玫瑰一样永恒存在。

　　此刻，在卡普亚郊外，罗马人在实施另一项惩罚。在通往罗马的道路上，目之所及处，奴隶们被钉在十字架上。这是斯巴达克斯起义的终局。

　　钉在十字架上的是被克拉苏处决的最后一批奴隶。他们已竭尽全力，依然没能逃脱这种命运。在卢卡尼亚战败后，仍有很多幸存的反叛者没有投降，他们逃掉了。他们失去了斯巴达克斯和其他首领，但显然选出了新首领。即便不能和罗马军对阵，他们仍然可以进行游击战。据称，他们奔往山中，[2]也许就是他们非常熟悉的皮凯蒂尼地区。克拉苏率军紧随其后。反叛军分成四队，明显希望通过分散作战来增加生存概率。然而，他们失败了；克拉苏声称，已将他们全部俘虏。

克拉苏生擒了 6000 名反叛的奴隶。如果他们在皮凯蒂尼山区被俘，那么随后他们被押送到 75 英里外的卡普亚。他们当中有没有最初发动叛乱的 74 名角斗士？倘若如此，他们很快就会意识到，自己又回到了逃出瓦提亚之家的城市，这是多么讽刺呀。克拉苏准备采用被罗马世界认为"骇人的"[3]、"可耻的"[4]、"极其卑鄙的"[5]和"充满奴性的"[6]惩罚方式。他打算把他们钉上十字架。

在西方世界，耶稣被钉上了十字架，因此十字架被赋予了深刻的宗教意义。在古代，十字架刑就是死刑；十字架就是绞刑架，但十字架刑更为残酷。罗马人认为，十字架刑是最高刑罚，专门用来惩罚反叛的外来者、暴力罪犯、强盗和奴隶。维尔列斯曾把一名被指控为斯巴达克斯密探的人钉上了十字架，无意中使一名罗马公民遭受了原本可以豁免的惩罚。我们知道，斯巴达克斯在梅利亚山脊战役中，特意将一名罗马俘虏钉上了十字架。他想警示自己的士兵，一旦落到罗马人手里会有什么下场，事实证明他是正确的。

这次有 6000 人被钉上了十字架，这可能是古代世界有记载的最大规模的集体受难。后来，只有屋大维·恺撒，即罗马皇帝奥古斯都在公元前 36 年击败赛克斯图斯·庞培（Sextus Pompey）的舰队后，把俘虏的 6000 名奴隶桨手钉上了十字架。在这两起事件中，"6000"都是估算的数字，像大部分古代的统计数据一样，我们对此应持保留态度。但古代资料还提过其他大规模十字架处决，其中包括：公元前 86 年，在亚历山大·亚纳约斯（Alexander Jannaeus）统治下的独立犹太王国，有 800 名男子被钉上了十字架，这些人的妻儿也在他们眼前被杀；公元前 332 年，亚历山大大帝在地中海沿岸钉死了

2000 名提尔（Tyre）反叛军；公元前 4 年，罗马官员昆蒂留斯·瓦鲁斯（Quintilius Varus）在犹太地区处死了 2000 名反叛军；公元前 519 年，波斯国王大流士（Darius）在巴比伦钉死了 3000 名反叛军。据称，公元 70 年，在罗马围攻耶路撒冷的六个月间，每天有 500 人被钉上十字架，如若属实，共计有 9 万人被处决，这个数字确实令人震惊。

如果钉死 6000 名奴隶过于极端，那么这恰恰体现了克拉苏的行事风格。他购买了一支军团，消灭了一支步兵队，还在意大利"靴子"的"脚趾"区域筑起防线，为了成就事业，他可以不惜代价。为什么不用罗马正义之名，以壮观又残酷的高姿态来为他的胜利画上句号？

我们认为把人钉上十字架过于极端，但罗马人可能认为这种酷刑是必要的。现今很多人认为死刑残酷且不合常理，批评水刑等严酷的审讯手段是酷刑，但其他人则接受这些做法。在罗马人看来，十字架刑的目的并不是报复，而是威慑。[7]大多数罗马人认为奴隶起义是对意大利人民施加的一种罪行。他们无视了奴隶制的不公性，只看到起义对农村地区的破坏。[8]奴隶们拿起武器的景象唤起了罗马人的恐惧和愤慨。[9]现在，他们希望通过铭刻在脑海中的景象得到内心的平静，这也是对意大利奴隶的警告——永远不要暴动。

在卡普亚，自由人普布利乌斯·孔福勒乌斯·萨比奥（Publius Confuleius Sabbio）可能会出城观刑。萨比奥的斗篷编织生意蒸蒸日上，公元前 1 世纪早期至中期，他已建起一座装饰着优雅华丽马赛克的城市大宅。他以自己最喜欢的问候语欢迎客人："Recte omnia velimsint nobis。"[10]这句话意为"希望我们事事顺利"。对那些被钉在十字架上的囚犯而言，这位前奴隶可能并不友善。他是城市居民，而他们是乡下人；他在罗马社会中取得了成功，而他们却威胁要毁掉这一切。尽管萨比奥也曾面临被钉上十字架的威胁，但他很可能认为克拉苏的确让生活变好了。

克拉苏付出了巨大的成本：钉死 6000 人的费用肯定非常高昂。或许他事后宣称，自己支付了木材、钉子、绳索和皮鞭的费用。他运输了 6000 个木制十字架，将它们间隔固定在道路两侧，还下令士兵日夜看守那些垂死的反叛者。他可能再次把自己塑造成一个用自己的巨额财富为罗马人带来巨大红利的人。不过，在这 6000 名奴隶的主人中，有些人可能有不同的看法，因为每个十字架代表一份失败的投资。在劳动力短缺时期，就像第一次西西里奴隶战争后，奴隶主们可能很愿意接纳回归的反叛奴隶。他们或许会争辩，严厉的鞭刑会让任何叛乱分子变得顺从。但克拉苏没给他们机会。

正如古代资料所述，克拉苏把反叛者钉在了"从卡普亚到罗马的整条道路"[11]的十字架上。他以此举遵循了罗马法规，推进了自己的政治生涯。罗马法律学者[12]提议，把臭名昭著的强盗钉在罪行现场的十字架上，因此，斯巴达克斯起义的起始地卡普亚就是竖起十字架的最佳地点。罗马掌权者也倾向于[13]在最繁忙的道路上行刑，以警示民众，因此，从卡普亚到罗马的大道是合理的选择。政治和交通一样，条条大道通罗马，所以，克拉苏自然会在通往都城的道路上竖起十字架。

人们通常认为，"从卡普亚通往罗马的道路"指的是阿皮亚大道。事实上，从卡普亚到罗马有两条道路，另一条是拉蒂纳大道。阿皮亚大道更为著名，但拉蒂纳大道也是一条交通要道。阿皮亚大道（132 英里）比拉蒂纳大道（146 英里）短 14 英里，行程少一天：从卡普亚到罗马，走阿皮亚大道需要五六天，走拉蒂纳大道需要六七天。无论克拉苏走哪条路，沿途都会布满十字架。

罗马十字架刑通常包括三个部分：鞭打，固定到十字架

上，吊起。我们可以想象，一群命运凄惨的死刑犯缓慢地向北
走向罗马，穿过春天盛开的花海，身体被抽打撕裂，喉咙干
渴。这些受刑者有男有女，因为罗马法律明确允许对女性实
施十字架刑。[14] 罗马人甚至每年都会在某种仪式上把狗钉上十
字架，[15] 所以儿童也可能被钉上了克拉苏的十字架。受刑者被
固定在十字架的横木上，垂直的木桩早已被固定在地面上。受
刑者到达指定的木桩时，行刑者会爬上梯子，用杆子将他吊
起来。

　　受刑者都遭受了残酷的折磨，但他们在十字架上的遭遇各
不相同。根据不同的受刑方式，有些人可能在几分钟内窒息，
有些人可能在极度痛苦中存活数日。历史记录清楚地表明，受
刑者可能会苟延残喘[16]：有些人被钉上十字架后还能说话，甚
至在十字架上签订法律合同，向守卫行贿后被放下来，侥幸逃
生。为了嘲讽受刑者，有些人被以特别怪异的方式吊起来，还
有些人被倒挂在十字架上。

194　　有些受刑者被绳子绑在十字架上，有些人被钉在十字架
上。考古学家在以色列发现了一名公元 1 世纪十字架刑受刑者
的遗骨。受刑者的名字可能是耶霍哈南（Yehohanan），他的
双脚被钉在十字架上，手臂似乎用绳子绑在横木上。他当时 24
岁，身高 5 英尺 5 英寸，可能比斯巴达克斯反叛军的平均身高
要矮，反叛军主要是北欧男性。耶霍哈南的右脚踝处仍然留有
一根钉子和一块木头。

　　或许，某些斯巴达克斯的追随者在十字架上仍未屈服。古
代文献记载，有些被钉在十字架上的人大笑，[17] 向观众吐口水，
甚至高唱胜利之歌。

　　我们只能希望，那些罗马道路上的奴隶迅速死去，不要
遭受长期的痛苦。他们死后，罗马人可能不会立刻将他们放下
来。他们的尸体悬挂得越久，腐烂和臭味就越严重，就越能威

慑未来的叛乱者。地位低贱的奴隶可能被吊在离地面很低的地方；高级别的因犯被吊在离地 3 英尺高的地方。所有的尸体都会成为秃鹫的食物，但狗也会啃食较低的尸体。最终，有人会把残骸取下来，运往最近的垃圾堆。奴隶们不可能被好好安葬；最终，为了去除长久不散的恶臭，也许有人会烧掉腐尸。

克拉苏用了六个月的时间平定了叛乱。他最迟于公元前 72 年 11 月受命，叛乱于公元前 71 年 4 月结束。十字架应该在 5 月前就立起来了。在罗马"花神节"（Floralia），也就是"五月节"的活动中，参加庆典的人们头戴传统花环出城观刑。一长列十字架穿过红色罂粟花田和对面山坡上的黄色金雀花田，经过山谷和隘口、水道和水渠，穿过路口、驿站、里程碑、陵墓、庄园、葡萄园、门道和花园，延绵不绝。赶车人、戴着镣铐的因徒、成群的牛羊、蹦蹦跳跳的学童、坐轿子的元老、夜间行窃的匪徒、黎明前起床的面包师，他们都要经过这里，看到这一切。角斗士如果碰巧在卡普亚和罗马之间的路上看到这些十字架，可能会把这个教训铭记在心。

也许我们可以想象，克拉苏率领一队士兵，骑马穿过一排排令人惊悚的十字架，在号手的吹奏声中，以胜利者的姿态向罗马进发。这是属于他的时刻，他肯定会充分利用这个机会。只要奴隶们还被吊在十字架上，就会给克拉苏带来他想要的宣传效果。他有强烈的权欲。

尽管克拉苏大胜，但他依然担心被公众遗忘。他只用了半年的时间就打败了斯巴达克斯，而在此前一年半的时间里，斯巴达克斯曾让罗马束手无策。克拉苏没有在战斗中找到并消灭斯巴达克斯，只是将他围困，这让罗马的耐心达到了极限。此外，他还得到了其他将领的支援，所以不能独揽胜利的功劳。

他的对手庞培趁机发难。事情是这样的：除了被克拉苏赶进山区的逃亡者外，还有另一批幸存者在逃。也许他们最终意识到，斯巴达克斯穿越阿尔卑斯山的策略是正确的，因此他们逃离了卢卡尼亚，向北行进。根据时间以及古代资料，这些人可能是从坎特纳战役中逃出来的凯尔特人和日耳曼人。他们约有 5000 人，当他们来到意大利中部的伊特鲁里亚［今作托斯卡纳（Tuscany）］时，好运气耗尽了。他们遇到从西班牙胜利回师的庞培。庞培对逃亡奴隶毫不留情，将他们全部歼灭。

庞培写信向元老院请功。据资料记载，信中说："在野战中，确实是克拉苏征服了奴隶们。但最终结束战争的却是庞培。"[18] 这是一种巧妙的贬低，直戳克拉苏的痛处。克拉苏杀死了斯巴达克斯，但放走了逃兵。他们仍然会让意大利自由人的生活变得悲惨，这一点在一年后越发明显。

西塞罗在对维尔列斯的起诉中曾提到公元前 70 年初发生的"坦普萨（Tempsa）骚乱"。[19] 坦普萨是布鲁提乌姆的一座城镇，盛产铜矿。有矿山的地方就有奴隶。西塞罗说，"坦普萨骚乱"与"意大利逃亡奴隶战争的余部"[20] 有关联。

西塞罗没说具体是什么"骚乱"。这些事件严重到需要向罗马元老院报告，但又没达到需要派遣军队的程度。西塞罗认为，盖乌斯·维尔列斯应该解决这个麻烦。他恰巧就在附近，结束了已经延长的西西里岛总督任期，正在返回罗马的途中。坦普萨附近的维波瓦伦齐亚（Vibo Valentia）代表团以当地的重要人物马尼乌斯·马略（Manius Marius）为首，他们向维尔列斯寻求帮助。马略告诉他，"一小队"[21] 叛乱者在附近活动。这些人肯定盯上了维波瓦伦齐亚沃土上的乡间庄园。身为总督，维尔列斯肯定有一支规模适中的护卫队，马略希望他能派军恢复秩序。

西塞罗声称，马略的请求被置若罔闻；维尔列斯和情人在海边逍遥快活，不愿意帮助维波人。西塞罗说的可能是事实，但事情可能更复杂：也许在维尔列斯介入前，反叛军已经分散。或者，那"一小队"反叛军规模庞大，维尔列斯无力应对。无论如何，一旦反叛军洗劫了坦普萨和维波，他们就隐入山区。罗马元老院对此不予理会。

元老们还有其他要务需要处理。与米特拉达梯的战争还在持续，海盗继续在地中海地区制造恐慌。在罗马，西塞罗正在起诉维尔列斯贪腐。维尔列斯作为西西里岛总督的任期于公元前 71 年 12 月 31 日结束。西塞罗年轻有为，才华横溢，曾担任财务官。当时最杰出的律师霍尔腾西乌斯（Hortensius）为维尔列斯辩护。

但罗马最引人注目的政治竞争是克拉苏和庞培之间的竞争。到了夏季，两人各自率军回到罗马。通常情况下，罗马将领进入意大利境内就要解散军队。然而，克拉苏和庞培是例外，因为他们都曾与反叛奴隶作战。克拉苏手下有 3.5 万—4 万名士兵，庞培有 2.5 万—3 万名士兵。两人都没解散自己的军队。他们在城外驻扎，边等待，边讨价还价。

两位都想被选为公元前 70 年的执政官，最好是让对方落选。罗马每年都会选出两位执政官，庞培和克拉苏肯定更想与一位没那么强势的人共同执政。没有罗马权力掮客的支持，两人都不能如愿以偿。罗马选举组织了大量选民，但严重偏向有钱有势的候选人。离开有权阶层的支持，任何人都不可能当选。最后，两位将军达成协议：7 月选举时，克拉苏和庞培同时被选为第二年的执政官。

他们将在公元前 70 年 1 月 1 日就职。两位将军已达到了政治目的，庆祝凯旋后，可能各自解散了军队。每位罗马军事指挥官都渴望获得庆祝凯旋的最高荣誉。凯旋游行是一场壮观的胜利游行，凯旋将军会率领军队穿过罗马城，最终在卡皮托利尼山（Capitoline Hill）向朱庇特献祭并举行盛宴。庆祝凯旋的将军被称为"凯旋将军"。

另外两位获胜的将军也在公元前 71 年回到了意大利，他们也想庆祝凯旋。一位是马库斯·卢库卢斯，他在色雷斯获胜后被召回意大利与斯巴达克斯作战。另一位是地方总督昆图斯·凯西里乌斯·梅特卢斯·皮乌斯，他曾与庞培在西班牙协同作战。

庆祝凯旋的仪式各不相同。公元前 71 年的凯旋式留存的细节很少，根据合理（但并不确定）的重建，凯旋式通常会像下面这样进行。

在凯旋日，整个罗马全城出动。早上，凯旋将军在城外集结自己的军队，向军队致辞，为部分士兵授予荣誉，向每个人分发奖金。然后，凯旋游行开始，凯旋将军通过凯旋门进入罗马城，这个城门只有凯旋日时才会打开。游行队伍沿着一条繁忙热闹的长路，前往朱庇特神庙。元老和官员走在前面，后面跟着号手，然后是游行车队，车上满载着展示攻城和战斗场面的绘画以及以金银为主的战利品。接下来是祭祀队伍和用以献祭的白色公牛或阉牛。被释放的罗马战俘被打扮成罗马自由民的样子紧随其后。重要的战俘戴着镣铐被押往处决地点。

随后，凯旋将军在执法吏的陪同下登场。他身穿特制的绣金托加长袍，站在四匹马拉着的战车上，手持权杖，头戴德尔斐桂冠。他身旁站着一个奴隶，时刻提醒他只是一个凡人。凯旋将军的成年儿子骑马跟在他的战车后面，再后面是骑马的军官和骑兵。最后是骄傲行进的步兵，他们随心所欲地称赞或嘲讽自己的指挥官。例如，恺撒的部下嘲笑自己的首领是"秃头的老色鬼"。[22]

凯旋日的高潮出现在卡皮托利尼山上。在那里，处决敌军首领后，凯旋将军向朱庇特献祭。他把一部分战利品和自己的月桂花冠献给神。之后，他作为贵宾出现在朱庇特神庙的宴会上。全城人都可以享受公费用餐。最后，凯旋将军在管乐的伴奏下回家。

举办凯旋仪式的指挥官必须得到元老院批准和罗马民众的投票。他还必须满足其他的一些要求：必须在对外族的战争中获得一场重大胜利；杀死至少 5000 名敌军并结束战争，这也是古代文献中夸大死亡人数的众多原因之一；必须曾担任过公职并在正式委派中提到的战场作战；最后，为了确保万无一失，他必须在战前进行适当的宗教仪式。

由于平定了西班牙叛乱，庞培请求并获准举办凯旋式。庞培在西班牙的联合指挥官梅特卢斯·皮乌斯和马库斯·卢库卢斯也都获准举办凯旋式。然而，克拉苏没有举办凯旋式的资格，尽管他有正式委任并取得胜利，但他的对手是奴隶。罗马人认为，为战胜奴隶而庆祝凯旋有失尊严。克拉苏只能请求举办"小凯旋"（ovatio）。

小凯旋是简化版的凯旋式。和凯旋式一样，庆祝小凯旋也有穿城的胜利游行，将军最终抵达卡皮托利尼山，仪式在向朱庇特献祭时达到高潮。士兵们会得到赏金，平民可以享用盛宴。然而，获得小凯旋的将军不能像凯旋将军一样乘战车；要么步行入城，要么像克拉苏那样骑马；不能穿凯旋将军的绣金托加长袍，只能穿普通官员的紫边托加袍；不能手持权杖；不能吹奏号角，只能吹奏笛子；不能戴桂冠，只能戴桃枝编成的冠冕。

尽管对我们来说，这些细节似乎微不足道，但对罗马人来说显然意义重大。克拉苏放下了骄傲，没有要求凯旋式，接受了小凯旋，但他无法接受一顶桃枝冠。他请求元老院颁布一项特别法令，也就是一项私人法令，允许他在小凯旋式中戴上桂冠，元老院应允了。

马库斯·卢库卢斯的凯旋式很可能是在年底前首先举行的。[23] 12 月底的随后数天内，梅特卢斯·皮乌斯、克拉苏和庞

200

培也分别举行了凯旋式。学者们重现了事件顺序：首先举行凯旋式的是梅特卢斯·皮乌斯，因为他曾担任执政官；然后是克拉苏，因为他担任过裁判官；最后是庞培，尽管他军事才能出众，但他只是一名普通的罗马骑士。

尽管没有实现全境和平，但在一周左右的时间里，约有10万人在城市中游行，人们为他们欢呼，感谢他们恢复了帝国中心地区和一个行省的和平。据现存材料推测，这些游行可能极其奢华，比如梅特卢斯·皮乌斯为公众盛宴提供了5000只画眉鸟。[24] 仅这一项的费用就高达6万塞斯特斯（sesterces，古罗马的货币名——编者注），大约相当于100名军团士兵的年饷。[25]

到庞培庆祝凯旋时，罗马在一年内给四个人戴上了桂冠。那是公元前71年12月的最后一天。斯巴达克斯之战正式成为历史，传说已经开始。

终　局

在昆图斯·凯西里乌斯·梅特卢斯·塞勒（Quintus
Caecilus Metellus Celer）和卢西乌斯·阿弗拉尼乌斯
（Lucius Afranius）担任执政官期间，也就是公元前60年，
一小支部队在盖乌斯·屋大维（Gaius Octavius）的指挥下从
罗马向南行军。他们沿着意大利主干道徒步跋涉，经过卡普亚
和维苏威火山，穿过卢卡尼亚的山丘，在波利诺山的山峰下向
东进入布鲁提乌姆和意大利的最南端。他们的目标就在眼前。
这是一项被元老院推迟了十年的艰巨任务，但为了捍卫罗马人
的荣誉势在必行。他们前来驱除斯巴达克斯的幽灵。

对屋大维来说，这是他命运的转折点。他被任命为马其顿
总督。马其顿位于亚得里亚海对岸，也是通往色雷斯前线及其
反叛部落的门户。在那里取得军事胜利就有机会庆祝凯旋，这
是雄心勃勃的罗马人的梦想。屋大维是一个典型的追求成功的
年轻人。他来自意大利中部城镇的贵族家庭，与显赫的罗马家
族联姻，在军政道路上步步高升。伟大的事业在召唤他，但在
布伦第西乌姆登船之前，屋大维在意大利还有一项亟待完成的
任务。

奴隶大起义结束11年后，最后一批起义军仍然在布鲁提
乌姆控制着图里平原周围的山丘地区。这片平原是富饶的农业
区，有许多乡间庄园。斯巴达克斯曾在这里大胜，图里也是他
唯一率军攻占的城市。因而，在公元前71年，被克拉苏击败

后，斯巴达克斯的残军逃回了这里的山丘地区。

据我们所知，幸存下来的反叛军不再是革命者，他们成为劫掠者，畏缩在山里，偶尔出来寻找补给。他们再也不敢在开阔的平原上与军团铁骑正面对抗。也许，他们中的某些人还在幻想斯巴达克斯依然活在某个地方，他会回来，毕竟他的尸体从未被找到。但斯巴达克斯已经死了，一排排十字架昭示了那些冒险与罗马作战的人会有怎样的下场。

八年间，他们继续在当地发动袭击，直到另一次失败的起义浪潮席卷而来。公元前63年，叛变的罗马贵族喀提林试图发动债务人和奴隶暴动，但遭到元老院镇压。那场失败起义的幸存者逃到了图里，增强了斯巴达克斯残军的力量。元老院现在决定消灭图里周围的反叛集团。屋大维登场了。

文献中没有过多的语言来描述叛乱奴隶的命运，只写道："他在旅途中消灭了他们。"[1]但我们可以想象某些细节：罗马骑兵突然出现，两军刀剑相见，有些很久之前在瓦提亚之家受训过的人可能会极力自卫。我们甚至可以听到各种声音：尖叫声、火焰燃烧的噼里啪啦声，还有最终把人钉上路边十字架的敲打声。

无论屋大维是否清楚，他的清剿行动标志着一个时代的结束。大约从公元前135年第一次西西里奴隶起义爆发到公元前60年，这个时代持续了三代人左右。两次西西里奴隶战争都持续了几年的时间，而斯巴达克斯起义持续了两年多的时间。此后，再没出现过如此大规模的奴隶起义。例如，西塞罗提到的喀提林的"阴谋"，罗马用了三个月将其镇压，这个事件的主要参与者不是奴隶而是自由人。

然而，罗马的奴隶和角斗士们并不都是爱好和平的。元老院已经从斯巴达克斯起义中吸取了教训，他们意识到角斗士具有革命潜力，并采取措施予以压制。例如，在公元前63年喀提林危机期间，元老院下令将角斗士送出罗马，转移到卡普亚和其他意大利城市。公元前50年代，恺撒和庞培间的内战一触即发，罗马政局饱受政治帮派的困扰，双方都招募了角斗士。恺撒最终在公元前49年跨越卢比孔河（Rubicon）进入罗马，他的对手庞培在卡普亚夺取了属于恺撒的1000多名角斗士，并将他们分配给罗马殖民者看守。元老们对角斗士的忧虑是正确的。

后来没再出现斯巴达克斯这样的人物来团结意大利的奴隶。像他这样的领袖并不常见，任何人都很难说服奴隶，去承担斯巴达克斯的追随者所承担的那种风险。奴隶们再次拿起武器，但没有扛起反叛起义的大旗，他们仅是为了罗马的某位革命政治家服务。最著名的例子是"伟大的"庞培的儿子赛克斯图斯·庞培，公元前43—前36年，他在西西里岛成功组织了一支海盗船队，其中包括3万名逃亡奴隶。

尽管斯巴达克斯已死，但他的传奇流传开来。20年后，恺撒在高卢与凯尔特人和日耳曼人交战时，吸取了斯巴达克斯起义的经验和教训。30年后，罗马将军马克·安东尼率军威胁共和国。虽然他的军中没有反叛奴隶，但西塞罗仍将他称作"新的斯巴达克斯"。50年后，斯巴达克斯的名字在贺拉斯的诗歌中回响。100年后，斯巴达克斯的名字又在意大利中部的一次角斗士起义中出现。

从恺撒到塔西佗再到奥古斯丁，罗马的精英阶层从未忘记过斯巴达克斯。最早记述他的两位历史学家是萨卢斯特和李维。在萨卢斯特看来，斯巴达克斯是伟人，是英雄，也是爱国者，他试图阻止士兵犯下暴行，并想带领他们离开意大利回归家乡。但萨卢斯特鄙视元老院和罗马的大部分政治精英，所以他对一名反叛奴隶的同情是可以理解的。李维更加正统，从他笔下关于角斗士起义的仅存章节看，他眼中的斯巴达克斯更

204

加黑暗。对李维来说，斯巴达克斯让意大利陷入了恐怖。

普通人和奴隶的记录几乎无法找到，但他们可能会留下微弱的痕迹。对他们来说，斯巴达克斯可能象征着抵抗和希望，也是罗马的"阿喀琉斯之踵"。我们没有证据，但可以进行合理推测。让我们从克拉苏选择的刑具开始。钉死斯巴达克斯士兵的 6000 个十字架碎片最后可能成为普通意大利人手中的圣物。罗马人相信，这些十字架上的钉子或绳子拥有神奇功效。他们把这些东西用羊毛包裹，做成护身符戴在脖子上，用来治疗疟疾引起的发烧。[2] 罗马人还认为，钉死在十字架上的人的头发能治疗这种疾病。疟疾是意大利罗马地区的常见病，人们想尽一切方法来缓解病症。我们可以想象，士兵们从钉着奴隶的十字架上拿走钉子和绳子，从受害人的尸体上剪下头发，甚至可能出售这些物品。即使只是作为护身符保存在意大利人家中，关于奴隶们最后痛苦的记忆也挥之不去。

罗马曾有把伟人视为半神的先例。例如，格拉古兄弟因试图为罗马平民进行土地改革而被暗杀（分别死于公元前 133 年和前 122 年）。实际上，他们享受着殉道者崇拜，被塑了雕像，被供奉了日常祭品，而他们死去的地方被奉为圣地。另一个例子是在公元前 86 年，罗马人为现已名不见经传的裁判官马略·格拉提达努斯（Marius Gratidanus）竖立了雕像，并献上葡萄酒和香料，以感谢他的货币改革。奴隶们不能为斯巴达克斯塑像，但能为他祈祷祝福，让他永存。

伟人崇拜可能是罗马奴隶的天性。奴隶参与每个罗马家庭的小型宗教社群仪式。按常规，奴隶要敬奉主人的"精神力量"，即"生命力量"。[3] 许多人更愿意敬奉这位曾竭力解放他们的人。

庞贝城里有一幅残缺不全又令人费解的壁画，但这幅壁画却可以告诉我们一些大众记忆里的东西。这是一幅简略的壁画，其中一个人物标注的名字为斯巴达克斯：名字拼写为Spartaks，这是拉丁语 Spartacus 在奥斯坎语中的拼写。奥斯坎语是庞贝城的语言。公元前 80 年，苏拉在那里安置了一批老兵，此后拉丁语迅速成为这座城市公共生活的主要语言，但奥斯坎语也保留下来。它标记的是不是这位伟大的反叛角斗士？庞贝不可能轻易忘记斯巴达克斯。

斯巴达克斯曾占据庞贝城附近的维苏威火山。城中各处都可以看到这座火山，那里曾是斯巴达克斯的凯旋之地。他曾洗劫了当地的乡村，有些庞贝人可能在劫掠中蒙受损失。此外，庞贝人酷爱角斗赛，作为一名角斗士，斯巴达克斯在那里备受瞩目。考古证据表明，至少在公元 1 世纪期间的确如此。

装饰着斯巴达克斯壁画的建筑位于一条繁忙的街道上。公元 79 年，这里是一座私人住宅的门厅。但这幅壁画的绘制时间要早得多，在公元 79 年火山爆发之前已被两层灰泥覆盖，再也看不到原貌了。发现壁画的房间可能是隔壁酒馆的一部分。有证据表明，该建筑在公元 79 年之前已被改建。这幅壁画是单色的，白色背景上画着红褐色的人物，这是前罗马时期坎帕尼亚地区常见的风格，看起来有点类似现代的漫画。

斯巴达克斯壁画描绘了一系列战斗场景。最右侧是一名号手。他的左侧是两名骑兵，手持长矛和圆盾，戴着头盔。右侧的骑兵似乎想从左侧的骑兵身边逃脱，但没有成功：左侧骑兵刺中了他的大腿。在骑兵的左侧，两名男子站立着战斗。他们戴着头盔，手持长剑和大盾牌。最后，在他们的左侧有一个矩形的物体，可能是祭坛。

有人认为这幅壁画描绘了某场真实的战斗，但这显然是角斗士搏斗的场景。两对战士以及他们的武器和盔甲都说明了这一点。祭坛也是如此，它让人想起最早的角斗赛都是在墓穴附近进行的。还有那名号手，乐师有时会装扮成动物形象为角

206

斗比赛伴奏。这名号手戴着面具，可能装扮成了熊的样子。他还可能披着熊皮斗篷。据我们所知，角斗场上还有另一个戴着面具、披着熊皮的号手。那个人的艺名是乌尔苏斯·图必肯（Ursus Tubicen）[4]，也就是"熊号手"，大概因为这种乐器会发出低沉的声音。

四名角斗士都被做了标注。站立者的名字难以辨认，而获胜骑兵的名字为"FEL... POMP..."，可以复原为"幸运的庞贝人"（Felix the Pompeian）。受伤的骑兵显然被标注为SPARTAKS（斯巴达克斯）。

但他真是斯巴达克斯吗？专家们对此存在分歧。有些人认为，这就是斯巴达克斯，壁画描绘了他最后一战的场景。有些人甚至认为，委托绘制这幅壁画的就是那位"幸运的庞贝人"，他声称曾打伤了斯巴达克斯。这幅壁画描绘的不是士兵而是角斗士，但它描绘的是斯巴达克斯的战斗场景，因此是他起义的象征。

壁画中使用的奥斯坎语引发了很多争论。传统观点认为，在公元前80年后，庞贝就不再使用奥斯坎语了，因此这幅壁画不可能涉及斯巴达克斯起义。但在意大利南部的其他地区发现了公元1世纪的奥斯坎语铭文，因此这幅壁画可能确实与斯巴达克斯起义有关。

事实上，在公元前80年后，庞贝本地人甚至可能把奥斯坎语当作民族骄傲进行炫耀。资料提到，在庞贝，讲奥斯坎语的当地人和讲拉丁语的殖民者关系紧张，积怨已久。[5]也许这幅斯巴达克斯壁画是为了羞辱殖民者，提醒他们壁画中的这个人曾让罗马蒙羞。

虽然证据不够确凿，但读者可能会接受这一假设：这幅壁画展示了神话传说如何转变为历史。斯巴达克斯已经成为公众记忆中的一部分。在书本和校园之外，历史真相通常会转变为神话故事。斯巴达克斯成为传奇人物；人们按照自己的想法塑造了他的形象。人们甚至可能把他塑造成了一个宗教人物，斯巴达克斯壁画也暗示了这一点。壁画中可能存在的墓穴说明这是一场葬礼竞技，这是意大利壁画中常见的主题，在庞贝其他壁画中也曾出现。葬礼是宗教仪式，在葬礼上经常举行角斗赛。在达官贵人的墓前举行角斗赛来祭奠亡者是一种历史悠久的意大利习俗：以死者为死者开路。

在意大利南部的田野上，斯巴达克斯可能作为希望的象征进入了俄耳甫斯－狄俄尼索斯神殿。如果罗马精英们一想到斯巴达克斯可能会卷土重来就不寒而栗，那么奴隶大众可能会为此而激动不已。

对于许多斯巴达克斯之战的幸存者来说，这仍然是一段血腥的时光。斯巴达克斯的追随者被逐步消灭。在这场大事件中，许多其他重要人物也遭遇了不幸。奇怪的是，小人物的结局似乎好过大人物的结局，但也许这是对史料的曲解。人们忽略了次要人物的命运，过于关注大人物耸人听闻的经历。

首先来看那些次要人物，成为斯巴达克斯的手下败将并不会毁掉一个人的事业前途。例如，公元前 73 年，裁判官瓦里尼乌斯勉强逃过了斯巴达克斯的追杀。然而，有证据表明，八年后，也就是公元前 65 年，他担任了亚细亚行省（土耳其西部）的总督。

公元前 72 年的两位执政官格利乌斯和伦图卢斯也从被斯巴达克斯打败的耻辱中走了出来。公元前 70 年，他们被选为监察官。从公元前 67 年到前 65 年，他们在庞培对抗海盗的战争中担任了指挥官，受命守卫意大利海岸，并在第勒尼安海巡航。那些背叛斯巴达克斯的海盗如果最终落入他们手中，那将多么讽刺！这两人在政治舞台上非常活跃，在庞培和恺撒的斗争中，他们支持庞培。格利乌斯被传身陷家庭丑闻：据说，他

208

的养子与他的第二任妻子通奸。

公元前 72 年，昆图斯·阿里乌斯出任裁判官，并帮助格利乌斯打败了克里克苏斯。在接下来的 20 年里，他在罗马政治迷宫中摸爬滚打，时而是克拉苏的盟友，时而是恺撒的盟友，但从未与西塞罗交好。为了报复阿里乌斯，西塞罗在他的著作中贬损了他。公元前 52 年，阿里乌斯退出了公众生活，而在那个动荡的时代，元老们很难全身而退。

再转向击败斯巴达克斯的主要参与者，关于他们的记载变得血腥起来。例如，维尔列斯可能从斯巴达克斯的手中拯救了西西里岛，但在公元前 70 年，当西塞罗揭露这位前总督洗劫了该岛时，这段经历并没有对他产生任何帮助。遭到西塞罗强有力的控诉后，维尔列斯很可能被定罪，但他没有等待判决。他从罗马逃到了马西利亚［Massilia，今作马赛（Marseilles）］，在那里自我流放地度过了接下来的 25 年。最终，在公元前 43 年，他再次卷入罗马政治。那一年，马克·安东尼将他谋杀，据称起因是维尔列斯拒绝归还从西西里岛偷走的艺术珍品。然而，最后这个细节可能太夸张了。具有讽刺意味的是，西塞罗本人也在同一年被安东尼下令谋杀了。他在公开演说中像控诉维尔列斯那样，控诉了安东尼，但这次他遭到了安东尼的报复。

庞培曾建议维尔列斯流亡。如果庞培也流亡国外，他本可保住性命。然而，他野心太盛又过于成功，不屑如此。在公元前 60 年代，庞培成为罗马的头号人物。他赢得了最高军事指挥权：庞培消灭了海盗，最终打败了米特拉达梯，还将黎凡特（Levant）地区纳入了罗马帝国。尽管如此，庞培并不是独裁者。公元前 60 年，他与克拉苏和恺撒达成一项协议，以三人执政的方式管理罗马，历史学家称之为"前三头同盟"，然而这种安排最终分崩离析，最后，庞培的支持者和恺撒的支持者发生了内战（公元前 49—前 45 年）。公元前 48 年，庞培在开展于希腊北部的法萨罗战役（battle of Pharsalus）中战败，乘船逃到了埃及。他在上岸时被刺杀了。四年后，公元前 44 年 3 月 15 日，恺撒遇刺身亡。

克拉苏没有卷入这场内战，因为那时他已经死了。公元前 53 年，克拉苏也死于非命。在打败斯巴达克斯后，克拉苏担任过两次执政官，也曾担任过监察官。他支持亚细亚行省（土耳其西部）包税人，涉足社会和政治改革，建立了强大的关系网，扩大了自己的影响力。最终，他赢得了东方的重大指挥权，并于公元前 55 年离开意大利前往征服帕提亚，即当时的波斯王国。但是，帕提亚的军队可不是一支装备不良的奴隶军。

帕提亚人善骑射，既有重装骑兵也有轻装骑兵，特别擅长箭术。除了儿子普布利乌斯率领的一小支高卢骑兵团外，克拉苏只有步兵。他没觉察到自己所面临的挑战。在叙利亚集结后，克拉苏渡过了幼发拉底河，进入美索不达米亚的西部地区。敌人在距卡雷（Carrhae）城不远的地方与他相遇了。帕提亚人击败了高卢骑兵并杀死了普布利乌斯，他们的敌人士气低落。克拉苏同意谈判，但在与敌人的混战中被杀。他们割下他的头颅和右手。他的士兵要么投降要么逃跑，但大多数被俘或被杀。

据传，被斩首后的克拉苏遭受了最后的羞辱。他的头颅被运到了今巴格达附近的塞琉古城的帕提亚王庭。克拉苏的头颅很可能成了欧里庇得斯（Euripides）的悲剧《酒神的伴侣》（*The Bacchae*）中的道具。

在公元前 71 年围剿斯巴达克斯的三位罗马将领中，只有马库斯·卢库卢斯自然死亡。卢库卢斯因在色雷斯大胜获准举办凯旋仪式，然而他后来的公众生活并不顺利。他的兄长卢西乌斯·卢库卢斯在与米特拉达梯的对抗中取得了巨大的军事胜利，却在罗马政坛中树立了强敌，最终被迫下台。在接下来的十年里，这些人在罗马不断给兄弟俩制造麻烦。卢西乌斯精神失常，并于公元前 56 年前后去世。悲痛欲绝的马库斯把他葬在罗马附近乡下的家族庄园，不久之后，自己也去世了。

经历了公元前 72 年在格利乌斯手下任职的挫折之后，小加图逐步走向了伟大和悲剧。他成了共和国晚期保守派的重要成员。没有人比他更坚定地捍卫元老院的特权。加图不信任庞培，但他更憎恶恺撒。因此，在公元前 49 年爆发的内战中，他为庞培效力。结束了在西西里岛、伊庇鲁斯（Epirus）和小亚细亚的任期后，公元前 46 年，加图最终死在了北非。恺撒在那里击败了他，又赦免了他。但加图选择了自杀。他的名字和斯巴达克斯一样也成为传奇，作为共和国美德的象征而流传下来。

在斯巴达克斯死后的一个世纪里，色雷斯反叛军不断起兵对抗罗马。公元前 11 年、公元 11 年和公元 26 年，色雷斯都爆发了大规模起义，罗马不得不派出军团进行镇压。最后，在公元 46 年，罗马正式吞并了曾为附庸国的色雷斯，将其设为行省。六年后，一名来自贝西部落的色雷斯人获得了罗马公民身份，以奖励他在罗马海军中忠诚服役 26 年。他的名字是斯巴达克斯——或者，用其公民身份记录上的变体拼写，是斯巴迪克斯（Sparticus）。与角斗士斯巴达克斯完全不同，斯巴迪克斯被同化了。然而，那位伟大的起义者也曾为罗马效力；如果命运发生转折，斯巴达克斯可能在公元前 73 年就获得了罗马公民身份，而不是起义造反。但是，公元 52 年的罗马比125 年前的罗马更为开放。

我们的故事在维苏威火山的阴影下结束。公元 14 年，一位老人躺在维苏威火山以西的山脚下或山坡上等待着死亡，无论在哪儿，都在意大利诺拉城境内。他要了一面镜子，梳好头发，端正了下垂的下巴。[6] 在朋友们的簇拥下，他风趣地问道，在这场人生喜剧中，他是否演好了自己的角色。他面对死亡所表现出的冷静连角斗士都会钦佩。但他不是角斗士，他是罗马第一公民，元老院称他为"国父"。盖乌斯·尤利乌斯·恺撒·屋大维是众所周知的奥古斯都，是罗马的第一位皇帝。奥古斯都去世时，斯巴达克斯也和他一起鞠躬告别。

诺拉位于维苏威火山脚下。公元前 73 年，斯巴达克斯率军从山顶倾泻而下，袭击了诺拉。弥留之际，奥古斯都不太可能关注当地历史。然而，奥古斯都应该仰望山顶，想想那些曾经占领过那里的奴隶。没有这些奴隶，他可能永远都不会成为皇帝。

212

年轻时，奥古斯都拥有"图里努斯"（Thurinus）的荣誉称号，也就是"来自图里的人"。史料对这个头衔的起源说法不一，但最有可能的解释为这是父亲给他起的名字。奥古斯都的父亲是盖乌斯·屋大维，公元前 60 年，他在图里附近清除了斯巴达克斯的残部。如果老屋大维还活着，他可能会获得其他称号。作为马其顿总督，他曾在镇压色雷斯反叛军的战斗中大获全胜，公元前 58 年，在返回罗马接受凯旋式的途中不幸去世。他的儿子失去了欢呼父亲为凯旋将军的机会，但他有资格称自己为"图里努斯"。这不算是项了不起的军事荣誉，但仍然让人回想起老屋大维曾经的辉煌时刻。

老屋大维的儿子将带着与他相关的荣誉开启自己的事业。讽刺的是，父亲的婚姻对儿子的助力甚至超过了他的军事成就，因为盖乌斯·屋大维娶了尤利乌斯·恺撒的外甥女。恺撒收养了这个男孩，他长大后成为屋大维·恺撒，后来又成为奥古斯都。

事实上，精明的奥古斯都可能会想，自己或多或少亏欠了斯巴达克斯，至少自己是间接受益者。斯巴达克斯起义为奥古斯都结束共和制并成为皇帝提供了机会。尽管学者们指出，斯巴达克斯在罗马共和国后期历史中的象征意义大于实际意义。然而，象征意义也很重要。如果罗马人渴求秩序，如果他们甘愿接受独裁，那么这在某种程度上就是因为斯巴达克斯的象征意义。

关键人物

昆图斯·阿里乌斯（ARRIUS, QUINTUS），公元前72
年担任执政官格利乌斯的代理执政官。

巴蒂亚图斯（BATIATUS），参见瓦提亚。

尤利乌斯·恺撒（CAESAR, JULIUS，公元前100—前
44年），著名罗马政治家，在《高卢战记》（*Gallic War*）中
曾隐晦地提到过斯巴达克斯起义。

坎尼库斯［CANNICUS，也被称为甘尼库斯（Gannicus）］，
分裂反叛军的凯尔特联合指挥官之一，公元前71年，在卢卡
尼亚被克拉苏击败。

卡斯图斯（CASTUS），分裂反叛军的凯尔特联合指挥官
之一，公元前71年，在卢卡尼亚被克拉苏击败。

马库斯·波西乌斯·加图（CATO, MARCUS PORCIUS）
或小加图（公元前95—前46年），公元前72年，在执政官
格利乌斯麾下与斯巴达克斯作战。

马库斯·图利乌斯·西塞罗（CICERO, MARCUS TULLIUS,
公元前106—前43年），多次提到斯巴达克斯，尤其在控诉
前西西里岛总督维尔列斯的演说中。

马库斯·李锡尼·克拉苏（CRASSUS, MARCUS LICINIUS,
死于公元前53年），罗马将领，拥有特殊指挥权，打败了斯
巴达克斯。

克里克苏斯（CRIXUS，死于公元前72年），凯尔特角斗

士，和斯巴达克斯一起领导反罗马起义。

卢西乌斯·格利乌斯（GELLIUS, LUCIUS，约公元前136—前50年代），公元前72年担任执政官，在与斯巴达克斯的战斗中遭遇耻辱性的失败。

凯乌斯·克劳迪斯·格拉伯（GLABER, CAIUS CLAUDIUS），裁判官，公元前72年，在维苏威火山被斯巴达克斯击败。

214

赫拉克莱奥（HERACLEO），活跃在西西里岛的海盗，闯入锡拉库萨的大港口，羞辱了维尔列斯。

格涅乌斯·科尼利乌斯·克劳迪安·伦图卢斯（LENTULUS, GNAEUS CORNELIUS CLAUDIANUS），公元前72年担任执政官，在战斗中被斯巴达克斯击败。

卢西乌斯·卢库卢斯（LUCULLUS, LUCIUS，公元前118—前56年），杰出的罗马政治家，在公元前73—前66年成功指挥了对米特拉达梯的战争。

马库斯·卢库卢斯（LUCULLUS, MARCUS），公元前73年担任执政官，马其顿总督，在战胜色雷斯的贝息人后被召回意大利协助打败了斯巴达克斯。他也是卢西乌斯的兄弟。

米特拉达梯（MITHRIDATES，公元前120—前63年），本都国王，领导了猛烈又持久的反罗马叛乱，得到了斯巴达克斯或某些追随者的支持。

穆米乌斯（MUMMIUS），克拉苏麾下的官员，公元前72年被斯巴达克斯打败。

厄诺墨斯（OENOMAUS），凯尔特角斗士，起义最初期的领导者之一，起义早期被杀。

盖乌斯·屋大维（OCTAVIUS, GAIUS），罗马皇帝奥古斯都的父亲，在公元前60年消灭了斯巴达克斯的余部。

庞培（POMPEY），或称格涅乌斯·庞培尼斯·马格努斯（GNAEUS POMPEIUS MAGNUS，公元前106—前48年），

当时最重要的两位罗马政治家之一，在西班牙击败了塞托里乌斯，后来被召回意大利协助打败了斯巴达克斯。

普布里波（PUBLIPOR），"普布利乌斯男孩"，加入了斯巴达克斯起义，也是引导奴隶穿过卢卡尼亚的探路人。

昆图斯·塞托里乌斯（SERTORIUS, QUINTUS，约公元前 126—前 73 年），反叛的罗马将领、杰出的游击战士，在西班牙领导了长达十年的反叛起义。

斯巴达克斯（SPARTACUS，死于公元前 71 年），色雷斯人、罗马辅助部队士兵、匪徒、角斗士，领导了公元前 73—前 71 年最著名的奴隶起义。

色雷斯女子（THRACIAN LADY），斯巴达克斯的伴侣，狄俄尼索斯的女先知，宣扬斯巴达克斯的使命。

普布利乌斯·瓦里尼乌斯（VARINIUS, PUBLIUS），公元前 73 年担任裁判官，曾数次败给斯巴达克斯，其中一次失去了战马并险些丧命。

克奈乌斯·科尼利乌斯·伦图卢斯·瓦提亚（VATIA, CNAEUS CORNELIUS LENTULUS），也被称为巴蒂亚图斯（Batiatus），起义时是拥有斯巴达克斯的角斗士主理人。

盖乌斯·维尔列斯（VERRES, GAIUS，死于公元前 43 年），曾任西西里岛总督，西塞罗的控诉使他因贪腐而臭名昭著，他很可能保护了西西里岛免遭斯巴达克斯的侵袭。

资料来源简述

　　以下提供了本书所使用的主要文献及阅读指南。这不是完整的参考书目清单，而是具有代表性的部分，重点关注英语学术研究领域。我列出了自认为必不可少的外语文献，但省略了很多优秀的法语、德语和意大利语著作。

　　研究古典文学和古代历史的必备参考书是《牛津古典词典》第三版（*The Oxford Classical Dictionary*, 3rd ed., Oxford: Oxford University Press, 1999）。优秀的古代世界地图收录在 Richard J. A. Talbert, ed., *The Barrington Atlas of the Ancient Greco-Roman World* (Princeton: Princeton University Press, 2000)。

斯巴达克斯

　　研究斯巴达克斯起义可以从 BrentShaw 编辑并翻译的优秀著作 *Spartacus and the Slave Wars* (Boston: Bedford/St. Martins, 2001) 开始。该书还包括两次西西里奴隶起义以及其他古罗马奴隶起义的主要文献，另外还有一篇很棒的引言。Theresa Urbainczyk 的 *Spartacus* (London:Bristol Classical Press, 2004) 提供了简洁又严谨的概述。M. J. Trow 的 *Spartacus: The Myth and the Man* (Stroud, England: Sutton, 2006) 是由非专业人士撰写的非常易读的作品。Keith Bradley 的 *Slavery and Rebellion in the Roman World, 140 B.C-70 B.C.* (Bloomington:Indiana University Press, 1989) 中有一个

关于斯巴达克斯的优秀章节。F. A. Ridley 的 *Spartacus:The Leader of the Roman Slaves* (Ashford, England:F. Maitland, 1963) 是一本简明准确的小册子，作者是一位社会主义活动家和作家。有些关于斯巴达克斯的重要著作是用欧洲语言写作的，其中最好的两本是Jean-Paul Brisson 的 *Spartacus* (Paris:Le club francais du livre, 1959) 和 Antonio Guarino 的 *Spartaco* (Napoli:Liguori 1979)。Guarino 认为斯巴达克斯不是英雄而是匪徒。这个观点并不令人信服，但极具启发性。标准的学术百科性文章（德语）是 F. Muenzer, "Spartacus," in August Pauly Georg Wissowa et al., *Paulys Real-encyclopadie der classischenAltertumwis- senschaft*, 83 vols. (Stuttgart: 1893–1978), vol. 3 A: columns 1527–36 and Supplementary volume 5: column 993。Luigi Pareti 的作品很有价值，尤其在地形学方面，特别是 *Storia di Roma e del Mondo Romano III: his Storia di Roma e del Mondo Romano III:Dai prodromi della III Guerra Macedonica al "primo triumvirate" (170-59 av.Cr.)* (Turin:UnioneTipografico-EditriceTorinese, 1953), 687–708，以及 Luigi Paretiand Angelo Russi, *Storia dellaregionelucano-bruzzia nell' antichità* (Rome:Edizioni di storia e letteratura, 1997), 459–69。

1977 年在保加利亚举行的学术研讨会中有许多重要论文，大部分是英文版本：Khristo MiloshevDanov and Aleksandur Fol, eds., *SPARTACUS Symposium Rebus SpartaciGestisDedicatum 2050 A.: Blagoevgrad, 20-24.IX.1977* (Sofia:Editions De L'Academie BulgareDes Sciences, 1981)。1977 年，研究斯巴达克斯的日本学者 MasaokiDoi 用英文出版了一部关于斯巴达克斯的很有价值的文献著作——*Bibliography of Spartacus' Uprising, 1726-1976* (Tokyo, 1977)，然而现在很难找到副本。

有关斯巴达克斯的古代史料极为不足。所有的希腊语和拉丁语资料都收录于 Giulia Stampacchia,*La Tradizione della Guerra di*

218

Spartaco di Sallusto a Orosio [The Tradition of the Spartacus War from Sallust to Orosius] (Pisa:Giardini, 1976)。该书（意大利语版）还通过各种资料对起义的叙述进行了仔细审慎的研究。关于斯巴达克斯最重要的古代著作可能是盖乌斯·萨卢斯提乌斯·克里斯普斯（Gaius Sallustius Crispus）的《历史》(*Histories*)。作者更为熟知的名字是萨卢斯特（公元前 86—前 35 年）。萨卢斯特不是一名成功的政治家，他曾在尤利乌斯·恺撒麾下指挥过一支军团，在斯巴达克斯战争期间，他还仅是十几岁的少年。他的《历史》一书中有大量关于斯巴达克斯的描写，从这本书的残篇来看，他写得非常尖锐，但只有一些片段保存了下来。基础的拉丁文版本是 B.Mauren-brecher, *C. Sallusti Crispi Historiarum Reliquae.*, vol. 2, *Fragmenta* (Leipzig:Teubner, 1893)。萨卢斯特的《历史》残篇的优秀翻译和历史评论参见 Patrick McGushin, *Sallust:The Histories:Translated with Introduction and Commentary*, 2 vols. (Oxford:Clarendon, 1992–94)。

伟大的古罗马历史学家提图斯·李维乌斯（Titus Livius）或李维（公元前 59—17 年）也写过关于斯巴达克斯的文章，但在他的著作中，这部分只残存了一份粗略的摘要，这也可能是几个世纪后的作品。

古代留存下来的关于斯巴达克斯起义的最完整的历史记录是普鲁塔克（约公元 1 世纪 40 年代至 2 世纪 20 年代）和阿庇安（约公元 1 世纪 90 年代至 2 世纪 60 年代）的作品。这些记录很有价值，但也存在问题。两位作者都是希腊人，活跃在古罗马和平时期黄金年代的政治圈里。他们撰写古罗马历史所使用的相关资料来自早期文献，但这些文献没有留存下来，而他们的作品中却保留了重要的细节。阿庇安没有准确简述自己的资料来源，而普鲁塔克不怎么关注历史，他更关注传记。例如，他对斯巴达克斯的描述仅是对打败斯巴达克斯的马库斯·李锡尼·克拉苏传记的一部分。普鲁塔克有个恼人的习惯，他会为了强调道德而牺牲叙事。而普鲁塔克是我们了解斯巴达克斯的最佳来源。他是位谨慎又老练的作者，细心的读者仍可以从他那里得到很多有用的信息。M. G. Bertinelli Angeli et al., *Le Vite di Nicia e di Crasso* (Verona: Fondazione Lorenzo Vallo: A. Mondadori, 1993) 提供了重要的历史集注。关于阿庇安的优秀历史集注请参阅：EmilloGabba, *Appiani: BellorumCivilium Liber Primus* (Firanze: La Nuova Italia Editrice, 1958)。

其他罗马和希腊作家提供的关于斯巴达克斯的重要细节不管是否准确，都取材于早期历史记录。其中最重要的是维勒乌斯·帕特库鲁斯（Velleius Paterculus，约公元前 20 年至公元 1 世纪 30 年代？）、弗朗蒂努斯（Frontinus，约公元 30—104 年）、弗洛鲁斯（约公元 100—150 年）和奥罗修斯（约公元 3 世纪 80 年代至公元 4 世纪 20 年代）。H.T.Wallinga, "Bellum Spartacium:Florus' Text and Spartacus's Objective," *Athenaeum* 80 (1992): 25–43 是关于弗洛鲁斯对斯巴达克斯相关记载的重要研究。西塞罗成年时期亲历了斯巴达克斯起义，他在自己的演说集，尤其是控诉维尔列斯的演说词（也被称为 II，5）中提到了这一事件。Michael Grant 的英译本收录在 Cicero, *On Government* (Hardmondsworth, England: Penguin, 1994)。有关概述，请参见 M.Doi，"Spartacus's Uprising in Cicero's works"，*Index* 17 (1989): 191–203。

两项非常出色但推测性太强而最终无法令人信服的研究认为，斯巴达克斯起义并不是奴隶起义，在本质上属于民族主义和反罗马性质的起义，参见 W. Z. Rubinsohn, "Was the Bellum Spartacium a Servile Insurrection?" *Rivista di Filologia* 99 (1971): 290–99 和 Pierre Piccinin, "Les Italiens dans le 'Bellum Spartacium,'" *Historia* 53, no. 2 (2004):173–99。另见 Piccinin, "À propos de deux passages des oeuvres de Salluste et Plutarque," *Historia* 51, no. 3 (2002): 383–84 和 Piccinin, "Le dionysisme dans le Bellum Spartacium,"

220

Parola del Passato 56, no. 319 (2001):272–96。

　　以下是斯巴达克斯起义历史中特定主题的重要研究：关于起义各阶段反叛军的数量，有 R. Kamienik, "Die Zahlenangaben ueber des Spartakus-Aufstand und ihre Glaubwuerdigkeit," *Altertum* 16 (1970):96–105；关于斯巴达克斯可能是米底人，有 K. Ziegler, "Die Herkunft des Spartacus" *Hermes* 83 (1955):248–50；关于斯巴达克斯色雷斯背景的影响，有 M. Doi, "Spartacus' uprising and ancient Thracia, II," *Dritter Internationaler Thrakologischer Kongress,* vol. 2 (Sofia:Staatlicher Verlag Swjat, 1984), pp. 203–7, 以及 M. Doi, "The origins of Spartacus and the anti-Roman struggle in Thracia," *Index* 20 (1992): 31–40；关于斯巴达克斯支持者的乡村特征，有 G.Stampacchia, "La rivolta di Spartaco come rivolta contadina," *Index* 9 (1980): 99–111；关于斯巴达克斯在维苏威火山的驻留，有 C. Pellegrino,*Ghosts of Vesuvius:A New Look at the Last Days of Pompeii, How Towers Fall, and Other Strange Connections* (New York:Morrow, 2004), 147–66；关于斯巴达克斯计划横渡西西里岛，有 E. Maroti, "De suppliciis：Zur Frage der sizilianischen Zusammenhänge des Spartacus-Aufstandes," *Acta Antiquae Hungariae* 9 (1961): 41–70；关于斯巴达克斯在最后一战中杀死自己的战马，有 Maria Capozza, "Spartaco e il sacrifice del cavallo (Plut.*Crass*.11, 8–9)," *Critica Storica* 2 (1963): 251–93；Allen Mason Ward, *Marcus Crassus and the Late Roman Republic* (Columbia:University of Missouri Press, 1977), esp. pp. 83–98, ch.4, "The War With Spartacus," 提供了战争中至关重要的最后六个月的基础研究。

　　以下作品的标题清楚地表明了其研究主题。关于克里克苏斯葬礼上的角斗赛对斯巴达克斯起义的作用，有 R. Kamienik,

"Gladiatorial games during the funeral of Crixus:Contribution to the revolt of Spartacus," *Eos* 64 (1976): 83–90；关于为什么斯巴达克斯要留在意大利，有 M. Doi, "Why did Spartacus stay in Italy?" *Antiquitas: Acta Universitatis Wratislaviensis* 598 (1983):15–18；关于罗马政府和斯巴达克斯的谈判，有 M. Doi, "On the Negotiations between the Roman State and the Spartacus Army," *KLIO* 66 (198): 170–74；关于斯巴达克斯军中的女性奴隶，有 M. Doi, "Female Slaves in the Spartacus Army," in Marie-Madeleine Mactoux and Évelyne Geny, eds., *Mélanges Pierre Leveque, II:Anthropologie et Société,* Annales litter, de l'Univ. de Besançon, 377；关于宗族历史研究中心，有 Centre de rech. d'histoire anc., 82 (Paris:Les Belles Lettres, 1989): 161–72；关于斯巴达克斯起义是不是罗马情报机关的失误，有 R. M. Sheldon, "The Spartacus Rebellion:A Roman Intelligence Failure?" *International Journal of Intelligence and Counterintelligence* 6, no. 1 (1993):69–84。B. Baldwin, "Two Aspects of Spartacus's Slave Revolt," *Classical Journal* 62 (1966–67):288–94 以及 J. Scarborough, "Reflections on Spartacus," *Ancient World* 1, no. 2 (1978):75–81 也很有价值。

对"Spartaks"壁画的研究始于意大利考古学家阿马德奥·马尤里（Amadeo Maiuri）出版的 *Monumenti della pittura antica scoperti in Italia.;Sezione terza; La pittura ellenistica romana; fasc.2.Le pitture delle case di "M. Fabius Amandio," del "Sacerdos amandus" e di "P. Cornelius Teges" (reg I, ins.7)* (Rome: La Libreria dello Stato, 1938)。Jerzy Kolendo 在 "Uno spartaco sconosciuto nella Pompei osca: Le pitture della casa di Amando," *Index* 9 (1980):33–40 以及 "Spartacus sur une peinture osque de Pompei: Chef de la grande insurrection servile ou un gladiateur inconnu originaire de la Thrace?" *Antiquitas:Acta*

Universitatis Wratislaviensis 10 (1983):49–53 中对此持怀疑态度。
Fabrizio Pesando 认为发现壁画的建筑可能已经有了架构性的改变，
见 "Gladiatori a Pompei," Adriano La Regina, ed., *Sangue e Arena*
(Milan:Electa, 2001), 175–98。相关讨论的英文版概述可参考
A. van Hoof, "Reading the Spartaks fresco without red eyes,"
in Stephan T. A. M. Mols and Eric Moormann, eds., *Omni pede
stare:Saggi architectonici e circumvesuviani in memoriam Jos de
Waele* (Naples:Electa Napoli and Ministeri per i Beni e le Attività
Culturali, 2005), 251–56。

小说、电影和意识形态中的斯巴达克斯

Brent D. Shaw 对 18—19 世纪在马克思之前西方文化中的斯
巴达克斯进行了出色的概述，并展望了该主题今后的研究方向，
参见 "Spartacus Before Marx:Liberty and Servitude," *Princeton/
Stanford Working Papers in Classics* Version 2.2, November 2005,
网址：http://www.princeton.edu/~pswpc/pdfs/shaw/110516.pdf。
关于苏联马克思主义学者对斯巴达克斯的研究，参见 Wolfgang
Zeev Rubinsohn, *Spartacus' Uprising and Soviet Historical Writing*
(Oxford:Oxbow, 1987)。

20 世纪有三本关于斯巴达克斯的小说有英文版:Lewis Grassic
Gibbon, *Spartacus* (New York:Pegasus, 2006)，初版发行于 1933
年；Arthur Koestler, *The Gladiators,* trans. Edith Simon (New
York:Macmillan, 1939)，这是一位幻想破灭的前共产主义者的作
品，他在斯巴达克斯起义中看到了革命失控的暴行；霍华德·法斯
特（Howard Fast）的著作《斯巴达克斯》（*Spartacus*）于 1951 年
首次出版，1996 年由北堡图书公司（North Castle Books, Armonk,
N. Y.）再版，作者还撰写了一篇简短的介绍性文章，讲述了他在麦

卡锡时代作为美国共产主义者的经历。

斯坦利·库布里克在 1960 年拍摄的电影有多个 DVD 版本，最好的是标准收藏公司（The Criterion Collection）的版本。2004 年翻拍的《斯巴达克斯——电视迷你剧全集》（Spartacus—The Complete TV Minisseries）也发行了 DVD。Martin M. Winkler *Spartacus: Film and History* (Malden, Mass, and Oxford:Blackwell, 2007) 是一本关于库布里克电影的优秀又好读的文集。

哈恰图良的芭蕾舞剧《斯巴达克斯》由尤里·格里戈罗维奇（Yuri Grigorovich）编舞，莫斯科大剧院芭蕾舞团出演，也有 DVD 版本。Irek Mukhamedov 曾两次饰演斯巴达克斯，Arthaus 在 1990 年发行的 DVD 版可能是最好的版本，还提供全剧原声带。

关于斯巴达克斯纪录片：英国第四频道于 2001 年出品了 *The Real Spartacus*；美国历史频道于 1994 年出品了 *Decisive Battles—Spartacus*，并发行了 DVD；美国国家地理于 2006 年出品了 *Spartacus, Gladiator War*。

古罗马和罗马人

Mary T. Boatwright, Daniel J. Gargola, and Richard Talbert, *The Romans* (New York:Oxford University Press, 2004) 是很好的古罗马历史入门教科书。Michael Crawford,*The Roman Republic,* 2nd ed. (Cambridge, Mass.:Harvard University Press, 1993) 做了简明但深刻的学术分析。Philip Matyszak, *Chronicle of the Roman Republic* (London:Thames & Hudson, 2003) 是一本生动又易懂的概述。Thomas Rice Holmes, *The Roman Republic and the Founder of the Empire,* 3 vols. (Oxford:Clarendon, 1923) 做了经典又更详尽的论述。Nathan Rosenstein, and Robert Morstein-Marx,*A Companion to the Roman Republic* (Malden, Mass., and Oxford:Blackwell, 2006)

中有一些优秀的介绍性文章。

Tom Holland 在 *Rubicon:The Last Years of the Roman Republic* (New York:Anchor, 2005) 中生动地描述了罗马人最后几十年的历史。Mary Beard and Michael Crawford, *Rome in the Late Republic:Problems and Interpretations,* 2nd ed. (London:Duckworth, 1999) 是学术性介绍。Erich S. Gruen, *The Last Generation of the Roman Republic* (Berkeley:University of California Press, 1974) 是关于那个时代古罗马政治的非常重要的学术分析。T. Robert S. Broughton 和 Marcia Patterson 合作撰写的 *The Magistrates of the Roman Republic,* 2 vols. (New York:American Philological Association, 1951–52) 是关于古罗马官员的重要参考书。也可以参考 T. Corey Brennan, *The Praetorship in the Roman Republic*(Oxford:Oxford University Press, 2000)。

关于共和国后期意大利的经济，参见 Neville Morley, *Metropolis and Hinterland:The City of Rome and the Italian Economy, 200 B.C.-A.D.200* (Cambridge, England:Cambridge University Press, 1996)，以及 Nathan Rosenstein, *Rome at War: Farms, Families, and Death in the Middle Republic* (Chapel Hill:University of North Carolina Press, 2004)。

关于共和国后期意大利的人口统计，参见 P. A. Brunt, *Italian Manpower 225B.C.-A.D.14* (Oxford:Clarendon Press, 1971)；Tim G. Parkin, *Roman Demography and Society* (Baltimore:Johns Hopkins University Press, 1992)；W.W. Scheidel, "Human Mobility in Roman Italy, I:The Free Population." *Journal of Roman Studies* 94 (2005): 1–26, 以及 "Human Mobility in Roman Italy, II:The Slave Population," *Journal of Roman Studies* 95 (2005):65–79。

关于斯巴达克斯战争中的古罗马政治家的个人介绍，参见 Arthur Keaveney, *Sulla:The Last Republican* (London:Routledge, 2005)；Arthur Keaveney, "Sulla and Italy," *Critica Storia* 19

(1982):499–544; Allen Mason Ward, *Marcus Crassus and the Late Roman Republic*; Frank E. Adcock, *Marcus Crassus, Millionaire* (Cambridge:England:W. Heffer & Sons, 1966); B. A. Marshall, *Crassus:A Political Biography* (Amsterdam:Adolf M. Hakkert, 1976); B. A. Marshall, "Crassus's Ovation in 71," *Historia* 21 (1972):669–73; B. A. Marshall, "Crassus and the Command Against Spartacus," *Athenaeum* 51 (1973):109–21; P. Greenhalgh, *Pompey:The Roman Alexander* (London:Weidenfeld & Nicolson, 1980); Robin Seager, *Pompey the Great:A Political Biography*(Oxford:Blackwell, 2002); Anthony Everitt, *Cicero:The Life and Times of Rome's Greatest Politician*(New York:Random House, 2003); B. A. Marshall and R. J. Baker, "The Aspirations of Q. Arrius," *Historia* 24, no. 2 (1975):220–31; I. Shatzman, "Four Notes on Roman Magistrates," *Athenaeum* 46 (1968):345–54。

224

关于塞托里乌斯, 参见 Philip O. Spann, *Quintus Sertorius: Citizen, Soldier, Exile* (Fayetteville:University of Arkansas Press, 1976); Christoph F. Konrad, *Plutarch's Sertorius:A Historical Commentary* (Chapel Hill:University of North Carolina Press, 1994)。关于米特拉达梯, 参见 Adrienne Mayor, *Mithridates*(Princeton:Princeton University Press, forthcoming)。

其他有价值的研究包括 Mary Beard, *The Roman Triumph* (Cambridge, Mass.:Harvard University Press, 2007); John Percival, *The Roman Villa:An Historical Introduction* (London:B. T. Batsford, 1976); James S. Ackerman, *The Villa:Form and Ideology of Country Houses* (London:Thames & Hudson, 1990); Carol Humphrey Vivian Sutherland, *The Romans in Spain, 217 B.C.-A.D.117* (London:Methuen, 1939); John S. Richardson, *The Romans in Spain* (Oxford:Blackwell, 1996); John S. Richardson, *Hispaniae:Spain and the Development of Roman Imperialism, 218-82 BC* (Cambridge, England:Cambridge University Press, 1986)；Wilfried Nippel, *Public Order in Ancient Rome* (Cambridge, England:Cambridge University Press, 1995)。

角斗士

近期关于该主题的通俗易读的入门读物是 Alison Futrell 的 *The Roman Games* (Oxford:Blackwell, 2006) 和 Fik Meijer 的 *The Gladiators:History's Most Dangerous Sport* (New York:St. Martin's, 2003)。Susanna Shadrake 的 *The World of the Gladiator* (Stroud, England:Tempus, 2005) 再现了角斗士的战斗场景；Marcus Junkelmann 的 *Das Spiel mit dem Tod:So kampften Roms Gladiatoren* (Mainz am Rhein: von Zabern, 2000) 也是相同主题，该书是德语版，但附有大量优秀的图片。Marcus Junkelmann 对 Junkelmann 书中的某些观点用英文进行了总结，见 "Familia Gladiatoria:The Heroes of the Amphitheatre," in *Gladiators and Caesars:The Power of Spectacle in Ancient Rome,* Eckart Koehne and Cornelia Ewigleben, eds., English version edited by R. Jackson (Berkeley:University of California Press, 2000), pp. 31–74；还可以参考 M. Junkelmann, "Gladiatorial and Military Equipment and Fighting Technique:A Comparison," *Journal of Roman Military Equipment Studies* 11 (2000):113–17。

Karl Grossschmidt 和 Fabian Kanz 的 *Gladiatoren in Ephesos:Tod amNachmittag* (Vienna:Osterreichisches Archaeologisches Institut, 2002) 概述了以弗所角斗士墓地的重要发现。Luciana Jacobelli 的 *Gladiators at Pompeii*(Los Angeles:John Paul Getty Museum, 2004) 聚焦于公元 1 世纪的重要证据，包含了很多有趣的内容。

其他关于角斗士及其在罗马社会和罗马文化中的地位有价值的书籍包括：Donald G. Kyle, *Spectacles of Death in Ancient Rome* (London and New York:Routledge, 1998)；Thomas Wiedemann, *Emperors SC.Gladiators* (London and New York:Routledge, 1992)。Katherine E. Welch 系统阐述了坎帕尼亚第一座石质圆形角斗场背后的罗马首创精神，详见 Katherine E. Welch, *The Roman Amphitheatre:From Its Origins to the Colosseum* (New York:Cambridge University Press, 2007)，也可以参考同作者的另一篇文章："The Roman arena in late-Republican Italy:A new interpretation," *Journal of Roman Archaeology 1* (1994):59–80。Carlin A. Barton 的 *The Sorrows of the Ancient Romans:The Gladiator and the Monster* (Princeton:Princeton University Press, 1993) 推测性强，但很有见地。关于共和国后期武装团伙和卫队中的角斗士，参见 Andrew Lintott, *Violence in Republican Rome*(Oxford:Oxford University Press, 1999), 83–85。

奴隶

对古罗马奴隶制最好的介绍是 Bradley, *Slavery and Society at Rome* (Cambridge, England:Cambridge University Press, 1994)。另外参见他极有见解的早期研究 *Slaves and Masters in the Roman Empire:A Study in Social Control* (Brussels:Latomus, 1984)。Michael Massey 和 Paul Moreland 的 *Slavery in Ancient Rome* (London: Bristol Classical Press, 2001) 是本优秀的小册子。Thomas Wiedemann 的 *Greek and Roman Slavery* (London:Routledge, 1981) 是一部优秀的文献集。J. C. Dumont的 *Servus:Rome et I'Esclavage sous la Republique:Collection de I'EcoleFrangaise de Rome* 103 (Rome:Ecole Frangaise de Rome, 1987) 对研究共和国奴隶制非常重要。还有两项重要的概述性研

究：John Bodel, "Slave Labour and Roman Society," in Keith Bradley and Paul Cartledge, eds., *The Cambridge World History of Slavery,* vol. 1 (Cambridge, England:Cambridge University Press, 2008) 和 Willem Jongman, "Slavery and the growth of Rome:The transformation of Italy in the second and first centuries BCE," in Catherine Edwards and Greg Woolf, eds., *Rome the Cosmopolis* (Cambridge, England:Cambridge University Press, 2003),pp. 100–22。

Moses I. Finley 的 *Ancient Slavery and Modern Ideology* (Princeton:Markus Wiener, 1998) 重点讨论了古典时代的奴隶制问题。另外参见 Joseph Vogt, *Ancient Slavery and the Ideal of Man,* trans；Thomas Wiedemann (Cambridge, Mass.:BJarvard University Press, 1975)；Keith Hopkins, *Conquerors and Slaves* (Cambridge, England:Cambridge University Press, 1978)；Niall McKeown, *The Invention of Ancient Slavery,* Duckworth Classical Essays (London:Duckworth, 2007)。

F. Hugh Thompson 的 *The Archaeology of Greek &Roman Slavery* (London:Duckworth, 2003) 很有价值，但在该主题上还有很多研究要做。参见 Jane Webster, "Archaeologies of Slavery and Servitude:Bringing 'New World' Perspectives to Roman Britain," *Journal of Roman Archaeology* 18, no. 1 (2005):161–79。

关于古罗马奴隶贸易，参见 John Bodel, *"Caveat emptor:* Towards a Study of Roman Slave Traders," *Journal of Roman Archaeology* 18 (2005):181–95。相关代表性讨论包括 W. V. Harris, "Demography, Geography and the Sources of Roman Slaves," *Journal of Roman Studies* 89 (1999):62–75；W. Scheidel, "Quantifying the Sources of Slaves in the Early Roman Empire," *Journal of Roman Studies* 87 (1997):156–69。

起义和抵抗

Bradley 的 *Slavery and Rebellion in the Roman World, 140 B.C.-70 B.C.* 对该主题做了很好的介绍。另外参见 Theresa Urbainczyk, *Slave Revolts in Antiquity* (Stocksfield, England: Acumen, 2008)。Paul Cartledge 的关注重点在于古希腊而非古罗马，但他确实针对相关主题开展了开创性讨论，见 "Rebels and *Sambos* in Classical Greece:A Comparative View," in his *Spartan Reflections* (London:Duckworth, 2001), 127–52。本书引用过 Brent Shaw 的 *Spartacus and the Slave Wars* 的内容，这本书为重要资料来源提供了译本和有价值的介绍性文章。Zvi Yavetz 的 *Slaves and Slavery in Ancient Rome* (New Brunswick, N.J.:Transaction, 1988) 也很有价值。Wolfgang Hoben 的 *Terminobgische Studien zu den Sklavenerhebungen der roemischen Republik* (Wiesbaden:Steiner, 1978) 对古代资料中的起义术语进行了重要研究。关于第一次西西里奴隶战争，参见 P. Green, "The First Sicilian Slave War," *Past and Present* 20 (1961):10–29，W. G. G. Forrest 和 T. C. W. Stinton 对此有不同的观点，见 "The First Sicilian Slave War," *Past and Present* 22 (1962):87–93。关于西西里起义，另见 G. P. Verbrugghe, "Sicily 210–70 b.c.:Livy, Cicero and Diodorus," *Transactions and Proceedings of the American Philological Association* 103 (1972):535–59；以及 G. P. Verbrugghe, "Slave rebellion or Sicily in revolt?" *Kokalos* 20 (1974):46–60。

Thomas Grünewald 的 *Bandits in the Roman Empire:Myth and Reality,*trans.John Drinkwater (London and New York:Routledge, 2004) 是一部引人入胜的作品。

战争

    Adrian Goldsworthy 在 *Roman Warfare* (New York:Smithsonian, 1999) 中简要介绍了罗马的战争方式。他的 *The Complete Roman Army* (London and New York:Thames & Hudson, 2003) 详细介绍了军团和辅助部队。关于进一步的研究，参见他所著的 *The Roman Army at War, 100 BC–AD 200* (Oxford:Clarendon, 1996)。Peter Connolly 的 *Greece and Rome at War* (London:Greenhill, 2006) 既有精美的插图，也有丰富的历史内容。Catherine Gilliver 的 *The Roman Art of War* (Charleston, S.C.:Tempus, 1999) 做了深入细致的分析。Philip Sabin 的 *Lost Battles:Reconstructing the Great Clashes of the Ancient World* (London:Hambledon Continuum, 2008) 将战争游戏和学术研究结合起来，重现了古代战场。另外可以参考的重要文章是 Sabin, "The Face of Roman Battle*," Journal of Roman Studies* 90 (2000):1–17。

    关于罗马军队的后勤、装备、行军序列以及纪律的一些有价值的研究：M. C. Bishop and J. C. N. Coulston, *Roman Military Equipment from the Punic Wars to the Fall of Rome* (London:B. T. Batsford, 1993)；Jonathan Roth, *The Logistics of the Roman Army at War (264 B.C.–A.D.235)*(Leiden:Brill, 1999)。

    关于古罗马地中海地区的海盗活动，参见 Philip De Souza, *Piracy in the Graeco-Roman World* (Cambridge, England:Cambridge University Press, 1999)，以及仍然很有价值的 Henry Arderne Ormerod, *Piracy in the Ancient World:An Essay in Mediterranean History* (Liverpool:University Press of Liverpool, 1924)。

228   关于罗马人单人作战的典范，参见 S. P. Oakley, "Single Combat in the Roman Republic," *Classical Quarterly* 35, no. 2 (1985):392–410。另见 J. E. Lendon 引人入胜的评论 *Soldiers and Ghosts:A*

History of Battle in Classical Antiquity(New Haven:Yale University Press, 2006), especially pp. 172–232。

关于"野蛮人"战争，参见 Christopher Webber, *The Thracians 700 BC–AD 46* (Oxford:Osprey, 2001)；Stephen Allen, *Celtic Warrior, 300 BC–AD 100:Weapons, Armour, Tactics* (Oxford:Osprey Military, 2001)；J.–L. Brunaux, *Guerre et Religion en Gaule:Essai D'Anthropobgie Celtique* (Paris:Editions Errance, 2004)；Daithi O Hogain, *Celtic Warriors:The Armies of One of the First Great Peopbs in Europe* (New York:St. Martin's, 1999)。

关于游击战和镇压叛乱，参见 Robert B. Asprey, *War in the Shadows: The Guerrilla in History,* vol. 1 (Garden City, N.Y.:Doubleday, 1975)；Robert Taber, *War of the Flea:The Classic Study of Guerrilla Warfare* (Washington, D.C.:Brassey's, 2002)；C. E. Calwell, *Small Wars:Their Principles and Practices,* 3rd ed. (Lincoln:University of Nebraska Press, 1996)，附有 Douglas Porch 的介绍。

色雷斯人、凯尔特人和日耳曼人

关于古代色雷斯人的介绍，参见 Ralph F. Hoddinott, *The Thracians* (London:Thames & Hudson, 1981)；Alexander Fol and Ivan Mazarov, *Thrace 86. the Thracians* (New York:St. Martin's, 1997)；L. Casson, "The Thracians," *Metropolitan Museum of Art Bulletin* 35, no. 1 (1977):2–6。N. M. V. de Vries, "Die Stellung der Frau in der Thrakischen Gesellschaft," *Dritter InternationalerThrak ologischerKongress* 2 (1984):315–21，这是关于色雷斯女性的重要资料。

关于凯尔特人的研究已有大量文献可以参考。有两本优秀的入门书：Barry Cunliffe, *The Ancient Celts* (Oxford: Oxford University Press, 1997)，以及 John Haywood, *Atlas of the Celtic World* (London: Thames & Hudson, 2001)。有关文献参见 Philip Freeman, *War, Women and Druids:Eyewitness Reports and Early Accounts of the Ancient Celts* (Austin:University of Texas Press, 2002)。关于凯尔特女性，参见 Miranda Green, *Celtic Goddesses:Warriors, Virgins and Mothers* (London:British Museum, 1995)；Peter Berresford Ellis, *Celtic Women:Women in Celtic Society and Literature* (London:St. Edmundsbury, 1995)。

229 关于古代日耳曼人的介绍，参见 Anthony King, *Roman Gaul and Germany* (Berkeley:University of California Press, 1990)。

关于罗马人和野蛮人的概述，参见 Barry W. Cunliffe, *Greeks, Romans, and Barbarians:Spheres of Interaction* (New York: Methuen, 1988)；Peter S. Wells, *Beyond Celts, Germans, and Scythians:Archaeology and Identity in Iron Age Europe* (London:Duckworth, 2001)。

宗教

Mary Beard, John North, and Simon Price, *Religions of Rome,* 2 vols. (Cambridge, England:Cambridge University Press, 1998) 是重要的历史和原始资料来源。Valerie Warrior, *Roman Religion* (Cambridge, England:Cambridge University Press, 2006) 进行了简要介绍。

关于古罗马奴隶起义的弥赛亚特征，参见 N. A. Mashkin, "Eschatology and Messianism in the Final Period of the Roman Republic," *Phibsophy and Phenomenobgical Research* 10, no. 2 (1949):206–228 和 P. Masiello, "L'Ideologica Messianica e le Rivolte Servili," *Annali della Facoltà di bttere e filosofia* 11 (1966):179-96。

关于公元前186年酒神节事件的简要分析，参见 J. A. North, "Religious Toleration in Republican Rome," *Proceedings of the Cambridge Phibbgical Society* 25(1979):85-103。另见 P. G. Walsh, "Making a Drama out of a Crisis: Livy on the Bacchanalia," *Greece &Rome* 43 (1996):188-203。J.-M. Pailler 的 *Bacchanalia:La repression de 186 av.J.-C. à Rome et en Italie (BEFAR 270)* (Rome:École Française de Rome, 1988) 从考古学角度进行了详细又深刻的分析。

关于色雷斯宗教，参见 Ivan Marazov, "Thracian Religion," in Alexander Fol and Ivan Marazov, *Thrace and the Thracians* (New York:St. Martin's, 1977), pp. 17-36；S. E. Johnson, "The Present State of Sabazios Research," in H. Temporini and W. Haase, eds., *Aufstieg und Niedergang der roemischen Welt,* vol. 2, no. 17.3 (1984):1583-1613；Alexander Fol, *The Thracian Dionysos:Book One:Zagreus*(Sofia:St. Kliment Ohridski University Press, 1991)；Alexander Fol, *The Thracian Dionysos:Book Two:Sabazios*(Sofia:St. Kliment Ohridski University Press, 1994)；N. Dimitrova, "Inscriptions and Iconography in the Monuments of the Thracian Rider," *Hesperia* 71, no. 2 (2002):209-29。

关于凯尔特宗教，参见 Jean Louis Brunaux, *The Celtic Gauls: Gods, Rites and Sanctuaries* (London:Seaby, 1988)；Miranda J. Green, *The World of the Druids* (London:Thames & Hudson, 1997)；Nora K. Chadwick, *The Druids* (Cardiff:University of Wales Press, 1997)。

关于希腊时代狄俄尼索斯被用作政治象征，参见 Walter Burkert, "Bacchic *Teletai* in the Hellenistic Age," in Thomas

230

H. Carpenter and Christopher A. Faraone, eds., *Masks of Dionysus*(Ithaca:Cornell University Press, 1993), pp. 259–75, esp. pp. 259–70。

关于罗马共和国晚期伟人的英雄化和神圣化，参见 Stefan Weinstock, *Divius Julius* (Oxford:Clarendon, 1971), pp. 287–97；Itta Gradel, *Emperor Worship and Roman Religion*(Oxford:Clarendon, 2002), pp. 27–53。罗马共和国时期，人们普遍认为战功显赫的将领都有神启，相关内容参见 J. P. V. D. Balsdon, "Sulla Felix," *Journal of Roman Studies* 41,nos.1–2 (1951):1–10。

意大利地形学与考古学

关于斯巴达克斯起义的意大利地理背景，基本介绍包括：Timothy W. Potter, *Roman Italy* (Berkeley:University of California Press, 1990); R. Ross Holloway, *The Archaeology of Ancient Sicily* (London and New York:Routledge, 2000); Blue Guide 系列旅行指南中的一本指南，Paul Blanchard, *Southern Italy* (London:A&C Black, 2004)。H. V. Morton 的 *A Traveller in Southern Italy* (London:Methuen, 1969) 比较主观，但非常有趣。

R.J.Buck 在 1971—1981 年发表了一系列关于卢卡尼亚古道的研究：R. J. Buck, "The Via Herculia," *Papers of the British School at Rome* 39 (1971):66–87；R. J. Buck, "The Ancient roads of eastern Lucania," *Papers of the British School at Rome* 42 (1974):46–67；R. J. Buck, "The Ancient roads of southeastern Lucania," *Papers of the British School at Rome* 43 (1975):98–117；R. J. Buck, "The Ancient roads of northwestern Lucania and the battle of Numistro," *Parola del Passato* 36 (1981):317–47。

以下区域和本地研究也很有价值。关于坎帕尼亚的考古学和历史，参见 Martin Frederiksen, *Campania* (Hertford, England: Stephen Austin & Sons, 1984)。关于卡普亚，参见 Stefano De Caro and Valeria Sampaolo, *Guide of Ancient Capua* (Santa Maria Capua Vetere:Soprintendenza Archeologica delle province di Napoli e Caserta, 2000)。关于古代卢卡尼亚，参见 Elena Isayev, *Inside Ancient Lucania:Dialogues in History and Archaeology* (London:Institute of Classical Studies, University of London, 2007)。关于罗马共和国时期的梅塔蓬图姆的简短而富有启发性的讨论：Joseph Coleman Carter, *Discovering the Greek Countryside at Metaponto*(Ann Arbor:University of Michigan Press, 2006); Antonio De Siena, *Metaponto:Archeologia di una Colonia Greca* (Taranto:Soprintendenza Archeologica della Basilicata, Scorpione Editrice, 2001); Lranco Liguori, *Sybaris Tra Storia e Leggenda* (Castrovillari:Bakos, 2004)。

Laura Battastini 认为，斯巴达克斯与伦图卢斯的战斗发生在托斯卡纳亚平宁山脉北部的小村庄伦图拉，见 *Lentula: Lentula La dinastia dei Lentuli Corneli, la guerra di Spartaco e la storia di antichi villaggi dell'Appennino Tosco Emiliano,* 2nd ed. (Rastignano:Editografica, 2000)。R. Luongo 介绍了斯巴达克斯军队在皮凯蒂尼山区的旅程:R. Luongo, "L'esercito di Spartaco nella regione dei Monti Picentini," *Rassegna Storica Salernita* 42, n.s.21.2 (2004):21–32。Enzo Greco, *Spartaco sullo stretto ovvero Le origini di Villa San Giovanni e Fiumara di muro* (Rome:Gangemi Editore, 1999) 对于斯巴达克斯在墨西拿海峡的研究具有启发性，但仍有待证实。

Domenico Raso, "TINNARIA:Antiche opere militari sullo Zomaro," *Calabria sonosciuta* 37 (January–March 1987): 79–102, 以及 Domenico Raso, *Zomaro:La montagna dei sette popoli, tra i misteri della montagna calabrese* (Reggio di Calabria:Laruffa, 2001) 对克拉苏在阿斯普罗蒙特山区的军事行动提出了合理的推测。

关于罗马大道，参见 Raymond Chevallier, *Roman Roads,*trans. N. H. Field (Berkeley:University of California Press, 1976)；Ray Laurence, *The Roads of Roman Italy:Mobility and Cultural Change* (London and New York:Routledge, 1999)；Romolo Agosto Staccioli, *The Roads of the Romans* (Rome: "L'Erma" di Bretschneider, 2003)；Ivana della Portella, Giuseppina Pisani Sartorio, Francesca Ventre, *The Appian Way from Its Foundation to the Middle Ages,* trans. from the Italian (Los Angeles:J. Paul Getty Museum, 2004) 以 及 A. R. Amarotta, "La Capua-Reggio (e il locus Popilli) nei pressi di Salerno," *Atti della Accademia Pontaniana* 33 (1984):289–308。

关于斯巴达克斯起义简明但很有价值的考古介绍，参见 A. Russi, "La romanizzazione: il quadro storico," in Dinu Adamesteanu, ed., *Storia della Basilicata, vol. 1:L'Antichità* (Rome:Editori Laterza, 1999), 531–37; 同册中的 A. Small, "L'occupazione del territorio in età romana," p. 577。关于埋在西里斯的钱币，参见 A. Siciliano, "Ripostiglio di monetere pubblicane da Policoro," *Annali dell' Istituto Italiano di Numismatica* 21–22 (1974–75):103–54。 关 于 埋在帕尔米的宝藏，具体位置在卡尼斯海角以北 25 英里的橄榄园，参见 P. G. Guzzo, "Argenteria di Palmi in ripostiglio," *Atti e memorie della Società Magna Grecia* 18–20 (1977–79): 193–209。

其他信息

关于古希腊人和古罗马人的文身，参见 C. P. Jones, "Stigma: Tatooing and Branding in Graeco-Roman Antiquity," *Journal of Roman Studies* 77 (1987):139–55。关于色雷斯的文身，参见 A.

Mayor, "People Illustrated," *Archaeology* 52, no. 2 (March-April 1999):54–57。

对十字架刑和罗马人的最佳介绍是 Martin Hengel, *Crucifixion in the Ancient World and the Folly of the Message of the Cross* (Philadelphia:Fortress, 1977)。相关简明概述，参见 Tlaim Cohn and Shimon Gibson, "Crucifixion," *Encyclopaedia Judaica,* 2nd ed., vol. 5, Michael Berenbaum and Fred Skolnik, eds.(Detroit:Macmillan, 2007), pp. 309–10; J. J. Rousseau and Rami Arav, "Crucifixion," in *Jesus and his World:An Archaeological and Cultural Dictionary* (Philadelphia:Fortress, 1995), pp. 74–78。关于物质文化的证据，参见 J. Zias, "Crucifixion in Antiquity: The Anthropological Evidence," www.joezias.com/CrucifixionAntiquity. html; J. Zias and E. Sekeles, "The Crucified Man from Giv'at ha-Mivtar:A Reappraisal," *Israel Exploration Journal* 35(1985):22–27。关于十字架刑的医学问题，参见 M. W. Maslen and Piers D. Mitchell, "Medical Theories on the cause of death in crucifixion," *Journal of the Royal Society of Medicine* 99 (2006):185–88。

关于凯尔特人持久作战的具有启发性的推测，参见 Grady McWhiney, *Attack and Die:Civil War Military Tactics and the Southern Heritage* (Tuscaloosa:University of Alabama Press, 1981)。

注　释

在引用古代作品时，我使用了 *The Oxford Classical Dictionary* 3rd ed. (Oxford: Oxford University Press, 1999) 中的缩写。我引用的古代作品标题使用了英文版本。除非另有说明，从萨卢斯特《历史》残篇中引用的片段都来自以下版本：B. Maurenbrecher, *C.Sallusti Crispi Historiarum Reliquae*, vol. 2, *Fragmenta* (Leipzig:Teubner, 1893)。

序　言

1　1982 年 6 月 8 日，英国议会召开前在伦敦发表的《威斯敏斯特演讲》，http://www.heritage.org/Research/Europe/WMl 06.cfm。

第一章　角斗士

1　Florus, *Epitome* 2.8.12.

2　Sallust, *Histories* frg.3.90.

3　拉丁语为 ferra acuta，参见 Marcus Junkelmann, "LamiliaGladiatoria: The Heroes of the Amphitheatre," in *Gladiators and Caesars: The Power of Spectacle in Ancient Rome*, Eckart Koehne and Cornelia Ewigleben, eds., English version edited by Ralph Jackson (Berkeley: University of California Press, 2000), 66。

4　古代卡普亚城遗址位于现在的圣玛丽亚 - 卡普阿韦泰雷（Santa Maria Capua Vetere），而现在被称为"卡普亚"的城市实际上是古代的卡西利努姆（Casilinum）。

5　The stele of Publilius Satyr,published by Theodor Mommsen et al., *Corpus Inscriptionum Latinarum*, 17 vols.(Berlin: 1863–1986), vol 10, 8222.

6　Florus, *Epitome* 2.8.7.

7　2 Maccabees 12:35.

8　Florus, *Epitome* 2.8.8.

9　Sosipater Charisius 1.133 (ed. Keil).

10　Livy, *History of Rome* 42.59.

11　Strabo, *Geography* 4.4.2, translated by Philip Freeman as *War, Women, and Druids: Eyewitness Reports and Early Accounts of the Ancient Celts* (Austin: University of Texas Press, 2002), pp. 12–13.

12　Diodorus Siculus 5.25.3–4.

13　Andre Tchernia, "Italian Wine in Gaul at the End of the Republic," in Peter Garnsey, Keith Hopkins, and C. R. Whitaker, eds., *Trade in the Ancient Economy* (Berkeley: University of California Press, 1983), pp. 92, 97–98.

14　Cassius Dio, frg.101.

15　Tacitus, *Germania* 14.

16　Dio Cassius 77.10.2.

17　这些证据都来自庞贝城早期的角斗士学校，并出现在 Luciana Jacobelli, *Gladiators at Pompeii* (Los Angeles:John Paul Getty Museum, 2004), pp. 48–49, 65–66。

18　Seneca, *Letters* 37.2.

19　Appian, *Civil Wars* 1.116.539.

20　Plutarch, *Crassus* 8.3 关于将希腊语 prdotes 译为英文中的 "dignified"，参见 Hubert Martin, Jr., "The Concept of Praotes in Plutarch's *Lives*," *Greek, Roman and Byzantine Studies* 3 (1960):65–73。

21　Sallust, *Histories* frg.98A.

22　Sallust, *Histories* frg.98A.

第二章　色雷斯女先知

1　Plutarch, *Crassus* 8.4.

2　卡普雷里奥斯浮雕描绘了两名妇女和两名儿童跟随一队奴隶行进，奴隶共有八人，脖了被铁链锁住，最前面有一名看守。参见 J. Kolendo, "Comment Spartacus devint-il esclave?" in Chr.M. Danov and Al.Fol, eds., *SPARTACUS Symposium Rebus SpartaciGestisDedicatum 2050 A.: Blagoevgrad, 20-24.IX. 1977* (Sofia, Bulgaria:Editions De L'Académie Bulgare Des Sciences, 1981), p. 75, 以及 M. I. Finley, "Marcus Aulus Timotheus, Slave Trader," in *Aspects of Antiquity:Discoveries and Controversies*, 2nd ed.(New York:Penguin, 1977), 154–66。

3　Plutarch, *Crassus* 8.3.

4　个人通信: Professor Biarry Greene, Cornell University, and Professor Luca Luiselli, University of Rome.

5　Plutarch, *Crassus* 8.4.

6　Plutarch, *Crassus* 8.4, mss. a, b, c.

7　Plutarch, *Crassus* 8.4, mss. d, e, f.

8　Tacitus, *Germania* 8.

9　Phyllis Mack, *Visionary Women: Ecstatic Prophecy in Seventeenth-Century England* (Berkeley: University of California Press, 1992), p. 17.

10　Columella, *On Agriculture* 1.8.6.

11　Plutarch, *Life of Marius* 17.1–3.

12　Demosthenes 18.259–260;Alexander Fol and Ivan Mazarov, *Thrace and the Thracians* (New York: St. Martin's, 1997), pp. 28–29.

13　Diodorus Siculus 34.2.46,36.4.4, with commentary of Jean Christian Dumont, *Servus: Rome et I'Esclavage sous la Republique,* Collection de l'École Française de Rome 103 (Rome: École Française de Rome, 1987), pp. 263–64.

14　E. Candiloro, "Politica e cultura in Atene da Pidna alia guerramitridatica," *Studi classici et orientali* 14 (1965):153–154 and n.71.

15　Claudian, *Gothica* 155–156.

16　Emilio Gabba, *Appiani: Bellorum Civilium Liber Primus* (Firenze: La Nuova Italia Editrice, 1958), pp. 317, cf. 211–12.

17　Frank Driever and Burkhard Medea, "Thoracic Stab Wound Caused by a Grilling Scewer [*sic*]," *Archir für Kriminologie* 211, nos.5–6 (May-June 2003):174–80, http://www.ncbi. nlm.nih.gov/sites/entrez?db=pubmed&cmd=Retrieve&dopt=Ab stractPlus&list_uids= 12872687.

18　古罗马晚期文学家西多尼乌斯·阿波利纳里斯（Sidonius Apollinaris，约公元 430— 489 年）在诗中描述，斯巴达克斯在与罗马执政官的战斗中挥舞着一把西卡剑。

19　Florus, *Epitome* 2.8.3.

20　Plutarch, *Crassus* 9.1.

21　Appian, *Civil Wars* 1.116.540.

22　Florus, *Epitome* 2.8.3.

23　Varro, *Agriculture* 1.17.2.

24　Cato, *On Agriculture* 144.3.

25　Suetonius, *Vespasian* 23.

26　Appian, *Mithridatic Wars* 109.519–20.

27　Hiorace, *Odes* 3.14.14–20, 英译版本可查阅 http://www.perseus.tufts.edu/cgi-bin/ptext? lookup=Hor.+Carm.+3.14。

28　Livy, *History of Rome* 3.16.3.

29 Sallust, *Histories* frg.3.93

第三章　裁判官

1   Caesar, *The Gallic War* 1.40.6.

2   Plutarch, *Sulla* 18.5.

3   Aulus Gellius, *Attic Nights* 5.6.20, translated by Brent D. Shaw, *Spartacus and the Slave Wars: A Brief History With Documents* (Boston: Bedford/St. Martin's, 2001), 164.

4   Homer, *Iliad* 14.227.

5   *Peloponnesian War* 2.96.2

6   Sallust,*Histories* frg.3.102.

7   Appian, *Civil Wars* 1.116.541.

8   Tacitus, *Germania* 3.2.

9   遗址在昂克尔河畔的里布蒙。参见 Jean- Louis Brunaux and Bernard Lambot, *Guerre et Armament chez les gaulois 450-52 av.J.–C.* (Paris: Editions Errance, 1987), p. 84。

10 Plutarch, *Crassus* 9.4.

11 Sallust, *Histories* frg.3.96A.

12 Sallust, *Histories* frg.3.96.

13 Florus, *Epitome* 2.5.

14 Plutarch, *Crassus* 9.8.

15 Sallust, *Histories* frg.3.98A.

16 Sallust, *Histories* frg.3.98A.

第四章　带路人

1   Sallust, *Histories* frg.3.97.

2   Juvenal, *Satires* 8.180; Horace, *Epistles* 2.2.177 sqq., *Epodes* 1.27 sqq.

3   Sallust, *Histories* frg.3.98B.

4   Diodorus Siculus 5.32.5.

5   Strabo, *Geography* 7.2.3.

6   Sallust, *Histories* frg.3.98B.

7   关于里奇利亚诺（Ricigliano）的信息，参见 http://ricigliano.asmenet.it/，以及 Piera Carlomagno, ed., *La Provincia di Salerno: Guida Turistica* (Sarno, Italy: Edizioni dell' Ippogrifo, 2004), pp. 362–63。

8   Vittorio Bracco, "I materiali epigrafici," in Bruno d'Agostino, ed., *Storia del Vallo di*

Diano, vol. 1, *Età Antica* (Salerno: Pietro Laveglia Editore, 1981), p. 256.

9   Sallust, *Histories* frg.3.98C.

10 Sallust, *Histories* frg.3.98D.

11 R. J. Buck, "The Ancient Roads of Southeastern Lucania." *Papers of the British School at Rome* 43 (1975):113.

12 这些地方在古代都位于卢卡尼亚境内；今天有些属于巴西利卡塔，有些属于坎帕尼亚。

13 Sallust, *Histories* frg.3.102.

14 Sallust, *Histories* frg.3.99.

15 Sallust, *Histories* frg.3.102.

16 Sallust, *Histories* frg.3.103.

17 Plutarch, *Crassus* 9.7.

18 Appian, *Civil Wars* 1.116.542.

19 Orosius, *Histories* 5.24.2.

20 Florus, *Epitome* 2.8.5.

21 通过研究花粉和种子，考古学家可以非常详尽地描述梅塔蓬图姆的农业历史。参见 Joseph Coleman Carter, *Discovering the Greek Countryside at Metaponto* (Ann Arbor: University of Michigan Press, 2006), pp. 242–43,246–47。

22 Aldo Siciliano, "Herakleia, Acropoli—Tesoretti," in Lucilla De Lachenal, *Da Leukania a Lucania: la Lucania centro-orientale fra Pino e i Giulio-Claudii:Venosa, Castello Pirro del Balzo, 8 novembre 1992-31 marzo 1993* ([Rome]: Istituto poligrafico e Zecca dello Stato, Libreria dello Stato, 1993), p. 143.

23 Livy, *History of Rome* 29.6, cf. 28.12.

24 Appian, *Civil Wars* 1.117.547.

25 Caesar, *Gallic War* 1.40.5.

26 Augustine, *City of God* 4.5.

27 Florus, *Epitome* 2.8.1–2.

第五章　禁欲者

1   Plutarch, *Crassus* 9.8.

2   Plutarch, *Crassus* 9.8；Florus, *Epitome* 1.34.3, 2.8.1–2, 12.

3   参见 "acie victi sunt" "他们在一场正式的战斗中被打败了"，Livy, *Periochae* 96。

4   Plutarch, *Crassus* 9.9. 我推测这里提到的 "日耳曼军队" 就是克里克苏斯的军队；参见 M. G. Bertinelli Angeli et al., *Le Vite di Nicia e di Crasso* (Verona: Fondazione Lorenzo Vallo, A. Mondadori, 1993), 此处有评论。

5　Orosius, *Histories* 5.24.2.

6　Cicero, *Verres* 2.4.42.

7　Cicero, *Brutus* 242–43.

8　Ross H. Cowan, "The Clashing of Weapons and Silent Advances in Roman Battles," *Historia* 56, no. 1 (2007):114–17.

9　Horace, 转引自 John Peddie, *The Roman War Machine* (Stroud, England:Sutton, 1996), p. 23。

10　Orosius, *Histories* 5.24.4.

11　Appian, *Civil Wars* 1.117.544.

12　Plutarch, *Crassus* 9.9.

13　Plutarch, *Crassus* 9.9.

14　Appian, *Civil Wars* 1.116.544.

15　Florus, *Epitome* 2.8.10.

16　Cicero, *On the Response of Soothsayers* 25.

17　Cicero, *On the Response of Soothsayers* 26.

18　Florus, *Epitome* 2.8.9; cf. Orosius, *Histories* 5.24.3.

19　Appian, *Civil Wars*, 1.117.544.

20　Timothy M. Karcher, "The Victory Disease," *Military Review* (July/August 2003): 9–17, http://www.army.mil/prof_writing/volumes/volume 1/september_2003/9_03_5.html.

21　Florus, *Epitome* 2.8.11.

22　Orosius, *Histories* 5.24.5.

23　Appian, *Civil Wars* 1.117.545.

24　Eutropius 6.7.2.

25　其他数字：Velleius Paterculus 2.30.6 记载为 9 万；Orosius, *Histories* 19 记载为 10 余万；Appian, *Civil Wars* 1.117.545 记载为 12 万。

26　Sallust, *Histories* 3.106, as translated by Patrick McGushin, *Sallust: The Histories Translated with Introduction and Commentary*, vol. 2 (Oxford:Clarendon Press, 1994), 39. 我对其修译进行了修正。

27　Appian, *Civil Wars* 1.117.547.

28　Aulus Gellius, *Attic Nights* 6.24–26.

29　Aurelius Victor, *On Illustrious Men*. 66.3.

30　Cicero, *Letters to Atticus* 2.1.8.

第六章　嗜血者

1　更多照片和参考资料，参见 http://viamus.uni-goettingen.de/fr/mmdb/d/singleItemView?

pos=0&Inventarnummer= A%201452。

2　Sallust, *Histories* frg 4.21, 此处有评论。

3　Mao Tse-Tung, *On Guerrilla Warfare*, translated from the Chinese and with an introduction by Samuel B. Griffith II (Urbana: University of Illinois Press, 1961), p. 30.

4　罗马在公元前46年之前一直使用阴历，阴历与阳历并不同步。因此，"11月"只是一个估算。

5　Plutarch, *Crassus* 10.1

6　Appian, *Civil Wars* 1.118.549.

7　Plutarch, *Crassus* 10.3.

8　Plutarch, *Crassus* 10.4.

9　Appian, *Civil Wars* 1.118.551.

10　Plutarch, *Crassus* 10.5–6.

11　Appian, *Civil Wars*, 1.118.551.

12　Appian, *Civil Wars*, 1.118.551.

13　Appian, *Civil Wars*, 1.118.551.

14　Florus, *Epitome* 2.8.12.

第七章　海盗

1　西塞罗（*Verrines* 6.97）称他为赫拉克莱奥；奥罗修斯（*Orosius* 6.3）称他为皮尔甘尼奥。

2　Cicero, *Verrines* 6.2.5.

3　Cicero, *Verrines* 6.6.14.

4　Thomas Stangl, ed., *Cicero Orationum Scholiastae* (Vienna:Tempsky, [1912]), Scho.Cic. Gron.II 324.

5　Sallust, *Histories*, frg.4.32.

6　Plutarch, *Crassus* 10.7.

7　Thucydides, *Peloponnesian War* 4.24.5, in Robert Strassler, ed., *The Landmark Thucydides: A Comprehensive Guide to the Peloponnesian War* (New York:Simon & Schuster, 1998), p. 236.

8　Thucydides, *Peloponnesian War* 6.2.4.

9　Cassius Dio, *Roman History* 11.14.29, Loeb Classical Library edition, pp. 439–40, http://penelope.uchicago.edu/ Thayer/E/Roman/Texts/Cassius_Dio/l l*.html; cf. H. H. Scullard, *The Elephant in the Greek and Roman World* (Ithaca: Cornell University Press, 1974), pp. 16, 149, 152.

10 Sallust, *Histories* frg. 4.26.

11 有些学者认为斯巴达克斯的渡口在更北边的小镇西拉（Scilla），但这个小镇在海峡之外，而普鲁塔克坚持认为渡口在卡尼斯角，见 Plutarch, *Crassus* 10.3–4。

12 Florus, *Epitome* 2.8.13

13 Sallust,*Histories* frg. 4.27, in Patrick McGushin, trans. and ed., *Sallust:The Histories*, vol. 2 (Oxford:Clarendon, 1994), p. 43.

14 Cicero, *Verrines* 6.5.

第八章　渔人

1 Appian, *Civil Wars* 1.119.552.

2 Appian, *Civil Wars* 1.119.552.

3 Plutarch, *Crassus* 10.7.

4 Plutarch, *Crassus* 10.8.

5 Appian, *Civil Wars* 1.118.551.

6 Plutarch, *Crassus* 10.8.

7 Appian, *Civil Wars* 1.119.553.

8 Appian, *Civil Wars* 1.119.553.

9 Appian, *Civil Wars* 1.119.554.

10 Plutarch, *Crassus* 11.3.

11 Paulinus of Nola, *Poems* 17.206.

12 严格来说，他的名字是马库斯·瓦罗（Marcus Varro），因为马库斯成年后被一个叫泰伦提乌斯·瓦罗（Terentius Varro）的人收养，但为了简单明了，我使用了他出生时的名字。

13 Valerius Maximus 6.2.8.

14 Tacitus, *Annals* 3.73; cf. Appian, *Civil Wars* 1.120.556.

15 Tacitus, *Annals* 3.73.

16 Sallust, *Histories* frg. 4.36.

17 Appian, *Civil Wars* 1.119.552.

18 Appian, *Civil Wars* 1.119.552.

19 Sallust, *Histories*, frg.4.37, in McGushin, trans., *Sallust:The Histories*, vol. 2, p. 44.

第九章　凯尔特女人

1 Caesar, *Gallic War*, 转引自 Jean-Louis Brunaux, *The Celtic Gauls: Gods, Rites, and Sanctuaries*, translated by Daphne Nash (London: Seaby, 1988), p. 102。

2   高卢铭文，转引自 Philip Freeman, *The Philosopher and the Druids: A Journey Among the Ancient Celts* (New York: Simon & Schuster, 2006), p. 125。

3   Sallust, *Histories*, frg.4.40.

4   Plutarch, *Crassus*, 11.5.

5   Ammianus Marcellinus, *Histories* 15.12.

6   个人通信：Professor Michael Weiss, Department of Linguistics, Cornell University。

7   Plutarch, *Crassus*, 11.5。

8   http://www.comune.giungano.sa.it/.

9   Orosius, *Histories* 5.24.6.

10 Livy, *Periochae* 97; Frontinus, *Stratagems* 2.5.34.

11 Plutarch, *Crassus* 11.5.

12 Plutarch, *Crassus* 11.5.

13 Caesar, *Gallic War* 1.26.

14 Plutarch, Crassus, 11.6.

15 Orosius, *Histories* 5.24.6.

16 Appian, *Civil Wars* 1.120.557.

17 Plutarch, *Crassus* 11.6.

18 Plutarch, *Crassus* 11.6.

第十章　斯巴达克斯

1   Orosius, *Histories* 5.24.3.

2   Orosius, *Histories* 5.24.3.

3   Suetonius, *Life of Horace.*

4   Cicero, *On Duties* 1.42.

5   Appian, *Civil Wars* 1.120.557.

6   Plutarch, *Crassus* 11.8.

7   Appian, *Civil Wars* 1.120.557.

8   Appian, *Civil Wars* 1.120.557.

9   Orosius, *Histories* 5.24.7.

10 Florus, *Epitome* 2.7.9–12; Diod.Sic.36.10.3.

11 http://en.wikipedia.org/wiki/Italy_Earthquake_of_1980.

12 Sallust, *Histories* frg.4.39; Plutarch, *Comparison of Nicas and Crassus* (*Crassus* 36 [3].2)；cf. McGushin, ed., *Sallust: The Histories*, vol. 2, pp. 155–56.

13 Plutarch, *Crassus* 11.8.

14 Frontinus, *Stratagems* 4.7.2.

15 Caesar, *African War* 29.

16 Plutarch, *Sulla* 21.2.

17 Plutarch, *Crassus* 11.8.

18 Plutarch, *Crassus* 11.9.

19 Florus, *Epitome* 2.26.13–16.

20 公元 26 年，色雷斯南部山区发生起义。被围困时，勇敢的色雷斯人依然"以自己民族的方式在围墙前载歌载舞"(Tacitus, *Annals* 4.47, http://www.perseus.tufts. edu/cgi-bin/ptext?lookup=Tac.+Ann.+4.47)。另外参见 Ralph F. Hoddinott, *The Thracians* (London: Thames & Hudson, 1981), p. 130。

21 Plutarch, *Crassus* 11.9.

22 Plutarch, *Crassus* 11.10.

23 Florus, *Epitome* 2.8.14.

24 Plutarch, *Crassus* 11.9.

25 Plutarch, *Crassus* 11.10.

26 Apian, *Civil Wars*, 1.120.557.

27 Sallust, *Histories*, frg.4.41.

28 Florus, *Epitome* 2.8.14.

29 Appian, *Civil Wars* 1.120.557.

30 Florus, *Epitome* 2.8.14.

31 Seneca, *Controversies* 9.6, 转引自 Alison Futrell, *The Roman Games* (Oxford: Blackwell, 2006), p. 144。

32 Appian, *Civil Wars* 1.120.558.

33 Florus, *Epitome* 2.8.14, in Brent D. Shaw, trans., *Spartacus and the Slave Wars: A Brief History with Documents.* (Boston: Bedford/St. Martin's, 2001), p. 155

34 Livy, *Periochae* 97; Orosius, *Histories* 5.24.7. 普鲁塔克记录的死亡人数是 12300，见 Pompey 21.2, 这可能是坎特纳战役的死亡人数。

35 Appian, *Civil Wars* 1.120.558.

第十一章　胜利者

1 Theodor Mommsen et al., *Corpus Inscriptionum Latinarum*, vol. 10 (Berlin, 1883), part 2, 8070.3.

2 Appian, *Civil Wars* 1.120.559.

3 参见普劳图斯（Plautus）常被引用的奴隶们"骇人的十字架"；Martin Hengel,

Crucifixion in the Ancient World and the Folly of the Message of the Cross (Philadelphia: Fortress Press, 1977), p. 7, n.13。

4 "可耻的木桩"，*Latin Anthology* 415.23–24。

5 Origen, *Commentary on Matthew*, 27.22ff. 英译本参见 Hengel, *Crucifixion*, p. x。

6 Cicero, *For Cluentius* 66; *First Philippic* 2.

7 Pseudo-Quintilian, *Minor Declamations* 274.13, 转引自 Hengel, *Crucifixion*, p. 50。

8 参见 Velleius Paterculus 2.30.5; Plutarch, *Crassus* 8.1; Ampelius 45.3; Otto Keller, *Pseudacronis scholia in Horatium vetustiora*, vol. 1 (Leipzig: Teubner, 1902), p. 274, 3.14.19。

9 Livy, *History of Rome* 3.16.3, 21.41.10.

10 M. Pagano and J. Rougetet, "La casa del liberto P. Confuleius Sabbio a Capua e i suoi mosaici," *Mélanges de L'ÉcoleFrançaise de Rome* 98 (1987): 753–65.

11 Appian, *Civil Wars* 1.20.559.

12 *Digest* 48.19.28.15, 转引自 Hengel, *Crucifixion*, p. 48。

13 Pseudo-Quintilian, *Minor Declamations* 274.13, 转引自 Hengel, *Crucifixion*, p. 50。

14 Apuleius, *Golden Ass* 4.31; Josephus, *Antiquities* 18.3.4.

15 Pliny, *Natural History* 29.14.57.

16 Haim Cohn and Shimon Gibson, "Crucifixion," in Michael Berenbaum and Fred Skolnik, eds., *Encyclopedia Judaica*, 2nd ed., vol. 5 (Detroit: Macmillan, 2007), pp. 309–10.

17 Hengel, *Crucifixion*, p. 48.

18 Plutarch, *Crassus* 11.11.

19 Cicero, *Verrines* 6.39, 41.

20 Cicero, *Verrines* 6.39.

21 Cicero, *Verrines* 6.40.

22 Suetonius, *Deified Julius* 51.

23 关于四次凯旋式的日期和其他细节，参见 A. Degrassi, *Inscriptions Italiae* XIII.1 (Rome: La Libreria dello Stato, 1947), p. 565。

24 Varro, *Agricultural Topics* 3.2.15–16, 转述见 Columella, *On Agriculture* 8.10.6。参见 Mary Beard, *The Roman Triumph* (Cambridge, Mass.: Harvard University Press, 2007), p. 49 and p. 346, n.12。

25 参见 R. Alston, "Roman Military Pay from Caesar to Diocletian," *Journal of Roman Studies* 84 (1994): pp. 113–23。

终　局

1 Suetonius, *Deified Augustus* 3.1.

2 Pliny, *Natural History* 28.41, 28.46. 另见 Laura D. Lane, "Malaria and Magic in the Roman World," in David Soren and Noelle Soren, eds., *A Roman Villa and a Late Roman Infant Cemetery: Excavation at Poggio Gramignano, Lugnano in Teverina* (Rome: L'Erma di Bretschneider, 1999), p. 640。

3 Itta Gradel, *Emperor Worship and Roman Religion* (Oxford: Clarendon, 2002), p. 37.

4 Hans-Günther Simon, "Zwei ausseregewöhnliche reliefverzierte Gefässe aus Langenhain, Wetteraukreis," *Germania* 53 (1975): 126–37, esp. 134.

5 Cicero, *For Sulla* 60–62.

6 这些细节源于 Suetonius, *Deified Augustus*, 98.5–100.1。

致　谢

Kimberly Bowes、Judith Dupre、Mark Levine、Adrienne Mayor、Marcia Mogelonsky、Jan Parker、Matthew Sears 和 Chaya Rivka Zwolinski 阅读了本书各章原稿，并给出了宝贵意见。康奈尔大学过去和现在的同事和学生为我提供了建议并解答了具体问题。特别感谢 Annetta Alexandridis、Edward Baptist、Flaminia Cervesi、Nora Dimitrova、Michael Fontaine、Kathryn Gleason、FJarry Greene、Martin Loicano、Elizabeth Macaulay-Lewis、Kathryn McDonnell、Michelle Moyd、Jon Parmenter、Eric Rebillard、Sidney Tarrow、Robert Travers、Rachel Weil 和 Michael Weiss。还要感谢 Josh Bernstein、Donald Kagan、Victor Davis FJanson、Anna Kirkwood、Kim McKnight、Josiah Ober、Priya Ramas-abban、Philip Sabin、Nikola Theodossie 和 Rob Tempio。

我非常感谢康奈尔大学历史系和古典学系这两个学术之家。正是康奈尔大学 John M. Olin 图书馆一流的藏书以及工作人员的大力支持使本书得以面世。我在康奈尔大学的古代地中海学术讨论会、康奈尔大学和平研讨会以及杜克大学和北卡罗来纳大学研究生学术讨论会上宣读了部分手稿，很多评论让我受益匪浅。

我有幸多次前往意大利进行研究。那里帮助过我的人有 Carmine Cozzolino、Marcella DeFeo、Umberto Del

Vecchio、Maria Laura Frullini、Donato Punello 和 Marcello Tagliente。Jim Zurer 为我提供了专业的旅行建议。

Suzanne Lang 一如既往做了极其重要的秘书和后勤协助工作。Barbara Donnell、Michael Strauss 和 Sylvie Strauss 协助打字。

非常感谢 Simon & Schuster 的编辑 Bob Bender，他的宝贵建议让手稿得到了全面改进。还要感谢他的助手 Johanna Li。感谢 Weidenfeld & Nicolson 的编辑 Alan Samson 和 Keith Lowe，他们对我的手稿进行了严谨又深入的审读。还有我的朋友和文学经纪人 Howard Morhaim，他最先建议我写斯巴达克斯。

能完成此书必须感谢我的家庭。感谢 Sylvie 和 Michael 的支持和耐心，由衷感谢 Marcia。

George Wood 是我以前的学生和朋友，2003 年他在伊拉克去世。George 一直想成为一名古罗马历史学家。每次写关于古罗马的文章时，我都会想起他。

Josiah Ober 和 Adrienne Mayor 是我的朋友，也是我的同事，30 年来一直在我身边。本书献给他们，算是小小的回报。

索 引

Spartacus's rebellion *(cont.)*
  Gellius defeated by, 103, 128
  Gellius's pursuit of, 101–2, 107
  Glaber's battle with, 52, 54, 55,
    57–58, 59–61
  icons of, 80
  in journey to Samnium, 155–56
  in journey to Sicily, 128–29, 133,
    134, 136–42
  Lentulus attacked by, 102–3, 128
  Lentulus defeated by, 108–9, 110
  Lentulus's attack on, 96, 97
  Lentulus's pursuit of, 107
  in Lucania, 73–79, 164–66, 169,
    173, 190
  management team of, 86–87
  Mithridates supporters and, 3–4, 35
  as modeled on legions, 87
  Mummius's battle with, 124–25
  new recruits to, 42–43, 44–45, 46,
    61, 67, 76, 80, 85, 86, 92, 95,
    107, 145, 149, 185
  numbers of, 2, 38, 63, 80–81, 94,
    102, 107–8, 123, 173, 221
  onslaught in Tarentum by, 82
  optimism of, 100–101
  outbreak of, 38, 170
  pathfinders used by, 71–72, 73–74
  pirates' deal with, xii, 136–37, 148
  praying by, 59
  raft-building techniques of, 139
  raiding and looting by, ii, 7, 40, 41,
    42, 46, 54, 63, 65, 67, 76, 77, 78,
    85, 92, 94, 95, 106, 127, 145,
    146, 150, 171, 202
  remaining insurgents from, 195–96,
    208
  Roman insignia and symbols used by,
    87, 104, 166–67
  Rome's fear of, 2–3, 93
  in Sicilian trap, xii, 147–50
  Strait of Messina crossed by, 136–38,
    220
  supplies of, 2, 5, 61, 62, 63, 103, 202
  tactics of, 6

  Thracian woman's prophecy and,
    32–33
  in Thurii, 85–86, 109–10
  trade with merchants by, 86
  training of, 2, 46, 60–61, 62, 86, 185
  turn to southern Italy, xi, 105–6
  Varinius escaped by, 73–74, 77
  Venusia approached by, 171–72
  on Vesuvius, xi, 5, 40–42, 46, 47, 55,
    56–57, 61, 170, 174, 178, 220
  on Via Annia, 39, 40
  weapons of, 2, 38, 39, 40, 42, 57, 60,
    61, 63, 79–80, 86, 98, 178
  women in, 59, 61, 63, 74, 81, 88,
    94, 108
Spartaks, 206–7, 221
spears, 42
spolia opima, 181
Stalin, Joseph, 4
standards, 80, 166
Statio ad Statuam (Catona), 138
Stoic philosophy, 92
Strabo, 21
Strongoli, 167
Sulla (Lucius Cornelius Sulla), 52, 152
  Abella made colony by, 72
  at battle of Colline Gate, xi, 155
  at battle of Orchomenus, 176–77
  Crassus as leader of right wing of,
    118, 119
  in cross from Greece to Italy, 35
  death of, xi
  Maedi defeated by, 36
  march of conquest of, xi, 168–69
  Marius defeated by, 9, 33, 44, 107,
    118, 122
  Mithridates defeated by, 168,
    176–77
  Nola's connection with, 65
  outlaws named by, 118–19
  seers used by, 33
  Thrace raided by, xi
  veterans of battles with, 54, 85
  wealthy proscribed by, 151
summa rudis (referee), 15

图书在版编目（CIP）数据

斯巴达克斯之战 / （美）巴里·施特劳斯
(Barry Strauss) 著；宋爽译 . -- 北京：社会科学文
献出版社 , 2025. 7. -- ISBN 978-7-5228-4424-4

Ⅰ . E546.9

中国国家版本馆 CIP 数据核字第 20249XM792 号

斯巴达克斯之战

著　　者 /	〔美〕巴里·施特劳斯（Barry Strauss）
译　　者 /	宋　爽
出 版 人 /	冀祥德
组稿编辑 /	段其刚
责任编辑 /	周方茹
文稿编辑 /	卢　玥
责任印制 /	岳　阳
出　　版 /	社会科学文献出版社·教育分社（010）59367151
	地址：北京市北三环中路甲29号院华龙大厦　邮编：100029
	网址：www.ssap.com.cn
发　　行 /	社会科学文献出版社（010）59367028
印　　装 /	北京盛通印刷股份有限公司
规　　格 /	开　本：889mm×1194mm 1/32
	印　张：8.25　插　页：0.25　字　数：199 千字
版　　次 /	2025年7月第1版　2025年7月第1次印刷
书　　号 /	ISBN 978-7-5228-4424-4
著作权合同登 记 号 /	图字01-2020-6898号
审 图 号 /	GS（2025）1650号
定　　价 /	79.00元

读者服务电话：4008918866